Friedrich Weinreb

KABBALA

La Biblia: divino proyecto del mundo

EDITORIAL SIGAL
BUENOS AIRES

FRIEDRICH WEINREB
KABBALA
La Biblia: Divino Proyecto del mundo

TRADUCCIÓN:
Lic. Juana Danis
Ex Prof. Univ. U.B.A.

CONTROL DE TRADUCCIÓN:
Lic. Susana Shugurensky-Pravaz

COORDINACIÓN GENERAL:
Friedrich Weinreb-Stiftung

EDICIONES EN OTROS IDIOMAS:

HOLANDÉS (ORIGINAL):
De Bijbel als shepping

INGLÉS:
The Roots of the Bible

ALEMÁN:
Der Göttliche Bauplan der Welt

ISBN: 9781686106378

ESTIMADO LECTOR:

En las palabras escritas en fonética, aquellas letras que tienen su semejante en el idioma hebreo, han sido escritas en mayúsculas a fin de facilitarle al lector la tarea de interrelacionar las letras hebreas con el correspondiente valor numérico de las mismas. Si bien llevar a cabo dicha interrelación no es necesaria, tal como lo aclara el autor en su prólogo, de todos modos creemos que para los iniciados en la lengua hebrea ello puede abrirles un panorama más amplio.

Por otra parte, dado que este libro lleva impreso citas del Nombre Divino, rogamos manipularlo en concordancia. Muchas Gracias.

Tabla de Contenido

PARTE I
EL UNIVERSO DE LA PALABRA

11

de los *"Ele Toldot"*. El *Vav* y el 10. *Toled y Dalet*. El plan de edificación del mundo retratado en la Biblia. El Nombre sagrado 10-5-6-5. Primero y seguno "Ele Toldot". La historia del universo. El nombre Señor como sello del universo y de sus sucesos. (Síntesis: El Nombre divino y el *Alef*).

13

en el país. Olam Haatzilut. El tiempo del éxodo. La división: Peleg. La unificación de lo dividido. A partir del diluvio. El nombre *Ia*. *Maljut y Keter*. La santificación del Nombre divino. El camino de la creación. Tiempo total y medio tiempo. Tabla cronológica de la mitad. El propisiatorio. La Biblia sellada con el Nombre *Ia*. La regla *be Ia Shmo. Leiajed Iod-He be Vav-He*. El sentido de la vida.

PARTE II
LA EXTENSION

El relato sobre los dos árboles. El hombre en el Paraíso. Hombre-mujer, Alma-cuerpo. La mujer como cueva. El lado izquierdo. La vestimenta. Samael. *Shibolet y Sibolet*. Samael cabalga sobre el camello. El '3'. El 'gran camello'. La vestimenta como envoltura. La conexión de lo segundo con lo tercero. La bendición de Jacob. Levi. Pinjas con Levi. Simón y Rubén. El cuerpo desarrollado. El Creador. Los ojos abiertos. El vidente. El hombre desnudo. Sistema de las plantas. Comer y despedazar. El diálogo con Dios. Los pies de la serpiente que come polvo. La serpiente se arrastra sobre su vientre. Dios hace vestimentas. La cifra '70'. La expulsión del Paraíso. Los 974 mundos anteriores. La Biblia como Arbol de la Vida. La función del hombre en el Edén. ¿Qué es el Edén, y qué son los árboles? Trabajar y proteger. Creencia y confianza. ¿Cuál es el sentido de la muerte? "Muy bueno". La muerte es 'buena'. ¿Cómo es posible alcanzar la meta? *Ed y Adam*. Idolatría. El Jardín del Edén. El Paraíso. *Shma Israel* (Escucha Israel). *Ain-Dalet*. Los árboles. Arbol que es fruto y hace frutos. El desarrollo del árbol. Predicciones. La tierra maldita. El hombre como Arbol de la Vida.

Caín y Abel. El primogénito. El sacrificio. Animales de ofrenda. El mayor y el menor. Caín, el labrador. Abel, el pastor. La grasa de los primogénitos. Abel, el Alma. El círculo del sacrificio. El diálogo de Dios con Caín. La penitencia de Caín: inestable y fugitivo. La señal de Caín. Residencia de Cain. Lamej mata a Caín y a Tubal Caín. La caza. El '7' y el '70' de Lamej.

17

hombre ofrenda sacrificios. ¿Qué es lo que debe ser sacrificado? El sacerdocio. La Festividad de las Cabañas. El Leviatán. La obligación del sacerdote. ¿De Qué manera se ofrenda? En Jerusalem se unen los dominios de Benjamin y de Judá. Lo sagrado del Templo. El *Sanctasanctórum* (lo santísimo) del Templo. El territorio del Templo. Más allá del Templo. Judá y José. La luna nueva. Los dominios de Israel y Judá. La visión de Ezequiel. Los dos redentores. El destino de las Diez Tribus. El río Sambatión.

PARTE IV
LA VUELTA

años como "extraños" en Canaan. 210 años de exilio en Egipto. Abraham creó medidas. La relación 1:7. El Sumo Sacerdote en el Tabernáculo. La forma de contar en el Tabernáculo.

Lo redondo destroza las Tablas. Aharón arroja el oro al fuego. El "dios circular" se formó por sí mismo. El redentor destruye al becerro. Las siguientes dos veces 40 días. El hombre reconoce el camino del retorno. Las Trece Cualidades divinas como medida del mundo. Las medidas divinas son medidas de vida. Las nuevas Tablas. Los datos sobre las dos veces 40 días. El Día del Perdón, Iom Kipur. Los meses del Calendario hebreo. La conducta del hombre en Iom Kipur. El día en el que se destrozaron las primeras Tablas, y el día en el que fueron dadas las segundas Tablas. El primero y segundo ascenso de Moisés. El escalón hacia el Mundo Venidero. La construcción del Tabernáculo y de la cabaña. La Biblia como el milagro mayor de la creación.

El Tabernáculo como Residencia de Dios. El Jordán como límite. Las nubes sobre el Tabernáculo. El hombre atraviesa el desierto. La agrupación de las Tribus durante la travesía por el desierto. El séptimo día. El Tabernáculo no es aún una morada. El tiempo como Cuarta Dimensión. Los tres vientos en el desierto. El sentido del séptimo día. El octavo día.

Dios se hace responsable por la subsistencia. ¿Por qué tanto añoraba el pueblo regresar a Egipto? El "erev Rab". La real redención se basa en la fe plena. La inconstancia del pueblo. Cómo se debe iniciar la vuelta hacia Dios. El pueblo quejumbroso. La atracción terrenal. Se debe recorrer el séptimo día. Faltas, pecado y arrepentimiento. El hombre y la fuerza del desarrollo. El maná. El enfoque de la vida en el desierto. La preocupación por el agua. Moisés hace surgir el agua de la roca. Moisés, el conductor.

NOTA PRELIMINAR

Consideramos que esta obra, cuyo autor es el Prof. Dr. Friedrich Weinreb, viene a llenar un vacío realmente alarmante en lo que se refiere a bibliografía en español que trate acerca del estudio de la Biblia en sus niveles más profundos. Muchos son los libros que se refieren a los aspectos ocultos de la Biblia; aunque realmente pocos —o ninguno— lo hacen de la manera seria y decididamente fundamentada tal como el Prof. F. Weinreb.

Ultimamente, a nivel mundial, se percibe un movimiento de la gente hacia la investigación de lo místico. Pareciera que esta sed de conocimientos se ve incrementada en la medida que el desarrollo tecnológico crece más y más. A fin de satisfacer esa necesidad de conocimientos, han surgido innumerables grupos de estudio a lo largo y ancho de todas las latitudes, pero que siempre se encuentran con los mismos inconvenientes: por un lado existe la necesidad de buscar, de indagar las raíces; pero por el otro, no se lo hace de la manera adecuada.

Siendo así, son muchos los que hablan de Cabalá sin saber ni siquiera cuál es su significado. Se intenta dar respuestas a situaciones intrínsecas de la vida, pero basadas en puntos de vista personales, sin asidero alguno.

En contraposición, el Prof. F. Weinreb, a través de su sabiduría no sólo en el plano esotérico, en el plano bíblico; sino también en lo referente a las ciencias mundanas, nos enseña que la Biblia es la matriz del universo, y que todo lo

23

que en él acontece tiene sus raíces en ella. La Biblia es el modelo por el cual debemos guiar nuestras vidas para tomar contacto con el Núcleo. La *Cabalá* (voz aguda) es una *verdadera* ciencia, abordada en esta obra por un *verdadero* científico y conocedor del tema. "Cabalá" significa 'Tradición', y se refiere a esos conocimientos y forma de encarar la vida que, a través de esta obra, nos transmite el Prof. F. Weinreb.

En el plano de los agradecimientos, dejamos constancia de nuestro profundo reconocimiento a la Lic. Juana Danis por su excelente trabajo; a la Lic. Susana Shugurensky Pravaz por su trascendental e invalorable participación en la revisión y control de los textos; y fundamentalmente a la Friedrich Weinreb-Stiftung, a través de su eximia Directora Sra. Marian von Castelberg, por habernos cedido los derechos respectivos, así como por su apoyo y tenacidad manifiesta para lograr que esta obra sea publicada. Asimismo, agradecemos profundamente al Sr. Hersh Sandhaus por su inestimable colaboración, y por ser el mentor y nexo para lograr que la publicación de esta obra sea una realidad.

Por último, destacamos que la transmisión de las enseñanzas volcadas en la presente obra, y los buenos frutos que, sin duda, de ellas se desprenderán, son nuestro modesto homenaje, así como de todo este maravilloso cuerpo de trabajo, a la memoria del Prof. F. Weinreb y de su esposa, Sra. Esther, cuya fe y enseñanzas deberían ser guía nuestro y de las generaciones futuras. Que sea ésta la Voluntad de Dios.

AGOSTO DE 1991

LA EDITORIAL

24

PROLOGO A LA VERSION CASTELLANA

Cuando por primera vez escuché al profesor Weinreb en una de sus clases que dictaba en la "Freie Schule" de Zürich, en enero de 1972, algo comenzó a moverse en mi pecho; una fuerte emoción se presentaba junto con una idea: ¡Esto es el inconsciente! De repente el psicoanálisis me parecía como los juegos de los niños que descubre pedazo tras pedazo del mundo ya existente en su totalidad.

El mundo, universo humano, se abría frente a mi percepción emocional de aquel primer encuentro con el profesor Weinreb. Pronto me adentré con creciente compromiso en su obra, sus libros y conferencias; y aprendí a moverme en dimensiones cada vez más amplias.

Decidí traducir el "Bauplan" para brindar a los compañeros de mi segunda lengua, el español, la misma posibilidad que me fue dada al conocer algo que transformó mi universo mental.

Las dificultades no se presentaban en la traducción misma. ésta, prácticamente fluía de mis labios; pero, la corrección minuciosa de lo traducido comenzó a crecer a pasos agigantados, amenazando acabar con mis nobles intenciones. El "Bauplan" se colocó sobre mi tiempo libre.

Gracias a la abnegada colaboración de la lic. Renate H. de Chomyszyn; y gracias a la ayuda recibida por la M. A. Dina Sch. de Berlinski; y la Sra. Dita Bley-Grun, pude seguir adelante. Mi gratitud por la ayuda recibida es grande.

25

Considero que la Biblia es el libro básico de las religiones monoteístas. Libro de historias, lectura obligatoria de la infancia, libro hermético, sueño manifiesto. Al entender que la lengua que forma su estructura es una lengua de doble cara: letras y números, se entiende que un universo matemático y preciso se esconde detrás de la malla de lo contado.

Comprender nuestro libro básico equivale a como los chinos entienden su I-Ching; es entender la verdadera lengua materna que subyace bajo las que se han aprendido. Vale la pena conocerla sin pretender poder develar sus secretos. Estamos nuevamente condenados a sólo juzgar, intentar comprender lo incomprensible; lo que continúa siendo demasiado grande para ser soportado.

Quiero pedir a los lectores de este trabajo tolerancia en cuanto a la forma externa, ésta no es perfecta. Su imperfección no se debe sólo a mi traducción defectuosa. La forma con la que el profesor Weinreb habla y escribe, es así. Esta es su forma de expresarse. A lo largo de la obra encontrarán muchas referencias a los conceptos de "envoltura" y "núcleo". Espero les ocurra lo que ocurrió conmigo: La riqueza del contenido transmitido me hizo sentir el núcleo de la lengua fecundante. Su "vestimenta" perdía importancia.

En los años que han transcurrido desde mi traducción del presente libro, he verificado en innumerables momentos de mi experiencia personal y profesional su validez. He entendido, gracias a este libro, qué inútiles son nuestros esfuerzos para lograr metas en la vida si no comprendemos que dependen ellas de la inconsciente Ley transmitida por la Biblia en relatos que descansan sobre un sistema de letras y números cuya precisión gobierna y traspasa el nivel histórico de los acontecimientos en el mundo.

Deseo que los lectores se beneficien con la lectura de esta obra de profundas enseñanzas, y que sepan comprender su trascendencia como lo hicimos en aquellos tiempos de la traducción, mis amigos de Buenos Aires, mis alumnos y yo.

Agradezco nuevamente la ayuda de la Lic. Renate Chomyszyn que en aquel entonces me brindó su eficaz e incansable colaboración.

Deseo a cada uno que reciba este mensaje, que sea un aporte de luz y bendición para su vida.

MUNICH, 1990

JUANA DANIS

PROLOGO

Esta obra requiere de un prólogo por ser un libro poco común. Se trata en él de la problemática de la vida, del mundo y de la Biblia en forma no conocida hasta el presente en otras publicaciones.

El saber volcado en esta obra es muy antiguo. No es, por lo tanto, un descubrimiento del autor. Pero este saber ha sido perdido en los últimos siglos, quizás en parte durante milenios, aun para aquellos círculos en que éstos conocimientos hubieran sido de gran importancia.

El material ha quedado intacto; incluso fue impreso varias veces durante los siglos pasados, sin que se haya encontrado el saber en sí. Fue leído nomás, la llave se había perdido.

El material que compone esta obra se encuentra en aquel enorme complejo constituido por el viejo saber judío, conocido con el nombre de *Tradición* judía de la antigüedad. La comprensión del sentido de la vida descansa en este viejo saber. Al tropezar durante el estudio con las cuestiones que tocan la esencia del mundo, la muerte y la vida, las formulaciones generales, contenidas en los hechos objetivos llegan a ser determinantes de la propia personalidad, su manera de vivir, sus ideas, su capacidad de comprender.

Acercarse a lo esencial de este mundo se vincula con lo esencial del hombre mismo y su carácter personal. Cada individuo capta el mundo a su manera. Por esta razón existía la costumbre de conducirse únicamente bajo la guía de un maestro, según la capacidad personal del discípulo, quien le comunicaba con sabiduría y prudencia sólo aquello que el discípulo podía captar.

Debido a la superficialización y externalización de los conocimientos y de las costumbres de la vida, la comprensión de la esencia de las cosas pudo ser transmitido sólo en pequeña medida. Se perdió el camino de un acercamiento sistemático, totalizador. Se llamaba *secreto* aquello que la personalidad empobrecida no pudo captar más. Los maestros mismos no supieron ya como indicar la esencia de las cosas con la ayuda del material elaborado. Ellos mismos pasaron a creer que la Biblia y la Tradición no eran más que un conjunto de mitos, leyendas, comunicaciones históricas, nociones sobre derecho, moral, higiene, ética, etc.

El saber del sentido de la vida se había perdido, la humanidad se sentía desafortunada, sin rumbo. Por eso considero que se justifica hoy día, especialmente, apuntar hacia un conocimiento que parece imposible. Este conocimiento da pautas estables. No conoce vaguedades ni especulaciones. Da seguridad para el vivir, permite ver su sentido, es lógico y sistemático, es totalizador. Al mismo tiempo coloca normas humanas en el lugar de una visión del mundo fría y aplastante para el hombre vivo, una visión mecánica de un infinito de espacio y tiempo.

Este conocimiento lleva a una reapertura del camino perdido, del camino del hombre religioso que existe en la intuición del hombre, y está en su esperanza de reencontrarlo. El camino fue extraviado por el hombre en su vaguedad, falsa santidad, y chatura; lo quiso encontrar a través de la filosofía, de la metafísica, de la teología, de la ética, de la historia. Lo logrado fue una visión del mundo dura, científica, y sin compasión; un mundo dominado por leyes, estadísticas de los grandes números en lugar de lo ampliamente humano.

Es justamente el trágico pesimismo de nuestro tiempo que reclama una reestructuración de la seguridad por la cual una nueva vida con sentido, puede ser construida. Por esta razón me sentí con derecho, mas lo veo como necesidad, de levantar un poco el velo del secreto, indicar la existencia de este mundo desconocido que contiene desde el origen de la humanidad la seguridad del sentido.

Pero, ¿No existe una contradicción entre la publicación de la esencia de las cosas con la costumbre de siglos, de transmitir estos conocimientos solamente de maestros a discípulos? Plantearme a mí mismo la pregunta, significa haberlo pensado.

De un lado un mundo que visto desde lo humano se encuentra al borde de un abismo, un mundo en que la desesperación es dopada con diversos medios; por el otro lado el saber y también la experiencia de que lo más profundo debe permanecer oculto, tal como el alma en el cuerpo, la semilla en el fruto, y el núcleo en el átomo; y que lo más profundo sólo puede ser transmitido en el silencio a quien tenga la actitud adecuada. Sólo aquel comprenderá, que el acercarse a la esencia no puede consistir en un desnudar el alma ni en la fragmentación del átomo.

Se enfrentan un mundo que va con embriaguez hacia el abismo, y un saber que necesita una envoltura protectora para no dañar ni ser dañado.

La solución de este dilema radica en que contar los milagros del mundo es una de las importantes misiones del hombre. Este principio se encuentra en la Biblia, por ejemplo en los versículos "Contad entre las naciones Su gloria, a todos los pueblos Sus maravillas" *(Salmos 96:3)*, y "Dad gracias al Señor, porque es bueno, porque es eterno Su

31

amor, ¿Quién dirá Sus proezas hasta oír toda Su alabanza?" *(Salmo 106:2)*. Divulgar estos milagros es tema serio, y debe ser una empresa en aras de la verdad. No es necesario que el milagro quede envuelto en tinieblas, sino que justamente estremezca al hombre por su claridad. El hombre, pues, encontrará con asombro, dichoso, el camino hacia la esencia de las cosas y hacia el sentido de la existencia. Habrá visto pues el milagro y dirá: "He sobrevivido".

En esta obra se cuenta de tales milagros. Da una visión de la creación conocida bajo el nombre de Biblia. Entiendo por creación algo que como el universo y la vida no pudo haber sido hecho por el hombre. Es un algo que el hombre encuentra como un hecho enorme e inevitable. En él se basa su ser.

En este libro, la Biblia no es presentada como un relato histórico, ni como un documento de moral, teología higiene, o derecho. Es mostrada como milagro, tal como lo es el universo.

La esencia más profunda de las cosas no es tocada. Queda por lo tanto una franja de tierra de nadie entre le esencia más profunda de las cosas y las comunicaciones dadas. Sin embargo fue intentada la posibilidad para el hombre capacitado, por su actitud frente a la vida, de echar un vistazo a *esta tierra*. Desde aquí podrá apreciar otro mundo, otra perspectiva.

Una interpretación de la Biblia, totalmente equivocada, ha surgido además en el mundo. Esta domina ya siglos mostrando una imagen falsa. Trataré de demostrar en esta obra que la Biblia es algo muy distinto.

El conocimiento de lo esencial no es un secreto que debe ser ocultado por el maestro a su alumno. El secreto que rodea este saber existe para que cada uno busque lo oculto.

Ello debe ser buscado, porque al encontrarlo se instala la unión de ciencia y manifestación, unión de los opuestos.

La estructura de estos conocimientos forma un sistema que lleva dentro de sí la comprobación de su realidad, exactamente igual al universo mismo. Tal como cada uno contempla al universo como una creación enorme e impactante, debería llegar a una contemplación similar de la Biblia después de la lectura de esta obra. Una creación aún más impactante, porque no sólo demuestra una milagrosa interrelación efectiva y cuantitativa, sino además porque revela un sentido de este conjunto de interrelaciones cuantitativas.

El conjunto mecánico demuestra la estructura de "las medidas" con las que se forman los juicios, criterios que determinan acciones cuyo color y significado forman fuerzas en el curso del mundo. El hombre vuelve a apropiarse del sentido de la existencia, sin el cual su vida sería incomprehensible, sin sostén, haciéndole perder la tierra bajo sus pies.

A pesar de que esta obra se alimenta del viejo saber judaico, está escrita de manera tal de poder ser consultada por cualquier persona, independientemente de la confesión a la que pertenezca, cualquiera sea su convicción. Todos deben encontrar su camino personal, que los conduzca a la esencia. El camino que lo llevará a Dios. El libro solamente subraya lo relevante del conducirse por el sendero hacia lo esencial. Empero lo que es válido para el camino propio de cada uno, lo tiene que encontrar solo, comenzando su marcha con alegría y convicción.

El viejo saber judío consiste en el conocimiento de la Biblia como base de la creación. Donde aquí se habla de *Biblia* se hace referencia al viejo Testamento, y en especial a su relato nuclear: El Pentateuco. Se aconseja al lector disponer de una Biblia a mano a fin de leer los textos mencionados.

La base del libro la constituye el texto hebreo. Su especialidad radica en no haber cambiado a lo largo de los tiempos, lo que se debe entender incluso literalmente.

Ello también indica que la letra tiene otra función además de formar palabras.

Es entonces un curioso camino que vamos a recorrer a fin de aclarar el texto al lector.

Sólo aquellas fuentes de la Tradición fueron elegidas, de las que se sabe con certeza que provienen de la antigüedad. La mayoría de las fuentes consultadas se conocen a través de traducciones. El lector interesado puede encontrar los textos siguiendo la bibliografía. Al final de la obra encontrará las más importantes fuentes de la Tradición.

He evitado una lengua patética para la estimulación del lector. Que los hechos hablen por sí mismos ¡Que las palabras abran el camino! El lector debe dejar surgir en sí mismo los sentimientos que pertenecen a su personalidad y a su lugar en el mundo. De esta manera deberá encontrar su propio camino.

Son mis deseos.

FRIEDRICH WEINREB

PARTE I

EL UNIVERSO DE LA PALABRA

I. CONTAR HASTA CUATRO

La historia bíblica es para muchos lectores un relato pleno de inconvenientes. Comencemos por constatar el contenido de este relato, para determinar posteriormente si el mismo guarda cierto orden, cierto sistema. Tal sistema podría orientar hacia una idea directriz y darle a ésta una estructura sólida.

El primer versículo bíblico manifiesta: "En el principio creó Dios Cielo y tierra". Se nombran dos opuestos extremos: *cielo* y *tierra*. Se trata entonces de una dualidad. En el primer día dividió Dios la luz de la oscuridad. En el segundo día Dios dividió el agua por debajo de lo sólido (firmamento) del agua por encima de lo sólido.

En el tercer día se separa la tierra del agua (mar). Además, el mismo día se realiza una división de la primera vida, o sea entre los vegetales que producen semillas y los que producen frutos.

Este principio continúa en el segundo trío de días. En él se crea la gran luminaria —el sol— y la pequeña luminaria —la luna y las estrellas.

El quinto día fue creada la vida sobre el agua como opuesto a la vida dentro del agua. Finalmente, el sexto día fueron creados los *animales y los animales salvajes*, y como última creación el hombre como hombre y mujer (o dicho de otro modo, masculino-femenino).

La resultante de cada uno de los nombrados actos de creación es una formación de *dos*. Esta dualidad está presente en los vegetales, por ejemplo, de una manera aún no precisa. En los animales se hace más nítida a través de "Sed fértiles y multiplicaos". Finalmente, el hombre es nítidamente bisexual.

Si se trasladaran los actos de la creación a una tabla panorámica (ver tabla 2) se descubrirían otros paralelos.

Volcando a derecha la creación del primero y cuarto día; a izquierda la creación del segundo y quinto día; y al centro las del tercero y sexto día, entonces podríamos ver al lado derecho como el lado de la luz, al lado izquierdo como el lado del agua, y el medio, el centro de la vida. Distinguimos que a derecha e izquierda surgen dos creaciones respectivamente, y al centro cuatro actos creativos. También podemos ver que el segundo trío de días no es otra cosa que una proyección elaborada del primer trío.

Luz y oscuridad evolucionan hacia el sol y hacia la luna (incluidas las estrellas); las aguas separadas por encima y por debajo del firmamento reciben vida por encima y dentro del agua. En la columna del centro aparece en primer lugar las condiciones biológicas para la vida, y luego los seres vivos, formando el agua y la tierra las condiciones para la vida vegetal, para los *animales* y los *animales feroces*, y las condiciones para la vida humana.

Así, se ve muy claramente que en el primer relato de la creación existe un determinado sistema. Por ello es significante la posibilidad de que este relato quiera expresar más que la mera enumeración de los acontecimientos de la creación.

Hemos visto dos ciclos de tres días. Con el tercer día finaliza cada uno de los ciclos. Ante cada acto de creación la Biblia manifiesta "Dios dijo". Pero esta fórmula de la creación aparece cuatro veces en cada ciclo, así que a cada ciclo de tres días corresponden cuatro actos de creación.

Todo estudioso de la Biblia sabe que en ella se relata la historia de tres patriarcas: Abraham, Isaac y Jacob. Es llamativo que Jacob denote dualidad. Es hermano mellizo de Esaú, además Jacob tiene dos nombres: Jacob e Israel. Posee dos esposas en el mismo nivel: Raquel y Lea, estas mujeres también forman una dualidad, porque cada una de ellas, a su vez, tiene una sirvienta: Bilha, de Raquel; y Zilpa, de Lea (Gén. 29).

Es significativo que se hable tanto de luz, fuego y calor en el relato bíblico sobre el primer patriarca Abraham. En el llamado "Pacto entre las partes" (Gén. 15:9-18) manifiesta la Biblia: "He aquí un horno humeante y una antorcha de fuego que pasó entre esos trozos". Abraham recibe la visita de tres Angeles a pleno calor del día (Gén. 18:1). Abraham es testigo de la destrucción de Sodoma cuando el Señor hizo "llover fuego", y un "humo subió de la tierra como humo de un horno" (Gén. 19:24-28). Abraham recibe la orden de entregar en sacrificio a su hijo Isaac en la tierra de Moriá (Gen. cap. 22). La Tradición oral relata que Nimrod hizo echar al joven Abraham a un horno de cal sin que se quemara[1]. Notamos que cuando se trata de Abraham, siempre hay un fuerte acento puesto en *luz, calor, y fuego*, donde se puede hallar cierta coherencia con el primero y cuarto día de la creación, con el "lado de la luz".

Mucho más breves son los relatos bíblicos sobre Isaac. La Biblia comenta sobre su pelea con Abimelej; sobre las fuentes de agua (Gén. 26:16-33). Cuando Isaac encuentra por primera vez a su futura esposa, Rebeca, se halla nuevamente próximo a una fuente (Gén. 24:11-25). Además Isaac es muy poco activo, pasividad característica del lado "agua". En cambio, Abraham es activo, como corresponde al lado "luz y fuego".

39

El tercero de los patriarcas, Jacob, desarrolla una gran actividad, no con fuego ni con agua, sino con los elementos del tercero y sexto día de la creación: con vegetales y animales, pero también con hombres. Pensemos solamente en el "plato de lentejas" por el cual adquiere su derecho a la primogenitura de Esaú (Gén. 25:29-34). Pero pensemos también en los bastones descortezados, con los cuales tenía la intención de hacer procrear animales con manchas (Gén. 30:25-43). Además cuidaba y criaba las ovejas de Labán.

La Biblia describe extensamente la manera en que Jacob se reconcilia con su hermano mellizo Esaú, regalándole un rebaño (Gén. 32:14-21). Jacob juega además un gran papel como patriarca de las doce tribus de Israel. El tiene el conflicto hombre—mujer con Raquel y Lea, y a consecuencia de ello pierde a su hijo José, pero vuelve a recuperarlo. Ya he señalado los tres días de la creación y los cuatro actos creativos de cada ciclo de tres días. Los procesos de creación tornan las cosas visibles, dan forma al principio.

Paralelamente a ello, notamos como los tres patriarcas, en conjunto, tienen cuatro mujeres: Sara, Rebeca, Raquel, y Lea. También en este caso advertimos una terna que contiene una cuaternidad. Ya en la antigüedad el cielo estrellado fue dividido en los doce signos zodiacales. Después de Aries y Tauro, como primero y segundo signo, siguen los Mellizos (Géminis) —tercer signo— Ya el nombre indica la dualidad del tercer día de la creación, así como también el tercero de los patriarcas, Jacob, que es mellizo. Entonces se puede suponer que ya existía un saber que atribuía al "tres" un carácter dual.

Otro ejemplo: El primer día de la creación tiene que ver con luz, así como también el primer patriarca. El primer día de la semana, ya en la antigüedad recibió la denominación de *Sonntag* (día de sol); el segundo día de la creación guarda relación con el agua, así como también con el segundo patriarca, Isaac; y con el segundo día de las semana: *Montag* (día de luna). Según un viejo saber, la luna gobierna las aguas, el flujo y el reflujo.

En la antigüedad se conocía un sistema periódico de los metales. El primer metal era el oro, relacionado con la luz, con el sol (hasta hoy, el símbolo astrológico del sol es un círculo con un punto en el centro, símbolo que fue utilizado en la alquimia para representar el oro brillante). En segundo lugar figuraba la plata, relacionada con la luna y con el agua.

En el sistema de los sexos se relaciona al hombre, como parte activa, con luz (fuego), y oro. A la mujer se la entiende como pasiva; y se la relaciona con la luna, que recibe la luz del sol (activo).

Siendo que el "lado derecho" representa lo activo, y "el lado izquierdo" lo pasivo, resulta: **hombre** — derecho — activo — luz — sol — oro; y **mujer** — izquierda — pasiva — agua — luna — plata.

En la tabla del primer relato bíblico (tabla 2) se puede observar el lado derecho como lado masculino; y el izquierdo como femenino. "El centro de la vida" sería entonces el lugar del *hijo*, que es la columna en la cual aparece el tercer día de la creación, la primera vida. Además cada niño tiene un carácter dual, ya que proviene de padre y de madre. Abraham juega el rol del *activo*, siempre surge de él la iniciativa; en cambio Isaac es pasivo. Cuando debe tomar esposa, es Abraham quien lleva la iniciativa enviando a su siervo para que busque una mujer para su hijo (Gén. cap. 24); a pesar de que Isaac, en aquel entonces, tenía cuarenta años, edad suficiente como para elegir él solo una mujer (Gén. 25:20).

También en el acto del "sacrificio de Isaac" Abraham es activo; en cambio Isaac es pasivo: se deja atar para ser sacrificado. Aun allí donde Isaac debería haber sido activo, o sea en el acto de la bendición de sus hijos, Esaú y Jacob, es Rebeca, su esposa la que toma la iniciativa sustituyendo a Esaú por Jacob (Gén. cap. 27). Finalmente Jacob es enviado por su madre a la casa de Labán (Gén. 27:42-46) a fin de escapar de la ira de su hermano Esaú.

Lo que hasta ahora se ha relatado se puede sistematizar tal como se ve en la tabla respectiva.

SEGUNDO DIA	TERCER DIA	PRIMER DIA
izquierda	centro	derecha
femenino	niño	masculino
	carácter doble	
luna	Géminis	sol
agua		fuego
Isaac	Jacob-Esaú	Abraham
	Jacob-Israel	
lunes	Raquel-Lea	domingo
plata		oro
pasivo		activo
recibir		dar

En tres días de la creación suceden cuatro actos creativos. Los tres patriarcas tienen en conjunto cuatro matriarcas. En ambos casos el 3 y el 4 forman una unidad inquebrantable. Desde tiempos remotos se considera el número 3 como masculino; el 4 como femenino; y el 5 como número representativo de *hijo*.

El número 1 no es la parte más pequeña de la serie de números, sino que es el origen de los números, del cual todos los demás se forman. Es la unidad; y como tal representa un mundo fuera del cual nada existe, porque todo, *literalmente todo*, está contenido en él.

El concepto del 2 es por lo tanto imposible en el mundo del 1. En el momento de existir el 2, el 1 se ha dividido. Con ello surge otro mundo nuevo; y de esta manera la multiplicidad ha hecho su entrada frente a la anterior unidad. Con el pasaje del uno al dos surge una situación totalmente nueva. Se hace posible el concepto *tres*. Significa que en él se juntan el 1 indiviso, y el 2 que ha surgido. De ese modo se señalan tres situaciones posibles, tal como se aprecia en el cuadro respectivo.

UNO (INDIVISO)

Uno de los dos   Otro de los dos

La aparición del 2 tiene aun otras consecuencias. El 2 puede entrar en relación consigo mismo; y lograr, elevándolo al cuadrado (2^2) cuatro posibilidades. Multiplicar por dos en el mundo del dos es la máxima posibilidad. En el 4, el 2 se ha multiplicado, ha entrado en relación consigo mismo.

Así, el relato de la creación nos da a entender que con la revelación de la dualidad, el 3 y el 4 surgen en consecuencia. El 4 significa el fin del ciclo. Lo que sigue posteriormente sólo es variación y repetición.

En el mundo del dualismo, de la dualidad, el concepto 4 es la máxima posibilidad. Por ello, cada ciclo de la creación finaliza con el cuarto acto creativo. Es esto lo que se llama *el misterio*, "el saber del *cuatro*". Se cuenta que cada aprendiz, al iniciarse en la escuela de Pitágoras, debía contar hasta cuatro: "1, 2, 3, 4"; y al pronunciar el número "cuatro" se le interrumpía diciendo: "Ahora has pronunciado nuestro juramento". Quien comprende el contenido del 1, 2, 3, 4, puede abrir la puerta a lo secreto.

Nos encontraremos aún muchas veces con el 4 como desarrollo máximo, como el fin de un ciclo en el mundo de la dualidad.

Vemos que un ciclo de creación consiste de tres días con cuatro actos creativos, tal como se puede apreciar en el esquema respectivo.

EL "UNO" Y EL "DOS" DE FONDO		UNO (INDIVISO)	
	UNO DE LOS DOS		EL OTRO DE LOS DOS
EL "TRES" REAL	EL PRIMERO DE LOS TRES	EL SEGUNDO DE LOS TRES	EL TERCERO DE LOS TRES

Así, los tres días de la creación, potencialmente ya llevan en sí el 6, o sea los siguientes tres días de la creación. Con la aparición de los primeros tres días, simultáneamente está determinada la llegada del segundo ciclo de tres días, que luego suman 6.

Partiendo del 2, el 4 es la máxima posibilidad, pero a éste precede el 3, consecuencia del 2, con el cual comenzó la división. Esta división fue precedida por el 1, indiviso. El 4 implica poder ser desglosado en 4 + 3 + 2 + 1; siendo el resultado = 10. El 4 es la base de un sistema en el cual la estructura de todo el mundo y de todo nuestro pensar está compenetrada. Tal como el 4 cierra un ciclo, también el 10 denota 'culminación' (contenido también en el sistema decimal). Pero el gran papel que juega el 10 en la historia de la creación, lo indican con toda nitidez las diez manifestaciones de la creación en la obra de los seis días.

La historia de la creación muestra que previo a cada acto creativo se emplea la fórmula: "Dios dijo". Con este hablar de Dios se cristaliza el hecho de que es la expresión de Su Palabra la que ha hecho surgir todo. Con la octava expresión fue creado el hombre. La novena Expresión manifiesta: "Sed fértiles y fructificaos"; y finalmente, la décima Palabra o décima Expresión: "Mirad que os he dado todo tipo de vegetales de semillas, todo tipo de árboles frutales para vuestra alimentación". Diez veces tiene lugar un acto creativo a partir de ese hablar de Dios. De este modo, los seis días de la creación contienen diez actos creativos.

Ya se ha visto que el concepto *hombre* también puede ser expresado mediante el 3. El 3 encuentra su culminación en el 3 x 3, o sea en el 9. Como el número de la *mujer* es el cuatro, ella encuentra su perfección en el 4 x 4, o sea en el 16. Lo máximo que hombre y mujer pueden alcanzar juntos es entonces 9 + 16 = 25, o sea la realización máxima del 5, que es el número del hijo (tal como vimos precedentemente). Lo que conocemos en forma geométrica como *Teorema de Pitágoras*, en su esencia es la expresión de la ley general de la vida. El 3, el 4 y el 5, son los únicos números enteros, seguidos, aplicables a este teorema, tal como se puede apreciar en el esquema.

25 COMO CULMINACIÓN DEL PRINCIPIO — HIJO
5 = PRINCIPIO — HIJO

3 = PRINCIPIO — HOMBRE
9 CULMINACIÓN DEL PRINCIPIO — HOMBRE

4 = PRINCIPIO — MUJER
16 CULMINACIÓN DEL PRINCIPIO — MUJER

El lector habrá combinado ya por sí mismo los números 3 y 4 de diferentes maneras: por ejemplo 3 + 4 = 7; 3x4 = 12. Estos números no tienen, sin embargo, el carácter de un fin, tal como se da para el caso del 5 y 25.

Si damos ahora los primeros pasos para profundizar en la sistematización, debemos mencionar también el otro lado del relato de la creación.

A cada lector del relato bíblico de la creación le llamará la atención que en realidad debe enfrentarse con dos relatos creativos. El primer relato lo encontramos en el primer capítulo del Génesis; y el segundo relato, en el segundo capítulo. Estos dos relatos se diferencian en varios puntos.

En el segundo relato el hombre existe ya desde el comienzo. Posteriormente los animales son llevados a él. Los árboles son mencionados recién después del hombre.

Llamará también la atención al lector que en el primer relato se habla de Dios, mientras que en el segundo se utiliza, sin excepción, la expresión Señor Dios.

En este segundo relato, que comienza en Génesis 2:4, observamos un desarrollo totalmente distinto. Después de constatar que nada ha existido aún, porque todavía no había llovido, el primer fenómeno es un vapor que surge de la tierra: "Mas un vaho subía de la tierra y regaba toda la faz del suelo" (Lógicamente, las diferentes traducciones no coinciden entre sí respecto de la interpretación de este "vaho", que en hebreo es *ED*; por lo que es necesario remitirse constantemente al original hebreo). El segundo mensaje —de este segundo relato— expresa la creación del hombre a partir de un trozo de suelo, al que le fue insuflado el Aliento de Vida. Como tercer acto de creación surge el Jardín del Edén, donde fue ubicado el hombre.

El cuarto, involucra el hacer crecer de Dios, el Señor, toda clase de árboles. En el centro del Jardín del Edén es colocado el *Arbol de la Vida, y del Conocimiento del bien y del mal.* El quinto mensaje relata acerca del río del Jardín del Edén, que se divide en cuatro brazos principales. Como sexto mensaje, nuevamente surge el hombre en el Jardín

46

del Edén, pero esta vez con la finalidad de cultivarlo y cuidarlo. El séptimo mensaje es el mandamiento que autoriza al hombre comer de todos los árboles, excepto del árbol del conocimiento del bien y del mal. Posteriormente se constata que "no es bueno que el hombre esté solo". Por ello Dios, el Señor, trae ante el hombre los animales que había creado; pero dado que ello todavía no lleva a la meta deseable, como novena manifestación el sueño profundo cae sobre el hombre, teniendo lugar entonces la extracción de una costilla. El décimo mensaje comenta que Dios el Señor hizo de esa costilla una mujer, a la que llevó ante el hombre.

Estos diez actos creativos, sin embargo, no son separados, tal como en el primer relato de la creación, por la expresión: "Dios dijo", son comunicados sencillamente uno a continuación del otro.

Si trasladáramos estos diez acontecimientos a una tabla, obtendríamos la segunda parte de la tabla 2, la que también muestra diez eventos, pero que nada tiene en común con la parte primera de dicha tabla.

La segunda parte de la tabla 2 muestra que también en este caso los eventos pueden ser distribuidos en tres columnas: a la derecha el agua, a la izquierda el hombre, y en el centro se habla, principalmente del Jardín del Edén. En todo este relato no se menciona la luz, pero sí se habla del agua como vapor, y de un río que se divide en cuatro ramas principales. Es un relato "acuoso".

En el primer relato de la creación la luz está en primer término, y el agua aparece recién en segundo lugar. El segundo relato comienza con el "vapor acuoso", por lo tanto está caracterizado por el concepto 2. El agua juega un rol principal. En Génesis 3 se incluye además a la mujer. En el momento de aparecer, ella toma la iniciativa: "La mujer habló a la serpiente" (Gén. 3:2). Ella come, y da también a su hombre a comer de ello (Ibíd. 3:6). El hombre es pasivo, como Isaac, el patriarca.

Si el primer relato de la creación se sitúa a la derecha, el segundo a la izquierda. Los dos relatos contienen (como las dos tablas lo muestran), un sistema claramente reconocible. Incluso pareciera como que la sistematización quisiera obligarnos a buscar relaciones más profundas.

Ya hemos demostrado como en cada uno de los dos relatos de la creación existe un determinado sistema. Pero todavía no pudimos decir ni saber, ni siquiera poco (o nada) sobre su sentido, pero hemos observado que los dos relatos de la creación parten de dos puntos de vista diferentes. Esto se demostró en cierto sentido también, en que en el primer relato de la Creación Dios se manifiesta a través del nombre "Dios", y en el segundo relato de la creación como "Señor Dios".

Podríamos preguntarnos si la Biblia ha llegado a nosotros para sorprendernos con su sistema lingüístico. Por supuesto que mucha gente quedará fascinada, porque siempre es interesante encontrar correspondencia. Se podría encontrar un parentesco entre el sistema de la Biblia y el de la naturaleza para tener una llave de acceso a los misterios de la misma. Por supuesto, sería muy placentero llevar a cabo tales estudios. Mucha gente busca esto.

Pero la Biblia podría también ser otra cosa: Una comunicación para el hombre de lo que es nuestro mundo. Por qué es, cómo existe, cómo es la vida aquí en este mundo, sobre el antes y después, sobre cómo el hombre tránsita a través de estas posibles vidas y mundos. Quizás la Biblia pueda informarnos también por qué el hombre camina como camina, qué es lo que él puede —o debe— hacer. La palabra nos fue dada (no quiero entrar en reflexiones filosóficas) como ayuda para entrar en contacto con otras personas y aclarar nuestro punto de vista. El hombre aprende otras lenguas a fin de poder comunicarse más o menos fluidamente también con gente de otra extracción. Existen muchas teorías referidas a la cuestión del origen de las lenguas, cómo se han desarrollado, y cómo han evolucionado. Algunos se basan en la teoría de la Evolución. Emiten opiniones acerca de como el hombre, en muchos milenios, ha llegado a la formación de conceptos a través de los primeros sonidos de alarma ante el peligro, y a través de las primeras exclamaciones de necesidad de alimentarse.

No me dedico en esta obra a aquellas teorías. Ellas corresponden a otro plano que no es aquel que yo describo.

Aquí se trata de la palabra tal como nos llega por la Biblia, y seguiré el mismo método que en las demás reflexiones: dejo expresarse a la palabra misma, sin tomar en consideración teorías propias o ajenas.

Tal como he manifestado en el prólogo, hablo *exclusivamente* del Antiguo Testamento, cuya palabra en la Biblia es originalmente hebrea. Naturalmente, pienso en el texto bíblico hebreo al decir que desde el tiempo que históricamente la Biblia nos es conocida, su texto no ha variado. Incluso hay letras que fueron sistemáticamente omitidas; y otras, nítidamente añadidas, que conservadas, se podría preguntar con todo derecho si el texto original sigue siendo tan importante, ya que tenemos traducciones exactas, científicamente aceptadas. El contenido puede ser bien traducido. Las traducciones muchas veces poseen una fuerza sugestiva especial. Sin argumentar sobre el valor de buenas traducciones, sin embargo el texto original es *imprescindible* para una investigación más profunda. Algunas reflexiones sobre la palabra bíblica tienden a aclarar este concepto. Pero debo refugiarme en un ejemplo correspondiente a otro campo a fin de demostrar el valor de la palabra en el hebreo bíblico, y por qué tiene que permanecer necesariamente inalterable a fin de que su carácter no se pierda.

Refiriéndonos al agua, por ejemplo, este concepto queda aclarado en cuanto a su uso en la vida cotidiana, y no se presta a males entendidos; todo individuo comprenderá que se trata de un líquido. Pero se torna más difícil al considerar la diferencia de los tres estados posibles del agua: agua como hielo, agua como líquido, y agua como vapor. En el primer estado mencionado el agua es una materia sólida, en el segundo, es un líquido, y en el tercero un gas. Más difícil sería ello aun cuando, por ejemplo, un ser microscópicamente pequeño nos tendría que dar una definición sobre el agua, siendo éste un ejemplo mencionado por Maeterlinck en una de sus obras. Suponiendo que ese ser pequeño, que habita sobre una hoja, percibiera al agua como una gota de rocío, llegaría a la conclusión de que el agua es una sustancia esférica, salada, e impenetrable, y que a determinada temperatura se eleva hasta desaparecer.

Pero si ese ser microscópico tuviera inteligencia humana, e investigara más profundamente al agua, finalmente encontraría que ese elemento, sin importar si es hielo líquido o vapor, si es penetrable o no, siempre tiene la misma composición, o sea que está compuesto por dos átomos de hidrógeno y un átomo de oxígeno. Si después definiera ese agua como H_2O todo malentendido se anularía.

Ese ser minúsculo sobre la hoja, delante de la gran gota de rocío; y el alumno secundario ante el vapor invisible del agua, comprenderían que hablan sobre el mismo tema al citar la expresión H_2O. Utilizo para el objetivo de este sencillo ejemplo la fórmula H_2O, referida al agua, como la más precisa.

La fórmula H_2O no sólo es cualitativa, no sólo indica que hidrógeno y oxígeno están presentes, sino que es también cuantitativa. Indica la relación del 2:1. Dos átomos de hidrógeno y un átomo de oxígeno. Profundizando en el análisis del agua, se logra finalmente una fórmula puramente cuantitativa, donde hidrógeno y oxígeno alcanzan un denominador común. La diferencia radica exclusivamente en el valor numérico entre hidrógeno y oxígeno. Esa sería, pues, la fórmula más exacta, porque ¿Cómo podríamos explicar al ser microscópico la diferencia cualitativa entre hidrógeno y oxígeno?, ¿Cómo comprendería a qué nos referimos al escribir *H*, o decir *hidrógeno*? Pero en el momento de tener que ver solamente con el aspecto cuantitativo, o sea expresar un número a través de tantas varillas o golpes, no importa más el conocimiento de las diferentes lenguas. Entonces aquello que se ha mostrado a través de una imagen, está determinado por una relación numérica desprendida de la imagen, independientemente de como la percibamos o interpretemos.

Ahora podemos analizar un aspecto físico, como en el ejemplo del agua, y llevarlo a un nivel de representación cuantitativa, pero no podemos hacerlo con conceptos tales como el conocimiento, vida, amor, fe, etc. No se dejan analizar en laboratorios, ni ser reducidas a expresiones cuantitativas.

Pero la palabra, en la Biblia, *sí* constituye un concepto cuantitativo. Esta manera expresiva cuantitativa no se limita a sustancias tales como agua, oro, carne y sangre, sino que existe igualmente para conceptos tales como conocimiento, vida, fe, etc.

Soy consciente de que se trata de una manera muy extraña de concebir lengua y palabra, pero el lector comprenderá que esto no es una simple afirmación, para decir algo más, siendo que tanto se ha dicho sobre ello; sino que esta concepción se confirmará a sí misma. Tampoco será difícil comprender las bases de esta concepción, y su aplicación en el sistema de vida.

La primera pregunta que ahora puede plantearse es la siguiente: ¿Dónde se encuentran las cifras con las cuales los conceptos de la Biblia pueden ser expresados cuantitativamente, siendo que en el hebreo bíblico también sólo se ven letras? La respuesta es sencilla: lo que tomamos por letras son, en primer lugar, cifras; y recién después de que las cifras adquieren su secuencia llegan a ser letras con todas las consecuencias de la formación de sonido e imagen.

El lenguaje de la Biblia, siendo ésa su particularidad, ofrece, de cada cosa, su expresión cuantitativa, que es al mismo tiempo la expresión más pura. Una imagen puede evocar un determinado sentimiento. Se la puede ver, o valorizar en forma diferente, pero es muy difícil describir un sentimiento. Pero sin embargo, también las imágenes y los sentimientos descriptos tienen que existir, ocupan un importante lugar.

Para acceder a conceptos puros, escalonados, se necesita de la estructura cuantitativa de la palabra.

Lengua, en hebreo, se expresa *safá*, que significa también *orilla*, ya que la lengua es, al mismo tiempo, frontera entre dos mundos: de un mundo cualquiera que sea, y de nuestro mundo, que se nos revela en espacio y tiempo. El *otro mundo*, el no témporo —espacial, lo llamaremos para nuestros fines, el *mundo de la esencia*, el *mundo esencial*.

Lo esencial se manifiesta en nuestro mundo témporo — espacial como una relación, como una coexistencia de un más y menos. En el mundo témporo —espacial no se puede expresar de otra manera. Lo que aquí percibimos como relación cuantitativa, es la aproximación máxima a lo esencial, a lo no témporo—espacial.

Esta relación forma un puente de lo espacio—temporal a lo esencial. Pero en el momento de ser transpuesto o traducido lo cuantitativo en palabras que reproducen relaciones entre los sonidos, y que evocan imágenes y sentimientos que finalmente en este mundo reciben su forma evocando determinadas situaciones, el hombre se encuentra más alejado de la frontera entre los dos mundos que caracterizan lo hebreo. Es cierto que el efecto de las palabras como sonidos, como lengua hablada, es finalmente el mismo que aquel de las relaciones con letras, porque la diferencia de las letras se expresa en la diferencia de los sonidos, por lo tanto también en relaciones cuantitativas. Esta es, entonces, la fuerza de la palabra oral. Ciertas relaciones se materializan por medio de la pronunciación en una determinada forma.

Si lo que manifesté acerca de la palabra es cierto, también las relaciones establecidas en forma escrita obtendrían su fuerza concretándose a través de una forma, o sea por la materialización de la escritura, que en la lengua hebrea está relacionada con el significado cuantitativo de la letra.

Pero a partir del momento de no ser la palabra más que la descripción de una imagen o de un sentimiento, ella pierde su vinculación con lo cuantitativo que la había llevado hasta el límite entre el mundo espacio—temporal con el mundo de lo esencial.

Si por lo tanto se ve a una palabra bíblica sólo como la descripción de una imagen, como por ejemplo el vocablo *vaca* sólo como imagen de vaca, o el vocablo *casa* sólo como imagen de una casa; o si se trata de un sentimiento, como por ejemplo *venganza*, considerando solamente lo que se siente al imaginarse *venganza*; entonces, en esos casos la palabra bíblica pierde su significado más profundo. Se la ha transformado en imágenes.

Como ya es conocido, la Biblia no admite que se hagan imágenes. Aceptar el enfoque cuantitativo significa, al mismo tiempo, reconocer a la lengua como lo primario, y admitir que ésta no fue hecha por el hombre, que no se ha formado por sonidos desarticulados, como los de los animales, sino que le fue entregada al hombre como un ente íntegro, tal como le fue entregada la vida, y como él ha encontrado el universo y la tierra como un algo que le fue dado. La lengua le fue entregada al hombre de manera acabada. Esta tesis encontrará su comprobación exacta en el siguiente desarrollo.

Las letras son, en primer lugar, cifras, con lo cual se expresan relaciones, y recién en segundo lugar son letras de sonidos (imágenes sonoras), con cuya ayuda se forman las palabras en este mundo.

Probablemente se me reprochará que yo invierto los conceptos porque se dirá que es sabido que primero existieron las letras, o sea las letras hebreas, a las que les atribuyeron valores numéricos porque todavía no existían signos que representaran a los números (cifras) y que se utilizaban, por lo tanto, letras.

De ahí surgió aquel juego con las cifras que se ha identificado injustamente con la *Cabalá*. Cabalá significa *tradición transmitida* que nada tiene que ver con el "abracadabra" numérico.

Sin embargo, debemos llegar a la conclusión de que las letras son primariamente números, o sea relaciones. Quiero aclarar mi punto de vista referido a un planteo; un cuestionamiento sencillo pero básico: ¿Cómo se sabe que en el alfabeto (griego) el *alfa* precede al *beta*, el *gama* al *delta*, etc.? ¿Será porque el "alfa" comienza con una **a**, y el "beta" con una **b**? La respuesta es sencilla: Ya que el alfa, o en hebreo el *Alef*, es primariamente el *1*, por ello el *Alef* se encuentra en primer lugar. El "1" es el estado primario, es el primer estado; y "beta", en hebreo *Bet*, es primariamente el "2". El beta viene después del alfa. El 2 significa una fase, un estado que tiene lugar después del 1.

De igual modo, el gama es el 3 primario que tiene lugar después del beta. Eso es válido para toda la secuencia de letras. Las letras indican relaciones, son cifras; y siendo que lo múltiple posee una jerarquía propia, también existe la secuencia de las letras.

Nunca ha existido una comisión que haya determinado que el *Alef* deba estar antes que el *Bet*. Nuestros antepasados no tuvieron en cuenta que el primitivo *Alef*, cuyo significado en hebreo es *cabeza* (de becerro), deba anteponerse al *Bet*, en hebreo *casa*, en función de que el becerro sería para ellos más valioso que una casa. Todo este razonamiento nunca ha existido. Fue la jerarquía de las cifras la que determinó la secuencia de las letras.

El hecho de que al "uno" (*Alef primitiva*) se le haya dado en la imagen la representación de la cabeza de vacuno, al "dos" la imagen de una casa, etc., está relacionado con el saber de cómo determinado estado se materializaba o cristalizaba en la forma témporo—espacial. Y ya que existía este conocimiento, algo que todavía debemos aclarar con otros ejemplos, a las cifras les fueron asignadas los nombres de las formas que las expresan. Por eso el 1 se representa de modo diferente que el 4, y este a su vez de manera diferente que el 40.

Si ahora podemos demostrar que la proporción cuantitativa es realmente lo primario en la lengua, aquello que ocupa el primer lugar, o sea aquello que está más cerca de lo esencial de las cosas, entonces es lógico que las letras sean, primariamente, números.

Sobre la base de la jerarquía de las cifras surgió la jerarquía alfabética. La jerarquía de los números determinaba también las formas y los nombres de las letras. Con la expresión *"primario"* no me refiero en esta contemplación a lo estrictamente primario en el tiempo. Por lo tanto no quiero manifestar que sólo han existido primero las cifras, y que estas cifras hayan servido después como letras, y que entonces combinándolas se haya aprendido a hablar y finalmente a escribir. A través de la expresión *"primario"* designo sólo un principio fundamental. Lo esencial de cada letra radica en que ésta manifiesta una relación. Que sea utilizada también para hablar y escribir no cambia nada en su esencia como expresión de una relación.

Es significativo indicar que las palabras hebreas equivalentes a libro, contar (enumerar), relatar, tienen la misma raíz "s—p—r". ¿No está acaso relacionado también en inglés, francés, alemán, holandés, el vocablo *confiar* (contar un secreto, relatar) en la expresión *contar* (conteo numérico? (Por ejemplo en inglés: "tell" (relatar) y "tale" (enumerar); o en español: "contar" (un relato) y "contar" (enumerar), etc.).

No puedo entrar en este contexto en una referencia mayor sobre las letras hebreas. Es suficiente comunicar que los nombres de las letras que han llegado a occidente por vía del alfabeto griego, originalmente fueron nombres hebreos. Muchas veces se dice que son nombres fenicios; aunque esa afirmación no está sólidamente fundamentada. En todo caso, las denominaciones de las letras hebreas que han dado a las letras griegas sus nombres no griegos, tienen un significado en hebreo. Ya he mencionado que el *Alef* significa cabeza (de vacuno); *Bet*, casa; también el *Guimel* (la tercera letra), que significa camello; *Dalet*, la cuarta letra, significa puerta, etc. Pero en griego, *alfa* no dice nada, ni tampoco *beta*, ni *gama*, ni *delta*.

Los griegos contaban que un tal Kadmos les había traído las letras. *Kadmos*, en realidad significa *individuo llegado de Kedem, (o sea el este —Oriente)*. *Kedem* significa también lo *anterior*, lo *original*.

Las letras de la Biblia y sus nombres, son por lo tanto, la base más importante del alfabeto actual. Ya que hemos contemplado las letras fundamentales en su significado primario, o sea como cifras, no debe el lector inquietarse por el hecho de no conocer el hebreo. Las contemplaciones deben ser hechas de forma tal que sean comprensibles para cualquier lector. Y Por supuesto, quienes conozcan bien la lengua hebrea podrán controlar los conceptos, enriqueciendo quizás sus conocimientos que provienen de otras fuentes.

Al observar la tabla 1 se advierte que muestra los valores numéricos, nombres, y pronunciación de la letras hebreas.

(Aconsejamos tener a mano la tabla 1 de esta obra). Las letras en el alfabeto hebreo son consonantes. Sólo éstas forman la estructura de la palabra. Las vocales están implícitas.

Mucho más tarde fueron indicadas (las vocales) sólo a través de puntos o líneas por encima, por debajo, o al lado de las letras, como medidas auxiliares para aquellos que no conocen la lengua en profundidad.

Esos signos auxiliares, por lo tanto, no tienen un significado esencial. Por supuesto, el significado de la imagen verbal puede variar por un cambio de las vocales que se hayan implicado; pero la estructura de la palabra permanece intacta.

Determinadas consonantes son mudas. Ello es válido para el *Alef*, y en menor medida para el *Ain*, pero recién con las vocales que se hayan tenido en mente obtienen sonido y color. El *Iod* aparece como vocal, como "y".

Pero para nuestros fines es suficiente limitarnos a la estructura de la palabra tal como está escrita y tal como se encuentra en la Biblia hebrea.

II. EL SECRETO DE LA PALABRA

Volvamos entonces nuevamente al esquema del segundo relato de la creación (tabla 2, segunda parte). El vapor que se elevó y humedeció la tierra se conoce en la Toráh como *ed*; palabra que se escribe en hebreo con un *Alef* y un *Dalet* —en cifras 1-4.

Se encuentra en el esquema en la parte superior derecha. Por debajo se ubica el "río que sale de Edén", y se divide en cuatro brazos principales. Una corriente se divide en cuatro aguas, obteniendo entonces la relación 1:4, tal como la esencia del vapor, que también es 1:4. (Por supuesto, ello es válido únicamente para escribir la palabra vapor como *ED*, y no como por ejemplo "torrente de agua". De este modo queda claro que cada traducción *cambia esencialmente* el texto).

Las cuatro brazos principales (ríos) no son en primer lugar conceptos geográficos, a pesar de que cada uno tenga una denominación específica (Pisón, Gijón, Hidekel, Eu*Prates* (Gén. 2:11-14). Más bien, demuestran que el 1 se divide en 4, y como se manifiesta el 4 cuando se concretiza.

En el segundo lugar del esquema (tabla 2 segunda parte), ángulo superior izquierdo, se ubica el hombre. En hebreo, hombre es *AdaM*, que expresado de manera numérica es 1-4-40. Nuevamente notamos el 1-4, ya que el 40 no es otra cosa que el 4 manifestado en un nivel decimal superior, en otro nivel.

Si el vapor es en su esencia 1-4 se ve ahora que el hombre es una elaboración ulterior que va en determinada dirección: del 1-4 se accede al 1-4-40.

Dios el Señor creó el cuerpo del hombre a partir de un trozo de tierra (Gén. 2:7). Más brevemente, de tierra. Tierra, suelo, en hebreo equivale a *ADaMA*: 1-4-40-5; o sea, también un desarrollo del principio 1-4.

Las decenas y las centenas sólo indican cantidades sutiles, que se pueden imaginar como el mismo elemento en distintos niveles. La fórmula del *ser hombre* la hemos visto en el 1-4-40.

"Verdad" en hebreo es '*EMeT*', que expresado numéricamente corresponde a 1-40-400. Tal como el 4 se transformó en 40, el 40 se transforma ahora en 400. Por lo tanto en el valor numérico, los vocablos *ed* (vapor), *adam* (hombre), y *emet* (verdad), muestran un parentesco. Si se extrae de la expresión "hombre" (1-4-40) el 1, obtenemos 4-40, que es la representación numérica del vocablo hebreo *DaM* (sangre). Y si hiciéramos lo propio con la palabra *EMeT* (verdad) —1-40-400— (al extraer el 1) obtenemos *MeT* (40-400), cuyo significado es *muerte*.

Vemos entonces que el agregar o sacar el 1, el *Alef*, varía totalmente la esencia de la palabra. El hombre, sin el 1 es "sangre". La verdad sin el 1 es "muerte".

Siendo que los vocablos hebreos correspondientes a "hombre" y "verdad" tienen una diferencia de nivel en su estructura, también vemos una interrelación entre "hombre" con el 1, como vida; y sin el 1, como muerte.

A través de estos ejemplos distinguimos la relevancia del 1, que lo abarca todo. Cambia totalmente la situación si el 1 está presente o no.

60

Para no despertar la impresión de que toda la lengua hebrea está construida sobre la fórmula 1-4, voy a dar otros ejemplos.

El vocablo "serpiente", ese ser bíblico desagradable, equivale en hebreo a *NaJaSH'*, o sea 50-8-300. "Caída" o "caer", en hebreo es *'NaFaL'*, o sea, 50-8-30. La expresión "caer" debe ser interpretada como descender de un nivel superior a un nivel inferior. "Alma corporal", en hebreo es *'NeFeSh'*, o sea 50-80-300. En resumen, "serpiente", que es 50-8-300; "caída", que es 50-80-30; y el "alma corporal" (animal), que es 50-80-300, muestran entonces nítidamente una relación esencial.

Aquello que intuitivamente nos parece emparentado, se aclara en hebreo con abstracta precisión.

La estructura que sirve como ejemplo, o sea 5 8 3, puede sin embargo aparecer en otra secuencia. Así, por ejemplo, "la vid", en hebreo *GueFeN*, es 3-80-50. En este caso se ha invertido la estructura 5-8-3, pero que pueda existir una interrelación, lo sabemos del ejemplo de la embriaguez, del *caer* en la embriaguez del vino.

Sólo quise dar a través de estos ejemplos, una ilustración de lo dicho anteriormente.

Volvamos una vez más al principio 1-4. Nuevamente, vemos en él el esquema básico; la fórmula básica del mundo, en cierto sentido es el núcleo que se manifiesta en todos sus círculos o capas que lo rodean, y en los cuales él se proyecta.

Incluso en la cristalización corpórea del hombre reconocemos esta estructura 1-4. El pulgar de la mano se encuentra frente a los cuatro dedos como 1. Ya hemos visto al cuerpo humano como hombre en esta estructura 1-4.

La cabeza es el 1 frente a las cuatro partes del resto del cuerpo: 1) hasta las caderas, 2) bajando hasta las rodillas, 3) hasta los tobillos, y 4) finalmente los pies.

Pasemos ahora a la columna central de la tabla 2, segunda parte. En medio del jardín del Edén se encuentran dos árboles especiales. Son el Arbol de la Vida, y el árbol del conocimiento del bien y del mal (Gén. 2:9). En el esquema, estos árboles, en el jardín, aparecen en cuarto lugar. En el séptimo lugar figura el mandamiento "Podrás comer de todos los árboles del jardín, excepto del árbol del conocimiento del bien y del mal. De él no deberás comer" (Gén. 2:16-17).

"Arbol de la Vida", en hebreo, es *'ETZ HaJaIIM'*, que expresado en cifras resulta 70-90 5-8-10-10-40.

"Arbol del conocimiento", en hebreo es *'ETZ HaDAaT ToB VaRRA'*, y en cifras: 70-90 5-4-70-400 9-6-2 6-200-70 ("etz = árbol", "tob = bueno", "rá = malo").

Nos encontramos ahora en la columna central, la columna de la dualidad, de lo doble. Dos árboles se enfrentan. También es la columna del "hijo", que tiene características tanto del padre como de la madre. Por eso las cualidades están mezcladas en él. El principio 1-4 se expresará de otra manera, de una manera oculta.

Si se suman las letras tal como cifras, ese concepto se torna más claro. El Arbol de la Vida consiste de 70 + 90 + 5 + 8 + 10 + 10 + 40 = 233.

Los "ladrillos" (valores numéricos) del árbol del conocimiento del bien y del mal son: 70 + 90 + 5 + 4 + 70 + 400 + 9 + 6 + 2 + 6 + 200 + 70 = 932; y 4 x 233 = 932. O sea que también en este caso se encuentra presente la proporción 1:4. El 1-4 no se encuentra en el árbol como unidad, sino en la proporción de los dos árboles. El árbol de la vida representa entonces el 1, y el árbol del conocimiento el 4.

El lector atento comprenderá ahora el significado del 1 en la estructura de las palabras hebreas que designan *hombre* y *verdad*. También sabrá ahora que el 1 es expresión del concepto Arbol de la Vida. El dejar de lado el 1 significa entonces *muerte*. El tomar sólo del 4, el comer del árbol del conocimiento, significa tener que morir —aquello que en Gén. 2:17 está expresado con el tomar del árbol del conocimiento.

También se puede representar el esquema del segundo relato de la creación de la manera como se muestra en el cuadro respectivo.

EL HOMBRE 1-4-40		VAPOR 1-4
	ÁRBOL DE LA VIDA ÁRBOL DEL CONOCIMIENTO	
EL HOMBRE EN EL JARDÍN 1-4-40		EL RÍO I-4
FRENTE AL ÁRBOL 1 Y AL ÁRBOL 4	MANDAMIENTO AL HOMBRE 1-4-40 NO COMER DEL ÁRBOL 4, AHORA QUE EL HOMBRE SE ENCUENTRA FRENTE AL ÁRBOL 1 Y AL ÁRBOL 4	

Ya que el lector estará un poco impresionado por los resultados obtenidos hasta ahora, es tiempo de advertirle de la tentación de representar cualquier palabra bíblica de la manera indicada. Espero que, sin embargo, esté convencido de que aquí no se trata de un juego de números para demostrarlo todo. Cada trabajo con cifras debe tener como base un principio que conserve siempre su validez.

Se habrá comprendido que el principio encontrado no es algo buscado, pero que tampoco es casualidad. El principio 1-4 habla con demasiada claridad. Deberá admitirse entonces que se trata pues de un sistema, de una regularidad milagrosa, como existe en la creación misma, en el universo y en la Biblia.

Pareciera como que la Biblia ha surgido a través de millares de años de selección, desarrollo, etc.; y si ese no es el caso, ¿Cómo ha surgido esa maravillosa estructura? ¿Qué escritor pudo haber ideado palabras, compuesto frases, e inventado un relato adecuado para que "vapor" sea justamente 1-4; y "hombre" 1-4-40; o que en hebreo, "Arbol de la Vida" tenga exactamente el valor numérico para formar junto con "árbol del conocimiento" la proporción 1:4?

Si se asumiera ello, se comprendería que la Biblia (la Toráh) es un Libro muy especial, quedando también en claro por qué no puede ser modificado ni un ápice del texto original; ya que de ser así, se variaría su estructura, y no quedaría finalmente más que un relato semejante a muchas otras historias.

También la secuencia de determinados acontecimientos tiene, por lo tanto, un sentido profundo. Puede surgir el interrogante de por qué las diez plagas en Egipto debieron ser mencionadas en la secuencia descripta; y por qué fueron ésas, y no otras (Ex. 7:11). ¿Constituirán también las diez plagas un sistema? ¿Tendrán sus nombres y la secuencia de su disposición un significado relevante en el sistema?

En la tabla siguiente menciono las plagas, omitiendo la décima, que ocupa un lugar preponderante. Nos limitamos en este ejemplo a las tres plagas de la columna central: 3, 6 y 9.

Tomando los valores numéricos de las letras iniciales de esas tres plagas, las de la columna central, se obtiene, comenzando desde abajo: 8-300-20, que son exactamente las mismas cifras que la novena plaga. Lo mismo es válido para las segundas letras —de las que se obtiene la sexta

```
        2. PLAGA                              1. PLAGA

                        3. PLAGA
                        "PIOJOS"
                        "KINIM"
                        20-50-40
        5. PLAGA                              4. PLAGA
                        6. PLAGA
                        "VIRUELA"
                        "FORÚNCULOS"
                        "SHJIN"
                        300-8-50

        8. PLAGA                              7. PLAGA
                        9. PLAGA
                        "OSCURIDAD"
                        "JOSHEJ"
                        8-300-20
```

plaga— como también para las terceras letras —de las que se obtiene la tercera plaga.

```
     Plaga 3    ⎯⎯→      20     -     50     -     40
     Plaga 6    ⎯⎯→     300     -      8     -     50
     Plaga 9    ⎯⎯→       8     -    300     -     20

                          ↑            ↑            ↑
                       Plaga 9      Plaga 6      Plaga 3
```

Nuevamente surge el interrogante ¿Cómo pudo un escritor encontrar exactamente aquellas plagas en la secuencia dada, para que surja esta extraña combinación? Se puede dar a las plagas varias interpretaciones, pero ni una sola letra debe ser modificada, así como tampoco su secuencia, ya que de ser así se perdería la interrelación.

No se puede quitar de una sustancia ni un solo elemento fundamental sin modificarla. La imagen, la forma, pueden cambiar; se pueden describir de diferentes maneras, pero no se puede alterar su estructura, tal como no se puede sacar ni cambiar de lugar ningún componente del sistema periódico de elementos. Lo mismo es válido para el sistema planetario, cuyas distancias y períodos de circulación forman el cosmos. Si se modificaran las medidas cósmicas, este cosmos no podría subsistir. Un nuevo cosmos sería su consecuencia.

La Biblia (Toráh), tiene en su estructura estas interrelaciones y regularidades maravillosas, como la naturaleza que intentamos investigar a través de la ciencia. Pero ya hemos constatado que la Biblia posee una estructura parecida a la de la naturaleza y del cosmos. Tenemos que deducir, entonces, que ningún hombre, *ni siquiera toda la humanidad, y ni siquiera en millones de años* hubiera sido capaz de crear el sistema de la lengua bíblica. ¡Pero al lado de esta maravilla la Biblia es aun mucho más!

Mientras que la naturaleza y el universo despiertan nuestra admiración y respetuosidad ante el poder del Creador, la Biblia nos muestra en la Toráh el camino de la vida individual, que en sí también es universo, tan significativa como la creación misma del universo.

La Biblia fue creada para el hombre; le fue dada, y lo considera como centro de la vida y del mundo. Le comunica por qué y para qué existe el mundo. Le muestra el camino y el sentido de su camino, le da respuesta a aquellas preguntas de las cuales él cree que constituyen el "gran secreto". La Biblia no sería un Libro sagrado si fuera un libro paralelo a la vida. Tiene entonces que ser la vida misma, la vida a cada instante y en cualquier circunstancia. En ello nos detendremos en los capítulos siguientes.

III. EN EL COMIENZO

La Biblia comienza sus relatos, sus comunicaciones al hombre, con las palabras "En el comienzo".

Para aprehender correctamente esas palabras es necesario conocer algo de su estructura esencial.

La expresión "En el comienzo", es en hebreo *'BeRESbIT'*, que expresada numéricamente equivale a: 2-200-1-300-10-400. No sólo que esta palabra, y con ella la Biblia (Toráh) comienza con la letra hebrea *Bet*, o sea con el número 2, sino que ese *Bet* está escrito en la Biblia hebrea con una letra de mayor tamaño que las demás.

Ese "gran Bet" no es una inicial, ya que en la Biblia ningún capítulo muestra letras iniciales. Además existen otras letras en la Biblia de mayor o menor tamaño, a pesar de encontrarse en ciertas oportunidades, *arbitrariamente* en medio del texto.

Ese gran 2 (Bet) se hace más comprensible si pensamos nuevamente en aquel primer relato de la creación. Allí hemos visto que la creación es en realidad una formación del 2, el génesis de la dualidad. Comenzando con cielo y tierra se continúa con la dualidad de luz y oscuridad, etc. El "gran 2" indica entonces que todo lo que le sigue está determinado por el 2, hasta que tiene lugar otra acción iniciada por un comienzo distinto.

Además, el 2 significa que ahora comienza aquello que antes era el *1*, el estado de la armonía indivisa que lo abarca todo en la unidad.

En nuestro mundo, todo es gobernado y determinado por esa dualidad. Cualquier cosa que midamos se encuentra entre los dos extremos. Estos pueden llamarse *cero o infinito; vida o muerte, hombre o animal, bien o mal, grande o pequeño*, etc. Ellos determinan nuestro pensar, nuestros valores, nuestra lógica, nuestros juicios, y nuestros conceptos sobre causalidad. Todo ello es determinado por la existencia de este *2*.

Ahí donde la Biblia comienza, comienza el mundo del 2; incluso se puede decir que la Biblia *comenta* sobre el mundo del 2. Es aquel 2 que comienza con la dualidad de cielo y tierra. Se expresa en la materia, pero no sólo en la materia, ya que utiliza la palabra, y la palabra reproduce la esencia de las cosas.

En la terminología del "1:4", la Biblia es expresión de ambos, del 1 y del 4 simultáneamente: expresión de la esencia y de la imagen, del 1 que es el Arbol de la Vida, y del 4, que es el árbol del conocimiento. La esencia de la palabra corresponde al 1 de aquel principio 1:4; y la imagen en la cual la esencia encuentra su expresión material, se refleja en el 4 del mismo.

Quizás el lector perciba ya por qué fue transmitido el mandamiento de no comer del árbol del conocimiento: a fin de no incorporar las imágenes de las cosas, porque ellas cierran el camino al Arbol de la Vida.

La Biblia, como reproducción del mundo del 2, utiliza paralelamente a la palabra —como esencia de las cosas— también las imágenes de ellas. O sea, una continuidad del principio 1:4.

Todas las promesas de la Biblia se refieren a la tierra. El Pueblo de Israel obtiene finalmente la Tierra Prometida. Por lo tanto, si se dijera —basándose en el relato bíblico en imágenes— que en la Biblia no se encuentra nada sobre la vida en el *más allá*, sobre el sentido de la vida, se tiene perfecta razón, a pesar de cometer una injusticia con la Biblia. Las imágenes sólo pueden hablar sobre este mundo, ya que son cristalizaciones en la materia. Es necio esperar de una imagen, de una materialización, que diga algo sobre el más allá, sobre el sentido de la vida, si este sentido no se encuentra solamente en esta vida y en esta materia.

Por ello, la palabra bíblica sirve de puente entre imagen y esencia. La palabra transmite lo que es la esencia de la imagen. Nos hace posible penetrar en otros mundos, y reconocer el sentido de la vida. Tenemos siempre que unir las imágenes con la esencia, obteniendo así el sentido.

¿Pero por qué la Biblia sólo proyecta imágenes que pertenecen a una determinada época? ¿Por qué ofrece un extenso relato histórico referido a la antigüedad? ¿Por qué trata acerca de corderos, camellos, de tiendas, de esclavos, y de dioses de la antigüedad; y no habla en cambio de sindicatos, de la democracia, de la U.N. siendo que tiene carácter de eternidad, o pretende tenerlo?

La respuesta ya fue dada. Tal como la esencia de las cosas se cristaliza en la materia, y forma las imágenes que llenan el espacio; así también se cristaliza en los acontecimientos, formando las imágenes que llenan nuestro tiempo. Espacio y tiempo son inseparables en este mundo de imágenes (todo se nos muestra en símbolos). El relato temporal de la Biblia nos revela entonces cómo la esencia se cristaliza en el tiempo, tal como la historia en imágenes expresa cómo se cristaliza en la materia y en el espacio.

El relato temporal de aquel período específico quiere ser una reproducción que nos muestra cómo la esencia se ha manifestado en aquel entonces. Por ello ese relato temporal no debe ser separado de lo esencial, representado por la palabra bíblica; como tampoco deben separarse las imágenes bíblicas, como por ejemplo de hombres o de animales, de lo esencial de la palabra.

Volvamos ahora a nuestro "gran 2" (*Bet*) con que comienza la Biblia, y con el cual se pone el sello de lo esencial de este mundo, que es el mundo de la dualidad.

El "1" y el "4" individualmente no tienen sentido para este mundo. Este mundo, como el mundo del 2, une al 1 y al 4 en una totalidad armónica, que conocemos como 1-4. Esencia y manifestación, esencia y suceder, forman una unidad.

El 2 fue creado por Dios porque "En el comienzo Dios creó cielo y tierra", por eso es el 2 el que continúa ahora en el todo. La tierra contiene en todos sus aspectos, la dualidad: Ella estaba "desierta y vacía"; "la oscuridad reinaba sobre el abismo"; y "el espíritu de Dios flotaba sobre el agua".

Antes de la dualidad, reinaba la unidad. Del Uno, o sea de Dios, que todo lo tiene en Sí, Dios hizo el 2. Reconocemos entonces el sendero 1-2.

En hebreo, "padre" es *'AB'*, que expresado en cifras es 1-2. Dios aparece como Primer Padre cuando hizo el 1-2. Es entonces el Padre de la Creación. El 2 desprendido del 1, o el 1 desprendido del 2 destruirían el concepto "padre".

En hebreo, "madre" es *'EM'*, y en números: 1-40. Vemos que la madre es la fase siguiente, porque del 2 viene como evolución máxima el 4, que llega a ser el 40 en las decenas. En la palabra *EM* (madre) está contenido otra vez el 1-4, a pesar de que el 4 está en otro nivel.

El concepto "madre" aparece recién en otro plano, es decir recién después de haber abandonado hombre y mujer el jardín del Edén, después de haber gozado del fruto del árbol del conocimiento, después de haber llegado a otro mundo.

70

Anticipándome, quiero comunicar ya aquí, que "*hijo*" en hebreo es *'BeN'*, 2-50; e "hija" es *'BaT'*, 2-400. Si las expresiones hebreas equivalentes a "padre" y "madre" comienzan con el 1, las que designan "hijo" e "hija" comienzan con 2.

El 2 sigue evolucionando. Se transforma por la fuerza de la dualidad en 4, cumpliéndose entonces consigo mismo. El 4 es la evolución máxima del 2; pero ya hemos visto que el 4 se manifiesta en el 10, tal como se manifiesta en las diez expresiones de la creación.

En la marcha a través de los días de la creación se muestra una diferenciación, o sea el 2 en su evolución toma nuevas formas. Aparece la multiplicidad del mundo vegetal en el tercer día; del mundo de los astros, en el cuarto; y del mundo de los animales en el quinto y sexto día. En la segunda mitad del sexto día se interrumpe esa multiplicidad en su evolución. Es ahí donde aparece el hombre como uno que está solo frente a la multiplicidad que lo rodea, tal como Dios ha estado solo hasta ese momento frente a la multiplicidad que El ha creado. La Biblia expresa ello con las palabras: "Y creó Dios al hombre a Su imagen, a imagen de Dios lo creó" (Gén. 1:27).

Esa unidad del hombre frente a la evolución de una multiplicidad creciente, significa una ruptura llamativa en la evolución. El hombre se ha creado en principio de una manera distinta: Expresamente dice la Biblia: "Según nuestra imagen; según la imagen de Dios". Por ello se encuentra en el hombre todo aquello que se ha expresado antes, respecto de la multiplicidad, siendo esto lo esencial de la comunicación: que el hombre debe gobernar sobre todos los animales por debajo de él.

Lo que se traduce como "gobernar", en hebreo es *'re-dú'*, lo que en realidad significa "tener por debajo de sí", pero también "descender". En eso está también, entonces, expresada la posibilidad y el peligro de descender al mundo de la multiplicidad por parte del hombre.

En el hombre está contenido todo lo que precede. El tiene todo por debajo de sí. Es una especie de punto final de distintos hilos, que desde el comienzo de la evolución se han dividido más y más. Un bosquejo puede esclarecer este tema, pudiendo también demostrar como esos hilos vuelven a unirse.

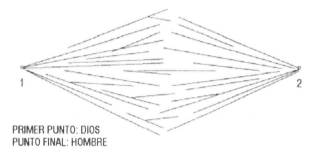

PRIMER PUNTO: DIOS
PUNTO FINAL: HOMBRE

El punto final es una imagen y símbolo del punto de origen. Ese Punto de Origen, Dios, creó como imagen y símbolo al hombre, con lo cual la creación fue finalizada. No fue finalizada con una gran multiplicidad, sino con el hombre como unidad: unidad de hombre y mujer.

Pero volvamos a la primera palabra de la Biblia (Toráh), a la palabra *BeREShIT*. Consiste de seis letras, que equivalen a las cifras: 2-200-1-300-10-400. La segunda palabra de la Toráh es *BaRA*, 2-200-1, que significa "crear" ("En el comienzo creó..."). Este vocablo comienza también con *Bet*, con el 2; ya que "crear", en su esencia, es idéntico a "duplicar"; o sea lo opuesto a la unidad. La multiplicidad está frente a la unidad, pero en *BaRA*, el 2 alcanza su máxima diferenciación en el nivel del 200. Después del 200, sigue el

72

1, lo que significa que la creación es coronada recién cuando de la multiplicidad es llevada nuevamente a la unidad, al "uno", que existía antes de la creación.

Vemos entonces como esta palabra contiene en su esencia la estructura que se expande, que se expresa en imágenes y acontecimientos en el mundo del espacio y del tiempo.

También vemos que ya las primeras letras de la palabra *BeREShIT* (En el comienzo) determinan la evolución.

Las primeras tres letras, las primeras tres cifras de la Biblia, tienen también el valor numérico 2-200-1. También ellas indican que del 2 surge la multiplicidad del 200, pero que vuelve al 1. También podemos ver que el mundo no se pierde en una división constantemente creciente, sino que tiene que volver a la unidad.

Corresponde hacer ahora una observación sobre una palabra que se impone: *AB* (padre), 1-2. Al invertir este vocablo se obtiene 2-1, correspondiente a la palabra *"BA"*, que significa 'llegar'. Pero 'llegar', 'arribar', es alcanzar una meta, un "juntarse"; algo así como 'unirse'. En la estructura del mundo es volver a un estado original, un "volver a casa". La estructura de la palabra o del concepto "crear", contiene ya por ley la creación de la multiplicidad, hasta el máximo nivel, pero también la vuelta al "Uno", al Origen, al Creador.

Después de haberse cumplido la evolución de la creación, el hombre como imagen de Dios es ese uno. Está solo, uno, tal como Dios está solo al comienzo, es Uno.

En Génesis 1:26 manifiesta la Biblia: "Hagamos un hombre".

Según la Tradición[2], ese "hagamos" se refiere a toda la creación, a todo lo creado hasta ahora, desde los Angeles hasta todos los seres en la tierra. (De la multiplicidad surge

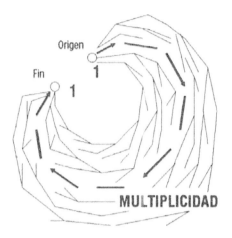

el hombre). Ese "hagamos" no es entonces una especie de *pluralis majestatis*.

El hombre como culminación de la creación, de la evolución, podría liberarse aún más, alejarse más del origen. Viviría entonces según su propio criterio y según las medidas de sus experiencias. Podría incluso romper la unión con el origen, someter a todo el mundo. Todo ello está reflejado en la fórmula de la creación, en el segmento 2-200.

Podría avanzar aún más en su deseo de libertad, hacer del 2 el 4, y avanzar hasta el punto más extremo, el 400.

Como el 400 es la última cifra, el valor de la última letra, es la expresión de la más extrema evolución en el terreno de lo material. Pero la multiplicidad del 2 y del 200 no viene al hombre para ser desarrollado hacia el 4 y el 400; sino más bien debería ser llevado de vuelta al 1, a pesar de que existe la alternativa de que el hombre sobrepase al 2. Ya nos referiremos a la consecuencia, que está ya expresada en las siguientes letras de la "palabra clave": 300-10-400 (segundo trío de letras del vocablo BeRESbIT).

Podemos esclarecer la alternativa en un bosquejo:

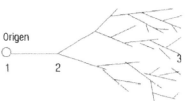

ORIGEN (1)
LA HUMANIDAD EN SU TOTALIDAD,
PROYECTANDO TODO SEGÚN PLANES Y DECISIONES PROPIOS COMO UNA DIVINIDAD INDEPENDIENTE.

Por ello resulta ser de suma importancia reconocer la palabra "crear" en su pleno significado, es decir incluyendo también *"el retorno"*. A pesar de que nuestras percepciones indican una evolución creciente, la fórmula 2-200-1 nos muestra ya un volver, un retornar.

Sólo para el hombre que vive en el nivel de 2-200, esa posibilidad es invisible. Se debería modificar el esquema precedente de acuerdo a la figura respectiva, en la que se aprecia que todo sale del 'uno' para retornar nuevamente al 'uno'.

Se puede imaginar también la evolución a la multiplicidad como una serie de círculos que giran en torno de un centro o capas concéntricas en torno de un núcleo. La envoltura del núcleo es un proceso progresivo en el tiempo.

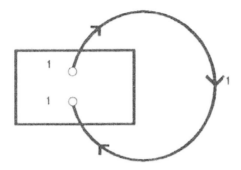

En las representaciones místicas se emplea, a menudo, la imagen de capas que circundan un núcleo. Estas capas se designan entonces con el vocablo hebreo *klipot* (pl.).

Esta imagen supone que la luz del núcleo se oscurece a medida que la multiplicidad surge en su desarrollo. Aun otra imagen representativa es utilizada en la vieja mística, a la que quiero hacer referencia en esta oportunidad. Es el conocido estudio de las *Sefirot*, estudio en el cual no quiero profundizar ahora. Es una manera de representarse el camino de la creación y del mundo.

El origen, la *Sefirá* más sublime, es llamada *Keter* (Corona). Es de la *Corona* de Dios de la que surge todo. *Keter* es la unidad de la cual se revela la dualidad, de la cual se manifiestan todas las demás *Sefirot* (pl. de *Sefirá*). La última *Sefirá* se denomina *Maljut*, que significa "reino". La *Sefirá Maljut* es este mundo nuestro, porque en este mundo finalmente se devuelve el reino a Dios. Así surge la unidad denominada *Keter-Maljut*. También la *Sefirá Maljut*, al final de la evolución, está sola como la *Sefirá Keter*, al comienzo. La unión entre estas dos *sefirot solitarias* es entonces la unión del 1 del origen con el 1 del final. En esta unión, la evolución es devuelta al origen. Por ella, su reino retorna a Dios.

Continuamos con la primera palabra de la Biblia (*BeRE-ShIT*). Conocemos recién la primera parte de la misma, a través de las cifras 2-200-1. Le sigue la parte representada por el 300-10-400.

En el segundo relato de la creación (tabla 2), el hombre, como Adán, está solo hasta la fase final. Recién entonces la mujer es creada por Dios, después de haberle extraído al hombre una costilla. Hay ahora dos personas: varón y varona —*ish veishá*— (Gén 2:21-23). El primer relato bíblico (tabla 2) referido a la creación de la mujer (varona, *ishá*), es mucho más breve. De no prestar la debida atención a la lectura, se puede incluso pasarlo por alto. En Gén. 1:27 leemos: "Y Dios creó al hombre a Su imagen, a la imagen de Dios *lo* creó; hombre y mujer *los* creó". Primero advertimos claramente un solo ser: *él* ("*lo* creó"); pero luego se emplea la expresión "*los* creó", en plural.

Paralelo al mensaje de la creación de mujer y hombre en el primer relato, y su elaboración en el segundo relato referido a que Dios no veía bien que el "hombre esté solo", se manifiesta entonces el 300-10-400 de la segunda parte de la palabra clave BeRE*ShIT*. Podemos esquematizar los dos relatos de la creación y su relación con la palabra nuclear de acuerdo a la tabla correspondiente.

Aquello que está presente en forma concentrada en la relación 300-10-400, comienza a darse desde el primer relato de la creación, partir del momento en que el hombre aparece como dualidad, continuando a través de aquella parte, en la que Dios manifiesta la novena y la décima palabra de la creación, palabras referidas a la fertilidad y al comer.

En el segundo relato bíblico esta parte comienza allí donde Dios dice "No es bueno que el hombre esté solo",

La primera palabra: como núcleo para el resto del relato.	2 - 200 - I B - R - E	- 300 - 10 - 400 - Sh - I - T
El primer relato de la creación como primer círculo alrededor del núcleo	Multiplicidad, de la creación del 2, que sigue hacia la gran diversidad. Pero vuelve a ser 1.	El hombre solo deviene hombre y mujer, y después siguen la 9 y 10 palabras de la creación.
El segundo relato de la creación, como un segundo círculo mucho más amplio alrededor del núcleo y del primer círculo.	Multiplicidad de la creación, ahora según el principio 1-4, con el hombre en el jardín Edén, como un solo ser con una misión en el jardín.	El hombre no queda solo, recibe a la mujer y empieza la historia del pecado original, la expulsión del jardín Edén.

y después es creada la mujer. Luego tiene lugar el relato de la serpiente y la expulsión del Paraíso.

El lector atento habrá descubierto ya un paralelo. ¿No era el 3 la cifra correspondiente al hombre, y el 4 a la mujer; o sea aquellos números que aquí se enfrentan como 300 y 400?

Tal como he analizado la primera parte de la palabra BeRESbIT ("En el comienzo"), en el primer relato de la creación, analizaré ahora la segunda parte de ese vocablo, en el segundo relato de la creación.

IV. EL MILAGRO DEL NOMBRE DIVINO

En el segundo relato de la creación el hombre está en movimiento.

En el momento de enfrentarse con la mujer, que fue *extraída* de él, tiene lugar el encuentro con la serpiente. Es comido el fruto del árbol del conocimiento; los hombres se ocultan ante Dios; continúa el diálogo con Dios, y la expulsión del Jardín del Edén. La historia de Caín y Abel es sumamente activa. Esa actividad, ese movimiento, continúa hasta el final de la Toráh.

El segundo relato de la creación tiene carácter acuoso. En hebreo, "agua" es 'MaIM': 40-10-40; y "mar" es 'IaM': 10-40. En las dos palabras reconocemos la estructura 1-4.

En el segundo relato de la creación el mundo se desplaza claramente hacia el lado del agua, lado de la mujer, lado izquierdo, hacia el lugar donde en el primer relato de la creación ya estaba el agua como 40-10-40.

Parece entonces que el segundo relato de la creación jugara en otro tipo de mundo. El escenario se desplaza del lado de la luz y del 2 hacia el mundo del agua y del 4.

Sabemos que la luz es mucho más veloz que el agua, cuyo desplazamiento es más lento. Todo lo que está gobernado por la duración del tiempo terrenal es lento frente a la velocidad de la luz sobre-terrenal.

La lentitud que se manifiesta en la estructura 1-4, en el agua, siempre aparece en la Biblia como "duración". Siempre "dura" mucho tiempo. Es en realidad "infinitamente largo". La esclavitud en Egipto duró 400 años[2a]. La marcha por el desierto duró 40 años. Moisés permaneció 40 días sobre el monte Sinaí. El reino de David duró 40 años. En el relato del diluvio varias veces se menciona 40 días. Elías permanece 40 días en el desierto (I Reyes 19:8).

La palabra que designa "agua" en hebreo, guarda relación con el nombre de la letra hebrea *MeM* y con la cifra 40. De este modo, 40 y 400 expresan una situación que se prolonga durante mucho tiempo; en realidad, un tiempo "infinitamente largo". ¿No es acaso el 4 también la última cifra del ciclo nuclear 1, 2, 3, 4?

El segundo relato de la creación tiene carácter de agua; aquel del lado izquierdo y la lentitud del tiempo. Pero con eso lleva también el carácter femenino. ¿No está determinado el segundo relato de la creación directamente por la mujer? Primero tiene lugar el mensaje detallado del por qué la mujer fue creada; y luego, una vez que ella ya existe, toma la iniciativa.

El relato de la serpiente es la historia de ella y de la mujer. El hombre come, toma entonces pasivamente lo que la mujer le da.

El lector recordará al patriarca del lado izquierdo, el pasivo Isaac. En la Biblia, las mujeres se ubican al lado de fuentes; extraen agua, dan de beber a los animales. En esa circunstancia el sirviente de Abraham encuentra a Rebeca como mujer para Isaac. Próximo a una fuente también, encuentra Jacob, más tarde, a Raquel; y también Moisés a su mujer Tzipora (Ex. 2:16-21).

Ya que he comenzado a hablar del carácter del tiempo, debo mencionar otra faceta del segundo relato de la creación. Esta se refiere siempre a Dios como *el Señor Dios*; mientras que el primer relato de la creación dice solamente *Dios*.

Se ve claramente que también esta diferencia en la denominación tiene que tener su significado.

La palabra que aquí traducimos como "Dios", es en hebreo *'ELOHIM'*, que con su terminación *IM* tiene carácter de plural. A pesar de ello se considera el nombre "Dios" **estrictamente como unidad**.

Es Dios que contiene todo en Sí, y que hace florecer de Sí la creación, aquella creación con su carácter de lo múltiple y con la estructura de los seis días de la creación.

La creación comienza el primer día con las palabras "Dijo Dios: sea la luz". Esta luz determina el carácter del primer relato de la creación, que transcurre rápidamente, por el predominio de la luz.

El proceso de la creación se extiende en forma circular, o de capas sobre enormes espacios. En este núcleo todo transcurre con gran rapidez; en una esfera en la cual nuestro concepto de tiempo no juega ningún papel. Por ello aparece siempre, en la Biblia, el "temor de *ver a Dios*". Un contacto con el mundo de lo concentrado y de la rapidez incomparable, aniquilaría inmediatamente al hombre.

En el segundo relato de la creación, aquel del carácter acuoso, todo transcurre más lentamente, más en "tiempo terrenal". Se designa a Dios con las palabras *Señor Dios*. Este nombre se escribe en hebreo con un *Iod*, un *He*, un *Vav*, y como última letra, otro *He* (10-5-6-5). Pero no se expresa de esa manera, porque el hombre, a través de la pronunciación, crea un algo que posee una fuerza especial. Sólo bajo circunstancias muy especiales, y en un sitio muy especial, este nombre podía ser expresado (o sea en el décimo día del séptimo mes, en el gran Día del Perdón —una sola vez al año— al ingresar el sumo sacerdote al *Sanctasanctórum*)[3].

Se manifiesta este Nombre como *Adonai*, que significa Señor. Pero las letras expresan un Nombre totalmente diferente. Este Nombre no se pronuncia como se escribe.

Introduzcámonos ahora en el aspecto esotérico del Nombre Sagrado.

El mismo consta de cuatro letras: El *Tetragrámaton*. Recordemos que el 4 caracteriza el segundo relato de la creación. También recordemos que el 4 se manifiesta siempre en el 40 y en el 400 como *tiempo* de este mundo.

En la Cabalá seria se da mucha importancia a este Nombre. El conocimiento del mismo, en hebreo *Shem*, otorga un profundo saber y una gran fuerza. Un *Baal Shem* es aquel que posee este conocimiento.

Este Nombre consiste de las cifras 10 + 5 + 6 + 5 = 26. Se puede leer este Nombre de una manera diferente: La Cabalá enseña que en lugar de cada una de las cuatro letras se puede escribir el nombre hebreo de las mismas.

Iod	$(10+6+4) = 20$
He	$(5+10) = 15$
Vav	$(6+10+6) = 22$
He	$(5+10) = 15$
	Total 72

Aplicando el modo de calcular cabalístico, este 72 se encuentra también oculto dentro del 10-5-6-5, a saber: Se deja desarrollar el Nombre a partir de la primera letra hacia la segunda, la tercera, y finalmente hasta la cuarta; obteniendo de esta manera el desarrollo que se aprecia en el cuadro.

Esta cifra 72, como expresión del Nombre de Dios, juega un gran papel en la Cabalá. Se la designa como *Shem Ain-Bet*, que significa "Nombre 72". También se conocen setenta y dos Nombres de Dios, teniendo todos ellos un significado y una fuerza especial. Pero también se conoce

LETRA 1	10	10
LETRA 1, 2	10+5	15
LETRA 1, 2, 3	10+5+6	21
LETRA 1, 2, 3, 4	10+5+6+5	26
	Total	72

un *Shem 63* (la *Sefirá Jesed* —bondad, amor o gracia— escrito como 8-60-4, tiene el valor total de 72. Existe entonces una relación entre el Nombre del Señor y el concepto *jesed*).

El relato bíblico hasta la revelación en el Sinaí (Ex. cap. 19 y 20) forma, según la Tradición, un ciclo autónomo. Con la revelación en el Sinaí termina el camino que ha comenzado en el Jardín del Edén. Cuando el hombre comió del árbol del conocimiento, comenzó su camino por el mundo[4].

La revelación significa que en el Sinaí Dios volvió a descender a la tierra con lo cual quedó reinstalado el estado del comienzo. Con ese descender de Dios se reveló el sentido de la vida, aquel sentido que se expresa en las palabras de la Biblia.

El período tal como es calculado por la Biblia, desde el segundo relato de la creación hasta la revelación en el Sinaí, se divide, según la Tradición, en cuatro partes. Los límites entre estas partes están dados por cada una de las cuatro veces, *y no más de cuatro veces*, que se encuentran en el Pentateuco las palabras *Ele Toldot* ("Estos son los nacimientos", o "estas son las generaciones").

El primero de los *"Ele toldot"* lo manifiesta la Biblia al comienzo del segundo relato de la creación (Gén. 2:4).

El segundo *"Ele Toldot"* está en Génesis 6:9 ("Estas son las generaciones de Noé").

El tercer *"Ele Toldot"* está en Génesis 11:10 ("Estas son las generaciones de Sem").

El cuarto *"Ele Toldot"* está en Génesis 37:2 ("Estas son las generaciones de Jacob").

Es llamativo que existan cuatro registros de generaciones. *Cuatro y nada más*. Es nuevamente el 4 la cifra del máximo desarrollo posible.

Pero ya hemos visto que el 4 en realidad contiene 10 situaciones posibles. Así que los 4 *Ele Toldot* deberían contener también 10 *toldot*.

Tal como las 4 creaciones del primer ciclo han contenido en total 10 creaciones, el sistema de la Biblia muestra que realmente éste es el caso. Paralelamente a los 4 *Ele Toldot*, la Biblia contiene también "registros de generaciones", directamente relacionadas con las anteriores. Estos están caracterizados por la conjunción hebrea *Ve* ("y"). El *VaV* delante de una palabra significa "y" (conjuntiva). El vocablo hebreo *VaV*, cuya cifra es 6, significa "gancho". Es un "gancho" que une dos partes. Estos *Ele Toldot* están precedidos por un *VaV*, y por ello se denominan *Ve ele toldot*.

De estos *Ve ele toldot* encontramos seis hasta la revelación en el Sinaí. Así que la cifra esperada de los *toldot* realmente existe. Los encontramos en los siguientes pasajes bíblicos:

1) *Ve ele toldot* (Gén. 10:1): "Y éstas son las generaciones de Noé".

2) *Ve ele toldot* (Gén. 11:27): "Y éstas son las generaciones de Teraj".

3) *Ve ele toldot* (Gén. 25:12): "Y éstas son las generaciones de Ismael".

4) *Ve ele toldot* (Gén. 25:19): "Y éstas son las generaciones de Isaac".

5) *Ve ele toldot* (Gén. 36:1): "Y éstas son las generaciones de Esaú".

84

6) *Ve ele toldot* (Gén. 36:9): "Y éstas son las generaciones de Esaú" (por segunda vez).

Los cuatro *Ele toldot* traen consigo los seis *Ve ele toldot*, surgiendo así 10 *toldot* en total.

En las traducciones se pierde esa fina y sutil diferencia entre los *Ele toldot* y los *Ve ele toldot*. Las mismas deberían decir siempre: 'Y ésta es la generación'.

La palabra hebrea utilizada para expresar "nacimiento", "desarrollo", "generación", proviene de *ToLeD*, 400-30-40, cuya estructura es la misma (pero en secuencia inversa) que la de la palabra *DaLeT*, 4-30-400, que es el nombre de la letra "d", 4.

"DaLeT" significa 'puerta'. Es la puerta a través de la cual se puede entrar al *Bet*, o sea al 2. El *bet* como casa es el 2 de la creación. A través de *DaLeT*, 4 y "puerta", el hombre puede desarrollarse, abandonar la casa, o también volver a ella después de haberla abandonado. Es entonces la puerta que representa la alternativa mundo-casa.

El primer relato de la creación, el relato de los seis días de la creación, del "nacimiento" del mundo, de su desarrollo, en el más íntimo círculo alrededor del núcleo, contiene en la Toráh hebrea exactamente 434 palabras. Es el valor de *DaLeT*, 4-30-400; y de *ToLeD*, 400-30-4. Hemos visto claramente qué relaciones esotéricas y misteriosas se encuentran en la Toráh. La Tradición lo expresa de la siguiente manera: "Dios observó la Toráh, y con su ayuda creó al mundo"[5].

Vemos así que la Biblia es considerada como un algo sobrenatural, como un proyecto de estructuración del mundo, o el mundo como sello de la Biblia.

Volvamos ahora al Nombre Sagrado. El Nombre del Señor está compuesto de cuatro letras o cifras: 10-5-6-5. Las cuatro "historias de nacimiento", o "listas generacionales" están construidas exactamente según las relaciones de estas cifras. En realidad es el Nombre del Señor el que determina cómo el desarrollo de las generaciones debería suceder en el tiempo.

Su camino por la historia del mundo está en la estructura del Nombre Señor; este Nombre determina la evolución. Así, la primera de las cuatro partes (o letras), que se extiende hasta la revelación del Sinaí, tiene el 10 como medida, tal como la primera letra del Nombre Sagrado. En el primer *Ele Toldot* se mencionan exactamente 10 generaciones.

1. Adam	6. Iared
2. Set	7. Janoj
3. Enos	8. Metusalaj
4. Kenan	9. Lamej
5. Mahalalel	10. Noé

El segundo *Ele Toldot*, en correspondencia con la segunda letra del Nombre del Señor, abarca 5 generaciones.

Sobre Peleg, dice la Biblia: "...uno se llamaba Peleg,

1. Sem
2. Arpajsad
3. Salaj
4. Eber
5. Peleg

porque en su tiempo el mundo fue dividido" (Gén. 10:25). Debe entonces haber ocurrido algo especial; el vocablo *"Peleg"* significa en hebreo 'fragmentar', 'dividir en partes'.

En el tercer *Ele Toldot* se retorna hasta Sem, repitiéndose las generaciones hasta Peleg, pero aparentemente en otro nivel, porque se trata del 6, o sea de un "gancho" que penetra en lo anterior para unirlo con lo posterior. El hermano de Peleg, Ioktan, ya no se menciona más. En correspondencia con la tercer letra del Nombre Sagrado, el 6, surgen ahora 6 generaciones hasta Isaac.

1. Reu
2. Serug
3. Najor
4. Taraj
5. Abraham
6. Isaac

En relación con el segundo *He*, el segundo 5, el cuarto de los *Ele Toldot* abarca nuevamente 5 generaciones.

1. Jacob
2. Levi
3. Kahath
4. Amram
5. Moisés

La quinta generación de la lista precedente es aquella que recibe la revelación en el Sinaí. La generación a la cual Dios le dice a través de Moisés: "Yo soy el Señor, y aparecí ante Abraham, Isaac, y Jacob, como Dios Todopoderoso, pero mi Nombre Señor no les ha sido revelado".

Es la generación en la cual tiene lugar el gran cambio, con el cual la Biblia, o sea la historia de aquello que ha existido antes y que tiene lugar después, se hace conocer, ver, leer, y escuchar. Se puede hacer visible ahora en el mundo todo aquello en lo cual está contenida la historia del mundo en espacio y tiempo.

Resumamos: El nombre Señor, con las cuatro letras 10-5-6-5, se expresa totalmente en las cuatro partes hasta la revelación del Sinaí, con lo cual el círculo vuelve a cerrarse. La Biblia menciona veintiséis generaciones hasta la revelación, o sea el valor total del Nombre Señor. Los diferentes grupos de estas generaciones coinciden exactamente con la formulación 10-5-6-5.

El nombre Señor da el sello al tiempo, da sentido y significado a los acontecimientos. Forma la estructura de éstos.

Quien comprenda ello ya no buscará más comprobaciones históricas para las generaciones, ya que éstas se mencionan por algo mucho más importante. Nos muestra que todos los tiempos —aun cuando se encuentran muy lejanos en el pasado— llevan un determinado sello, el sello del nombre del Señor. Nunca ha ocurrido nada casualmente, todo se ha medido con parámetros sobreterrenales, con la medida del nombre del Señor. La Biblia relata que la vida ha sido formada de manera determinada en el tiempo, que ha sido sellada por Dios.

Si comprendiéramos ello, esas generaciones arcaicas se nos acercarían. Nos comunicarían que el Señor habla en la historia, que la historia de esas generaciones es Su Nombre, que las generaciones surgen y se extinguen según un plan determinado, que el camino en su esencia no es otra cosa que el nombre del Señor.

La Biblia no fue dada al hombre como documento histórico, como colección de historias más o menos primitivas, más o menos aceptables o impresionantes. Como un padre a sus hijos, ella nos cuenta cómo es el mundo, por qué es así, cuál es su sentido. Es una revelación para todos los hombres a fin de que tomen conciencia del motivo de su existencia acá; cuál es su camino y cuál es su destino.

Una vez comprendido ello la persona no se preguntará más sobre la duración de un día de la creación, qué calen-

dario existía antes del diluvio, y cuándo ha ocurrido históricamente.

El valor total del nombre Señor —26— se expresa aun
de otra manera especial. La primera letra (del alfabeto
hebreo), el *Alef*, o sea el 1, nos muestra ello a través de su
representación gráfica, la que tampoco es casual. Vemos
que por encima y debajo de la línea que separa y une a su
vez (con forma de gancho), hay un *Iod*, o sea un 10.
Expresando esto en cifras se obtiene la segunda figura del
esquema.

REPRESENTACION
GRAFICA DEL
ALEF

10
10

REPRESENTACION NUMERICA
DEL ALEF: 10 - 6 - 10.

El Señor, que es Uno, se manifiesta en el tiempo total
hasta la revelación en las veintiséis generaciones, en cuatro
partes, pero es sin-embargo el 1. Es la letra que está antes
del "gran 2" de "En el comienzo", antes de la aparición de
la dualidad en el mundo. Quiere decir entonces que ya en
el 1 se encuentran las veintiséis generaciones.

Ya que hemos conocido el "gancho" como el *VaV*, podemos escribir, en lugar de 10-5-6-5, 10-5 "Y" 5. Entonces
los dos 5 son también el 10, que están divididos en dos
partes, unidos por el *gancho*.

Al contemplar ahora el 10, que se divide en dos 5, vemos
que en realidad no es más que el 1 dividido en dos partes,
tal como se puede apreciar.

89

10	(INDIVISO)
5 5	(DIVISO)

Así se manifiesta nuevamente el principio de la creación: la división. El 2, sin embargo, no es algo duradero, está ligado a la unidad tal como se ve en la letra *Alef*, el 1. También aparece aquello que hemos conocido como *BaRA*, donde después del 2 aparece la multiplicidad, y luego nuevamente la unidad: 2-200-1.

Este nombre del Señor, que se manifiesta en el mundo, que expresa un ir con el tiempo y determinarlo, que impregna su sello a la sucesión de las generaciones y de los acontecimientos, que lleva la evolución nuevamente a la unidad, es llamado en toda la Tradición, *El Nombre*, expresión de bondad, misericordia, y amor divino.

Aquel amor de Dios que acompaña a la creación, por el cual tiene que alcanzar su meta en la unidad, guía a la humanidad a través de la creación. Sin El, el hombre se alejaría cada vez más del origen, y se perdería en la multiplicidad.

Frente a ello está el nombre de Dios como *ELOHIM*, nombre que según la Tradición es expresión precisa de Justicia divina. La justicia en el sentido del manejo de la armonía, armonía que mantiene la unidad de la creación.

V. LO MASCULINO Y LO FEMENINO

El Nombre Sagrado y Sus cuatro letras 10-5-6-5, expresan el sentido del tiempo, el sentido del acontecer en lo material en espacio y tiempo. Esto mismo sucede con todo lo conmensurable con el 4. El 4 es el número de la mujer, de la hembra, lo que hace aparecer y crecer lo material.

En el segundo relato de la creación, con el principio 1-4, la mujer juega entonces un gran papel. Simultáneamente surge en este relato de la creación el nombre Señor.

En el momento de aparecer el hombre con el punto de gravedad en el lado femenino, que es lo que forma materia, es acompañado por el Señor. En oposición al primer relato de la creación, el hombre se encuentra aquí en el lado izquierdo como segundo acontecimiento, después de haberse elevado el vapor. Si en el primer relato el hombre es creado según la imagen de Dios, en el segundo relato se comunica que fue hecho de un trozo de tierra, al que Dios le insufló el aliento vital.

Más tarde, cuando el hombre toma conocimiento, en el Jardín del Edén, de su objetivo de vida, que también encuentra su expresión en la prohibición de comer del árbol del conocimiento, recién entonces el hombre se encuentra en la columna media. Aquí también se abre la alternativa, porque en dicha columna está la dualidad de esos dos árboles, lo cual recién da la posibilidad de que el hombre tome, o no, del árbol del conocimiento.

No tomar de él significa no recibir en sí la esencia de éste árbol, ya que el árbol del conocimiento es la esencia de la dualidad, dualidad con la que Dios ha creado el mundo, aquella dualidad que tiene por consecuencia lo mucho y lo muy diferente, en contraste con lo cual Dios creó al hombre como unidad. Es el hombre quien por su forma de vida, su pensar y su actuar, tendría que suprimir la dualidad para rehacer aquella unidad, aquella armonía que existía antes. Por ello el hombre no debe tomar en sí aquella fuerza que contiene el principio de la dualidad.

Solo Dios ha utilizado esta fuerza en la creación. Debe permanecer sólo con Dios, y no debe ser usada por el hombre. La fuerza del hombre debe ser, justamente, lo contrario: la unificación, la armonía del comienzo original.

Entonces surge el siguiente interrogante: ¿Por qué Dios ha obrado de este modo, y no ha dejado existir al '1' desde el comienzo? Hemos visto que la forma del *Alef*, el 1, consiste de una dualidad en quietud, en equilibrio. Según su forma, el *Iod* es la letra más pequeña; se compone del mínimo indispensable de materia necesaria para que sea perceptible.

Todas las letras hebreas se comienzan a escribir del ángulo superior izquierdo de las mismas, partiendo de un *Iod*. La materia del *Iod* no tiene aún extensión. El *Alef* consiste justamente de un equilibrio reflejado (imagen simétrica) de dos *Iod*. La unidad, en realidad, es una dualidad en quietud. Como el *Iod* es el 10, la cifra máxima que surge del 4, el *Alef*, con sus dos *Iod* en equilibrio, contiene todas las posibilidades, es un "todo" que está en armonía, en el estado de felicidad máxima. La meta de la creación es preparar este estado también para el hombre. Para ello Dios dividió la unidad en dos partes; separó así un *Iod*, o sea uno de los dos 10, del otro, tal como lo indica el nombre del Señor.

¿Por qué ello es así? Porque los dos 10 separados, que se pertenecen uno al otro, piden volver a reunirse. Esa demanda de unificación significa el anhelo de las partes separadas de desarrollarse nuevamente juntas. Sería como un juego de amor, tal como está expresado en el Cantar de los Cantares del rey Salomón.

Todo individuo sabe que se pertenece mutuamente, y no tiene tranquilidad ni paz hasta encontrarse en la gran dicha de la unificación. La unificación de la que en este contexto se habla significa al mismo tiempo que "este llegar a ser uno" (unificación), es un "ser uno" eterno y consciente.

Dios realizó la creación, el '2', para que ella —y en especial el hombre— puedan participar en esta dicha de la unificación. Esta unificación significa la unión de los opuestos. Pero también nos da el conocimiento de que todo lo que aparece acá como dualidad, tal como vida y muerte, justicia e injusticia, riqueza y pobreza, bueno y malo, salud y enfermedad, lo concreto y lo manifiesto, puede llegar de la misma manera al '1' (pero para vivir esta dicha debe existir previamente la separación).

Por lo tanto, Dios creó el mundo con el deseo de dar a la creación aquello que El mismo experimenta ininterrumpidamente; y lo que significa también para El felicidad en armonía, englobando todo en una gran quietud y pacificación.

En este gran deseo de brindar alegría y felicidad, Dios se manifiesta en el mundo como Señor, como aquel que creó la dualidad, por la cual también puede surgir el hombre, para recorrer con el mundo el camino de la dualidad hacia la unidad.

Así, Dios separó con la creación (o sea con la creación del 2), el 10 inferior (el que se manifiesta en las diez palabras creativas del primer relato de la creación), del 10 superior. Así sucedió que también el hombre se encontró abajo con todo lo que lo rodeaba, enfrentándose con el 10 superior. De esta manera, fue creado el hombre a la imagen de Dios, con el 1 ya en sí. Hombre y mujer como un solo ser, o tal como lo expresa la vieja Tradición[6]: "Con dos caras" (de doble faz).

HOMBRE: (IOD SUPERIOR)
MUJER: (IOD INFERIOR)

"Y el Señor Dios dijo no es bueno que el hombre esté solo", solo frente a Dios, "le haré una ayudante para que lo rodee" (Gén. 2:18), es decir que esté frente al hombre como éste está solo frente a Dios.

Pero el hombre como "uno" enfrentándose con Dios no puede comprender el sentido de la creación. No conoce el sufrimiento de la separación, de la división. Todavía no conoce el abandono en la multiplicidad que quiere ser liberado, porque solo puede encontrar la paz cuando vuelve a existir en la armonía de la unidad, ya que lo múltiple fue creado para que el hombre y la creación puedan vivir la felicidad de la unificación.

Entonces algo debía enfrentarse a él desde abajo, separado de él, extraído de él, para que surja el deseo de la reunificación. Cuando él mismo está separado en dualidad, cuando puede sentir el padecimiento del estar separado, sabe lo que es separación, lo que es estar frente a frente; pero también lo que es unificación, superación de la separación. Entonces, puede experimentar el mismo sentimiento vivenciado por Dios después de haber dejado surgir en Sí mismo la separación.

Sólo a través del dolor de la separación el hombre comprendería el sentido de la dualidad. Entonces también comprendería el mundo y sentiría el sufrimiento del desamparo en la multiplicidad.

Por eso, Dios el Señor hizo del hombre —del 10 inferior— los dos 5, las dos mitades —la parte masculina y la parte femenina. En el dualismo masculino-femenino, en el hombre, está contenido el dualismo de todo aquello con lo cual el hombre entra en contacto.

El hombre mismo fue así dividido. El 10 inferior fue dividido en dos 5. Una de las mitades mantuvo el carácter de la totalidad original, tal como el 10 superior mantuvo, aun después de la creación, el carácter de unidad original.

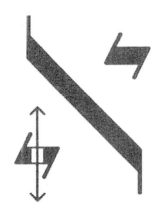

ARRIBA: IOD
LINEA DE SEPARACION

ABAJO: EL IOD DIVIDIDO
EN MASCULINO-
FEMENINO

La otra mitad, la femenina, obtuvo el carácter de la creación materializada por Dios. Así, la mujer fue separada de la unidad "hombre". Se enfrenta con el hombre tal como toda la creación se enfrenta con Dios. Antes de que Dios, el Señor, creara a la mujer, creó todos los animales y los llevó ante el hombre. Este hombre, todavía '1', todavía masculino-femenino, no comprende el sufrimiento que se expresa en la separación de todo lo vivo.

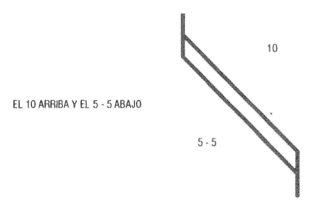

EL 10 ARRIBA Y EL 5 - 5 ABAJO

10

5 - 5

El hombre dio a los animales, a todo lo "vivo", aquello que apareció antes de la llegada del verdadero hombre, una función, una denominación, un lugar abajo. *Nombre e indicación de lugar*, tienen en hebreo la misma estructura, o sea *SheM*: 300-400. La Tradición manifiesta que el hombre entró en contacto impúdico con los animales. Entró en contacto con otros seres vivos, sin querer unir a éstos con lo "superior"; o sea, un contacto llevado a cabo exclusivamente con fines terrenales. Una meta utilitaria es llamada "impúdica"[7].

Por ello, Dios, el Señor, sumergió al hombre en otro estado. El sueño profundo que le sobrevino, el estado de *"tardemá"*, 'sueño profundo', u 'obnubilación', contienen también el concepto de descanso. El hombre descendió hacia otro estado. En ese estado fue "dividido". Uno de sus lados se le enfrentó como ser separado. Así, el hombre llegó a ser él mismo una dualidad, y lo opuesto de todas las cosas ardía ahora también en él.

El vocablo *costilla* confunde. La expresión empleada por la Biblia es *TseLA* (90-30-70), la que sería mejor traducida como *lado*. Una palabra de similar construcción es *TseLeM* —imagen— (90-30-40). Ambas expresiones están relacionadas con *TseL* —sombra— (90-30). Uno de los lados del hombre se ha independizado. Un lado, una calidad o faceta se le ha quitado; es decir, el lado femenino, que formaba junto con el masculino, en él, la unidad, la armonía.

La zona de lo extirpado cicatrizó con carne (Gén. 2:21). En el mundo, en el cual el hombre está dividido en 2 y el 10 está dividido en 5 + 5, aquello que aparece como "carne" corresponde a lo femenino que había ocupado el lugar de la mujer en aquel mundo donde el hombre era todavía '1' ('1' equivale a hombre y mujer en un solo cuerpo). El lugar de la carne es entonces el lugar de lo femenino. Pero como la "carne" es lo corporal, el cuerpo del hombre es expresión de su lado femenino.

En el hombre, en el estado anterior a la división en macho y hembra, el cuerpo y el alma son '1' todavía, pero en otro estado. El cuerpo, allí, no tiene aún desarrollo propio; pero después de la división, el cuerpo, como ser independiente, obtiene vida propia.

Esa división en hombre y mujer es causada porque el "hombre original" no comprende el mundo, la vida, lo material según su ser esencial, y no la une con su origen. De esa manera el hombre desciende a un mundo inferior, donde el cuerpo lleva una vida propia; tal como la mujer la lleva ahora frente al hombre. Respecto de este cuerpo separado, el hombre dice que sabe, que siente, que pertenece a su ser; tal como sabe y siente respecto de la mujer que le corresponde, que deben estar unidos, ser 'uno'.

En el hombre surge la necesidad de volver a ser 'uno' con aquello que siente que le pertenece, a lo cual ve ahora como lo que se le ha quitado. Sufre por el efecto de la separación, estando todos sus sentidos orientados a neutralizarla, a fin de volver a unirse con la otra parte.

Entonces, en el hombre se expresa también la fórmula 10-5. Toma conciencia de ser la mitad, y busca la otra mitad. Busca el otro 5, para volver a unirse con él en el 10 original.

Ahora, ya que su cuerpo también ha llegado a ser algo propio, siente una dualidad en todos los aspectos. Ahora sabe que su cuerpo podría dejarlo. También vive ahora la dureza de los opuestos, pero también puede intuir lo que significa la "reunificación", el llegar a ser "uno".

En el momento de aparecer el hombre en este nuevo estado, dividido en hombre y mujer, surge el encuentro con la serpiente.

Se puede decir del nuevo estado del hombre que lo esencial es su Alma, pero que ahora ya no forma una unidad inseparable con su cuerpo, cuerpo que puede transitar por su propio camino. Este cuerpo se encuentra ahora con la serpiente, "la que es más astuta que todos los animales del campo" (Gén. 3:1). El concepto "animales", tal como lo hemos visto en el esquema de la tabla 2, es una condición biológica de la vida humana. El *animal* es un ente vinculado con la vida corporal, pero opuesto al concepto hembra.

El *animal* pertenece a la dualidad de la creación, es su desarrollo máximo antes de que fuera creado el hombre. Lo corporal en el hombre, que pertenece a lo *animal*, no puede ser visto como la esencia del hombre, como es el caso del componente *hembra* del hombre.

En lo corporal del hombre, solo una parte pertenece a lo *animal*. Es aquello que todavía lleva en sí la fuerza del desarrollo, aquello que quiere formar lo múltiple, aquello que es instinto, fuerza natural. Lo corporal, designado por el concepto hembra, es el cuerpo humano con sus órganos sensoriales y su capacidad de juicio.

La parte del cuerpo que le da a la esfinge su forma animal, la parte inferior con el impulso de procreación, constituye el lado animal. En cambio, aquella parte que contiene los órganos de los sentidos y la capacidad de juicio, es el lado femenino. El lado masculino, finalmente, es aquel que da al hombre la posibilidad de querer seguir lo esencial y captarlo. Busca la unidad y la armonía con Dios.

El "animal" lleva en sí la fuerza del desarrollo. En el hombre, esta energía se encuentra sólo en una parte de su corporalidad, ya que de lo contrario la fuerza sería demasiado intensa, y el camino del desarrollo llevaría tan lejos que no habría retorno. Pero en la creación fue aplicado el principio 1-2-1. Se expresa en el hombre por el aliento vital, en otras palabras, por el Alma divina, *Neshamá*, que hace del hombre la imagen de Dios.

El cuerpo humano se encuentra en el estado de "animal de máxima perfección". Constantemente se balancea sobre el borde de aquella región de la que no existe el retorno. Por eso, la fuerza del desarrollo, expresada en la imagen del más astuto de todos los animales, busca contacto con esa posibilidad enorme de un desarrollo excesivo. Cuando esa fuerza puede convencer al cuerpo de la posibilidad de desarrollo, entonces la fuerza de la astucia ha triunfado. El "animal" lleva en sí la fuerza del desarrollo. El lugar de contacto entre "animal" y "hombre" es el cuerpo, tal como es expresado en el principio *femenino*. En el segundo relato de la creación es el cuerpo humano el que toma la iniciativa. Cuando la "mujer" desarrolla alguna acción, el "hombre" sistemáticamente la sigue.

La serpiente, como expresión del animal más desarrollado, abre el diálogo con la mujer, con el cuerpo humano, con sus órganos sensoriales, con su capacidad de juicio. El cuerpo entra en el argumento. Reconoce que es bueno servirse de la fuerza de desarrollo, de tomar en sus propias manos ese desarrollo. La Biblia relata que por el hecho de que la mujer come, el hombre también come.

La serpiente tiene algo para ofrecer al hombre: nada menos que el reino de este mundo, el reino del desarrollo infinito. Uno podría decir que la serpiente es el mesías corporal. Pero un desarrollo mayor es justo lo contrario del sentido de la creación, que implica una vuelta al origen provocando tensión y proponiendo alternativas; actitudes propias de la serpiente.

El vocablo serpiente, que en hebreo es *NaJaSh* —50-8-300— tiene el valor total de 358. Ese también es el valor total de la palabra Mesías, MaShIaJ en hebreo, 40-300-10-8.

La serpiente es el salvador en el otro "lado", ella propone tomar el desarrollo con sus propias manos. La astucia de la serpiente consiste en hacer el papel del salvador.

¿Para qué todo esto? El camino de la serpiente lleva a la catástrofe. El hombre ve derrumbarse todo lo que ha construido, su vida y su mundo. Al mismo tiempo se da cuenta como por milagro que se encuentra nuevamente en casa, en el origen, a través de los criterios rechazados, en los que no había confiado. No fue él quien lo ha realizado. La salvación está preparada según el principio que está en la creación. Es el principio que trae consigo el éxodo de Egipto en el Pentateuco. La esclavitud parecía no tener salida, sin embargo llegó a su fin.

El hombre parecía estar perdido. La expresión "perdido" —en hebreo— es 'ABeD' (1-2-4). Contiene la estructura del desarrollo del 1 al 2, pero no retorna al 1, al contrario, se extiende hasta el 4, hasta la máxima perfección.

Aquí encontramos una imagen significativa que la Biblia ofrece del mundo. El desarrollo de la creación del 1 al 2, y más allá, a la multiplicidad, muestra el principio del 4, lo que significa que con ello todo está perdido.

Por eso, la esclavitud que duró 400 años[2a] es una esclavitud que en forma natural no hubiera podido llegar a su fin. Sólo una intervención de Dios pudo lograr la liberación.

En el Jardín del Edén, el hombre tenía que seguir un solo camino. Podía comer cualquier cosa que deseara, excepto del árbol del conocimiento. El "comer" constituye nuevamente una imagen. Significa que el hombre hace de aquello que come y de sí mismo, una única esencia. Debe recibirlo todo, encontrarse con todo, interesarse por ello, buscar su sentido, querer conocer su esencia, transformarla de esta manera en 'uno' consigo mismo.

Solamente no debe recibir en sí el árbol del conocimiento, ya que él significa el desarrollo realizado por la creación. El hombre debe aceptar esa creación para llevarla como un todo, nuevamente al origen.

El no tomar del árbol del conocimiento significa, también, no juzgar según la percepción, según lo externo, según lo que está en desarrollo. El hombre debe juzgar según lo esencial, porque junto con ese juicio viene la unión con el origen, con el 'uno'.

La expresión "comer" corresponde en hebreo a la voz *'AJoL'* (1-20-30), que a la vez está emparentada con *"KoL"* (20-30), que significa 'finalizar', 'perfeccionar', 'terminar'. La parte 20-30 designa "todo". Este vocablo, unido con el 1, simboliza la unión de *todo* con lo esencial.

Hombre y mujer comen del árbol del conocimiento. Les trae la muerte y la expulsión del mundo en el cual viven.

¿Para qué todo esto? ¿Qué fue en realidad la caída? El hombre se ve colocado en un mundo que se tiene que desarrollar hacia la multiplicidad, él mismo está dividido en hombre y mujer, en alma (esencia) y cuerpo. El cuerpo está confrontado con las fuerzas de la evolución que quieren alejarse cada vez más del origen. Pero primero el mundo es llevado al estado del lado del agua, en el cual el aspecto corporal es el predominante. En esta predominancia del aspecto corporal se desarrolla todo aquello por lo cual el hombre es castigado. Se tiene la impresión de que el hombre ha caído en una trampa.

¿Cómo son las cosas realmente? Hemos visto que Dios creó el mundo a fin de brindarle al hombre la máxima felicidad; y no para hacerlo caer por astucia en una trampa.

La Biblia nos muestra cómo es este mundo. No debemos criticar o juzgar a los primeros hombres. De la misma manera podríamos criticar el día y la noche en la naturaleza.

Dios creó a la naturaleza, al universo, tomando como fundamento a la Biblia.

La Biblia relata que el hombre come del árbol del conocimiento, y además relata cómo está hecho el mundo.

Con la dualidad surgieron los opuestos. Justamente por los opuestos puede tener lugar un desarrollo, son las condiciones para él. Los opuestos también traen vida y muerte a este mundo.

Para el hombre, que no ha tomado en sí la dualidad, no existe la oposición vida-muerte. Para él, la vida es sólo un aparecer en este mundo, y la muerte un salir de la "aparición", un volver al "origen", "a casa". El Jardín del Edén es aquel mundo en el cual sólo se puede vivir cuando uno no toma en sí la fuerza de lo dual; pero si se ha tomado en sí esta fuerza, ese mundo se pierde. Entonces se pueden ver otras cosas, pero no el Jardín del Edén.

La Biblia dice: "Fueron abiertos los ojos de entrambos, y conocieron que estaban desnudos" (Gén. 3:7). El hombre ve ahora las cosas con sus ojos corporales, ve sus imágenes, y simultáneamente su desnudez. Nota que pierde poder sobre sí mismo. El cuerpo quiere recorrer su propio camino, un camino que él no puede impedir.

El hombre se esconde ante Dios, considera que puede huir de El, sabe que ha tomado el camino falso, un camino en el cual no quiere encontrarse con Dios, porque debe sentir vergüenza, sabiendo que se encuentra en contradicción con su verdadero ser, con el objetivo de su existencia en el mundo. Es expulsado, llega a otro mundo.

Ahora comienza el camino de las veintiséis generaciones. Al final del mismo nuevamente Dios está presente, y se revela el sentido de lo acontecido en el Sinaí. Pero con ello el hombre ha vuelto a su origen. La conciencia del sentido es al mismo tiempo la unión con el origen. Con la Biblia, el camino cerrado vuelve a abrirse.

Recordemos que la expresión "en el comienzo" llevaba la fórmula 2-200-1-300-10-400. La parte 300-10-400, sin embargo no ha sido discutida aún. El concepto *hombre* es representado por el 3, y *mujer* por el 4. En la parte 300-10-400 hombre y mujer se encuentran ahora frente a frente, separados, pero en el nivel de las centenas, o sea de la máxima expansión.

Hombre y mujer deben reunificarse hacia la Unidad Original. Esa unión les debe traer, entonces, el hijo, el 500. El 500 es una cifra supraterrenal, más allá que el 400, el *Taf*, última letra del abecedario hebreo. No existe una posibilidad de expresión más allá del *Taf*, del 400, en espacio y tiempo. En realidad, el 400 es la expresión del infinito, pero también es la cifra de la esclavitud, de la cual la liberación sólo puede tener lugar como ruptura de lo normal, de lo terrenal-lógico.

La representación gráfica del 400 era una cruz en la vieja escritura hebrea, la que también era conocida como símbolo del sufrimiento; lo que representa también que el 400 de la esclavitud parecía ser un sufrimiento eterno. Así también, en el vocablo *BeREShIT*, el 400 es el valor numérico de la última letra. La última parte de la Biblia (Toráh) trata nuevamente acerca de sufrimiento, muerte, expulsión. La última sección del Antiguo Testamento relata la destrucción del Templo y la esclavitud babilónica (Reyes II cap. 25; y especialmente en Crónicas II, último libro de la Biblia hebrea).

A pesar de que hay después un retorno vago, el mismo es insatisfactorio. Quienes habían visto el primer Templo, no podían consolarse con el segundo. Si bien los profetas hablaban de un futuro próspero, pero sólo de un futuro. La

Biblia no relata el cumplimiento de la felicidad descripta por ella. En la Biblia no se realiza la vida eterna; queda el futuro.

Lo que tiene lugar después del 400 no puede permanecer en este mundo. El mundo material termina con la letra *Taf*, la última letra de las veintidós que engloban todas las combinaciones del mundo material. El 500 no puede expresarse materialmente. No existe la letra cuyo valor sea 500.

Según la Tradición, los ancianos habían medido el perímetro del *Arbol de la Vida*: tenía 500 años[8]. Por supuesto, no en la mera medida de nuestro mundo. El 500 como medida significa que no se puede abarcar el árbol de la vida en el mundo que termina con el 400. Así se dice también que la distancia entre Cielo y tierra es 500 años.

Sin embargo alguna vez los 500 deben llegar a ser. Es lo que dicen los Profetas. El 500 surgirá cuando el 300 del hombre y el 400 de la mujer crezcan en la unidad que crea el "hijo".

Si observáramos esta imagen en otra dimensión, cuando cuerpo y mente vuelvan a formar una unidad, cuando un nuevo ser haya surgido, ahí estará el 500.

El 500 se habrá realizado cuando el tiempo completo se haya cumplido. Tal como Dios dio al hombre las palabras "Sed fértiles y multiplicaos" (Gén. 1:28), así también le brinda el camino del perfeccionamiento. En hebreo, "Sed fértiles y multiplicaos", expresado como "*PRU URBU*", 80-200-6 y 6-200-2-6... ¡tiene el valor total de 500!

Ese "Sed fértiles y multiplicaos" es el camino a través del tiempo, que por sí solo lleva al 500.

Es entonces un camino que lleva más allá de los límites de este mundo y la vida que finaliza con el 400. Pero pareciera que la Biblia habla de este camino al 500 también de otra manera, es decir del camino al Cielo, aquel camino que bien puede abarcar el Arbol de la Vida.

VI. LAS FRONTERAS DE ESTE MUNDO

El camino que lleva más allá del 400 tiene en la Biblia su nombre especial. La primera indicación se encuentra ya en el primer relato de la creación, en el relato nuclear: Es el séptimo día, el *Shabat*. Este es el verdadero significado del *Shabat*, es el día que da forma a un mundo nuevo.

Volvamos una vez más a la dualidad que se manifiesta en los dos ciclos de los seis días de la creación, 2 veces 3 días. Dios, el Uno, creó el mundo. Frente a la dualidad de los seis días de la creación está el séptimo día nuevamente como unidad. Es aquel día respecto del cual se expresa: "Y bendijo Dios el séptimo día, y lo santificó" (Gén. 2:3).

UN ESQUEMA PANORAMICO

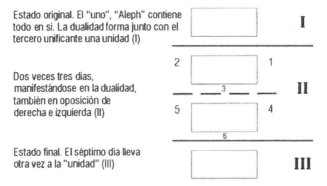

Estado original. El "uno", "Aleph" contiene todo en si. La dualidad forma junto con el tercero unificante una unidad (I) — **I**

Dos veces tres dias, manifestándose en la dualidad, también en oposición de derecha e izquierda (II) — **II**

Estado final. El séptimo dia lleva otra vez a la "unidad" (III) — **III**

Respecto de este séptimo día se dice que Dios "descansó" en él, lo bendijo y lo santificó. Tres aspectos se mencionan como un trío. En ese día se hace entonces la unidad de

107

lo masculino (en el 300) y lo femenino (en el 400). Lo vemos también en la expresión hebrea *ShaBaT*, 300-2-400. En esa relación volvemos a encontrar el 300 y el 400, relación que habíamos también encontrado en la segunda parte de la palabra BeRE*ShIT* (En el comienzo).

Ya en su estructura el *Shabat* contiene esa unión de la dualidad en una unidad.

La expresión *ShaBaT* y aquella que significa "retorno", *'ShaB'* —300-2— demuestran un parentesco; pero también la palabra "siete", *'SheBA'* —300-2-70— está relacionada con "satisfacción", *'SoBA'* —300-2-70— porque en el séptimo día llega la satisfacción —el cumplimiento— en el llegar a ser 'uno'.

Lo contrario de "satisfacción plena" — "hambre" — en hebreo es *'RaAB'*, 200-70-2. Entonces obtenemos el valor total de 272 para "hambre", y de 372 para "satisfacción plena". La diferencia es 100, que es el 10 que se ha cumplido consigo mismo (10 x 10), o sea todo el camino a lo largo de los diez actos de la creación.

La combinación entre *Shin* (300), y *Taf* (400), aparece aun de otra manera en ese "Mundo Venidero". Porque más tarde, cuando después de la historia de Caín y Abel, al hombre le nace un hijo, éste se llama Set, She*T* en hebreo, o sea 300-400. De él (de este 300-400), o sea de la unificación de lo masculino y de lo femenino, deriva a continuación todo.

La Tradición comenta que el Oráculo, en el Gran Templo de Jerusalem, estaba señalado por una piedra especial. Esa piedra recibe el nombre de *EBeN SheTIA* (piedra Shetia). En hebreo, *SheTIA*, escrito en números, es 300-400-10-5. Según la Tradición, esta roca o piedra es el lugar a partir del cual el mundo comenzó a desarrollarse, o sea casi como el "ombligo" del mundo. Por eso el Oráculo está sobre esta roca, porque expresa el origen del mundo, y ese lugar es la unión de este mundo con el "otro". En este lugar es posible la unión con Dios[9].

Ya que 300-400 es la base para el mundo de la unidad, su valor total de 700 es sumamente significativo. El 700 no es otra cosa que el 7 en otro nivel. Los 3 días de la creación sumados a las 4 palabras de la creación también arrojan 7 como resultado, y llevan así al séptimo día en el cual el 3 y el 4, o sea hombre y mujer, forman el 5 —el "hijo".

Es así como el relato de la unificación del 300 y del 400 es también aquel del séptimo día. $300^2 + 400^2$ dan el 500^2; siendo el 500 el camino hacia otro mundo. El séptimo día está caracterizado por el hecho de que en él se hace el camino hacia la unificación. Es el día del encuentro entre hombre y mujer. En la práctica de la vida judía se indica la noche del Shabat para el encuentro entre hombre y mujer.

La expresión *"masculino y femenino"* en el primer relato de la creación equivale en hebreo a *'ZaJaR UNeKeBA'*, 7-20-200 6-50-100-2-5, arrojando el valor total de 390. "Cielo", en hebreo, es *'ShaMaIM'*, 300-40-10-40, cuyo valor total también es 390. Vemos que en la estructura de la lengua bíblica, la unión de los dos conceptos —masculino-femenino— siempre va más allá de lo mundano. En el séptimo día los dos conceptos se encuentran. Ahí se cumple aquello de lo que en el Cantar de los Cantares se expresa a través de los conceptos de "buscarse y encontrarse".

También pertenece a la práctica de la vida judía que en el comienzo del séptimo día se unan los opuestos que antes se habían enfrentado. En la práctica diaria judía el Shabat comienza con una dualidad (por ejemplo, los dos panes y las dos velas), que se unifican por la santificación del Shabat; de modo que el "descanso" sabatino no se persigue una finalidad utilitaria. La creación está terminada, nada nuevo

109

puede ser creado, todo está concluido. Cada acto creativo sería una negación de la culminación de lo creado por Dios, como una especie de afirmación de que el mundo no es suficientemente bueno aún. Es la deshonra de la esencia del Shabat.

En cambio, lo que sí se debe hacer el sábado, es santificarlo. También en alemán esta expresión guarda en sí el concepto de "sanar" (curar), "volver a la integridad". La tarea del hombre, en el sábado, es volver a unir las partes separadas. Todo pensar y actuar humano debe orientarse hacia ese fin. El hombre tiene en sí el punto de origen y el punto final; sólo debe querer unirlos. Ese es el sentido de su vida: Unir los opuestos.

¿Qué es entonces el séptimo día en este mundo? Cada uno de los seis días de la creación concluye con las palabras "Y atardeció y amaneció, el día..."; pero del "séptimo día", sin embargo, no se relata que hubiese concluido, significando ello que aún perdura. Hemos visto lo exacta que es la Biblia hasta en sus mínimos detalles. Esta Biblia tan exacta no comenta el final del "séptimo día" en la historia de la creación.

Un "día" en la Biblia no es un día de nuestra percepción, un día de la Biblia expresa la *esencia* del día. "Día", en hebreo, es *'IOM'*, 10-6-40. Aquí, nuevamente, estamos ante el principio 1-4, pero en el nivel de las decenas. En este caso encontramos el 10-4 junto con el *Vav*, el 6, como unión.

La esencia del concepto "día" es la *unión* de los principios que se enfrentan: el 1 y el 4. El día crea la unión, es la expresión del tiempo que une todo.

Desde el punto de vista astronómico, el día bíblico guarda una estrecha relación con nuestro día: el anochecer y el amanecer, la dualidad y lo cíclico del día. En nuestro mundo, el tiempo expresa el tiempo de la creación. Con la ayuda de esta medida se puede comprender ampliamente, y hacer la lectura de la cristalización de la Biblia en el tiempo, y del acompañamiento de Dios en el mundo y en la historia.

El día que en el primer relato de la creación es el séptimo, no ha terminado aún en esencia, tiene su vigencia aún en nuestro mundo como "día" en el que ahora vivimos. En cambio la unificación que ese día finalmente logra es equiparable a nuestro camino a través del mundo.

Por sus actos tanto como por su pensar, el hombre tiene que unir, nuevamente, todo en este mundo, con el origen. Entonces no sólo se sentirá satisfecho, sino que experimentará la máxima dicha inimaginable.

El camino puede diferenciarse: Puede pasar por el árbol del conocimiento, o evitar tomar de ese árbol. La meta es la misma: sanar la ruptura.

El séptimo día entonces es éste, nuestro mundo, el mundo en el cual se toma el camino hacia la unidad. Este mundo finaliza con ese camino.

Aquí se puede mencionar, con todo cuidado, el sistema periódico de los elementos. También tiene siete series horizontales. La séptima da la impresión de lo incompleto. La primera serie sólo se compone de dos elementos: hidrógeno y helio. El "dos", primera base de la materia. También es sorprendente que el peso atómico de esta serie guarde la relación 1:4.

Es así que el séptimo día, es aquel "día" que todavía se está cumpliendo. En él está comprendido el mundo entero, tal como lo conocemos. Se muestra como infinito, y por ello se expresa en forma de esfera; la esfera que es la imagen del infinito. En ella se es, por así decirlo, prisionero: uno gira, pero retorna siempre al punto de partida.

Por ello, el séptimo día, posterior a los seis días de la creación, lleva el carácter de "segundo"; y lo "segundo", en el sistema de la creación, tiene carácter acuoso. En el primer relato de la creación, primero tiene lugar la luz; siendo luego, la estructura básica, la correspondiente al agua; y es por ello que el segundo relato de la creación está totalmente bajo el signo del "agua". Por ese motivo encontramos en este segundo relato al vapor como base, y ésta base es 1-4. El agua está en relación con ella por su estructura numérica 40-10-40. "Mar", en hebreo, es *'IaM'*: 10-40. Recordemos que la medida temporal era "día", *'IOM'*, o sea 10-6-40.

El tiempo, o sea el tiempo inerte de este séptimo día correspondiente a este mundo, es en otra forma de expresión como el agua en lo material, el tiempo de la eterna repetición.

En el sistema, el agua y lo "segundo" tienen lugar a la izquierda, como la mujer, como la forma. Por ello, en el segundo relato de la creación nada tiene lugar antes que el agua (Gén. 2:5). El 1-4, o sea el vapor, es este primer agua.

Todo acontecimiento de los seis días del primer relato de la creación se expresa en el acontecer del segundo relato, hasta el punto donde el hombre abandona el Jardín del Edén. Recién después de que el hombre haya abandonado el Jardín del Edén, finaliza, en el segundo relato de la creación, la expresión de los seis días, de aquellos de los que trata el primer relato. Ahora el mundo entra en el séptimo día, fuera del paraíso. Este día existe "para hacer". En Gén. 2:3 leemos: "Dios creó para hacer". La expresión "hacer", en hebreo es *laasot*. Este "hacer" es crear la unión para que el proceso de la unificación se inicie.

El hombre es "extraído" de la tierra como cuerpo tal como el niño es extraído del vientre materno. Ahora la unidad de este cuerpo con el alma divina, la *Neshamá*, que le fue implantada por Dios, debe enfrentarse con la tierra, con lo femenino aún no liberado. A través del "hacer" con el Alma y trabajarla, a través del enfrentarse con ella, debe unificarla nuevamente con el origen. El hombre debe procurar la unión dejándola fluir a través de él, siendo que en el mundo es el único que posee tanto lo divino como lo corpóreo.

Por ello, la Tradición denomina a ese mundo como "el Mundo del Hacer", que en hebreo es *'Olam Haasiá'*. En el sistema de la Tradición se lo considera como cuarto mundo, tal como la cuarta posición es la correspondiente al séptimo día, según ya lo hemos apreciado en el esquema de la pág. 107. Dicho esquema representa el surgimiento de la dualidad, de las dos veces tres días, desde la unidad divina; finalizando con el séptimo día que vuelve a instaurar la unidad.

El primer mundo se denomina en la Tradición *"Olam Haatzilut"*, que significa el 'mundo que está próximo', o sea próximo a Dios. En el sistema de las *Sefirot* es aquel mundo sobre el cual está el *Keter*, corona. En esta corona existe una armonía entre las diferentes posibilidades de la conciencia, expresada en hebreo como *Jojmá* (sabiduría), *Biná* (inteligencia) y *Daat* (saber). Se supone que la armonía de estos tres niveles ya está contenida en el plan divino de la creación.

El segundo mundo, aquel de los tres primeros días, se denomina *Olam Briá*, el Mundo de la Creación. El tercer mundo, aquel de los segundos tres días se denomina *Olam Ietzirá*, el Mundo de la Formación (o del surgimiento de la forma). El cuarto mundo, aquel del séptimo día, en el cual se revela la *Sefirá Maljut*, el Reino, se denomina *Olam Haasiá*, el Mundo del Hacer, o sea de la acción (*Olam* = mundo). El hombre proviene del tercero de estos cuatro mundos, el que pertenece aún a otra esfera, aquella de los días de la creación. Desde este mundo llega al cuarto

113

mundo, al mundo del séptimo día. En éste se debe alcanzar nuevamente la unidad. En el mismo, los dos 5 del nombre "Señor" deben ser reunificados hacia el 5-6-5. El último 5 del Nombre, que proviene de la separación, ahora debe ser "enganchado" al primer 5 (tal como explicamos anteriormente: 5 'y' 5; cumpliendo la 'y' la función de 'gancho conjuntivo'). En el cuarto mundo —el último 5— el hombre debe unirse nuevamente con el primer 5 —del cual ha sido separado al comienzo— a través de su ser, a través de su "hacer".

Esta unión del séptimo día con el mundo precedente, por supuesto está contenida en la estructura de la Biblia.

La Biblia nos muestra cómo Dios mismo une estos dos mundos, aquel de los seis días con aquel del séptimo día. El nombre Señor, el nombre 10-5-6-5, une los dos mundos.

En el relato bíblico sobre los seis días de la creación, las últimas dos palabras dicen: "(El) sexto día" —*IOM HaShiShí*, 10-6-40 y 5-300-300-100 (Gén. 1:31)— mientras que las primeras palabras del relato del séptimo día dicen: "Así fue terminado el cielo", y en hebreo: '*VaJJuLU HaShaMaIM*' (Gén. 2:1). Notamos aquí cómo el sello del nombre Señor se revela en forma especial. Las dos últimas palabras de los seis días comienzan con 10 y con 5 (Iom Hashishí: I = 10; H = 5). Las primeras palabras con las cuales comienza el séptimo día tienen como letras iniciales aquellas que corresponden a los valores 6 y 5 (Vaijulu Hashamaim: V = 6; H = 5). Así, el nombre Señor, 10-5-6-5, une el sexto día con el séptimo día. El 10-5 corresponde aún al sexto día; mientras que el 6-5 corresponde al séptimo día.

El hombre no está solo en este mundo, no está abandonado, no está "extirpado" del origen. El Señor lo acompaña de un mundo al otro. El nombre Señor, a través del cual se logra la unión, queda impregnado independientemente de

114

la línea de separación. El transmite lo esencial, lo que logra la unión.

El sexto día pertenece todavía al tercer mundo, el séptimo día al cuarto mundo. Siendo así, vemos como el 3 masculino se une con el 4 femenino. Esta unión se logra a través del nombre Señor. Es entonces el 10-5 del sexto día, con el cual el hombre del séptimo día se encontrará. La caracterización del mundo del séptimo día es el 6-5. Aquello que el hombre del séptimo día debe hacer es unir el 6-5 con el 10-5 del sexto día. Debe juntar otra vez las dos partes en un todo, para que resulte nuevamente la unidad 10-5-6-5.

VII. EL MUNDO VENIDERO SE HALLA FUERA DE NUESTRAS FRONTERAS

Reiteradamente hemos comentado sobre el 5 de este mundo. Hemos visto como este 5 en realidad señala la mitad del origen. El origen contiene la serie total de las posibilidades del 1 al 10. Es el 10 que concluye, totaliza la serie de números en el sistema decimal. El 5 se tiene que unir nuevamente con el 5 separado, para que puedan unirse. con el 10.

Hemos visto también que en realidad el 5 es un número que está más allá del principio del más amplio desarrollo, ya que con el 4 está cerrado el ciclo nuclear. Lo que sigue sólo es una elaboración, un seguir pensando. Todos los números siguientes son una consecuencia del 4, no tienen una existencia propia como el 4.

El 4 es la posibilidad más remota, ya que no hay otro número más allá del 400, más allá del *Taf* como letra. Por ello el 5 no tiene un lugar independiente como el 1, 2, 3, 4. Y a ello se debe que hemos visto también que el concepto 500 expresa una idea ajena a este mundo, incompatible con él. El Cielo no es visible en este mundo, pertenece a otro orden; no puede ser medido con las medidas de este mundo, ya que Cielo —visto desde la tierra— está relacionado, como hemos observado, con el número 500.

Tampoco el mundo de los miles lo podemos expresar con nuestras cifras. La expresión *mil* —en hebreo— es *elef*, que se escribe igual que *Alef*. Con el '1000', entonces vuelve el '1'.

Si en el 4 justamente se expresa aquello que abarca todo lo material, entonces el 5 no tiene más lugar, debe permanecer en otro orden.

De acuerdo a la opinión de los Sabios de la antigüedad, el mundo consiste exclusivamente de cuatro elementos. Si en la Biblia se habla de 40 días, 40 años, e incluso 400 años, ello significa siempre 'tiempo prolongado', o 'tiempo extremadamente largo'.

La expresión 'siempre', 'en todo tiempo', en hebreo es *TaMID*: 400-40-10-4. El concepto 'siempre' tiene que existir en todos los niveles del 4.

Tan pronto como comprendamos ello, la palabra vapor, *ED* —el 1-4— recibe un significado muy especial. El valor total de la palabra es $1 + 4 = 5$. El 5, en nuestro mundo sólo es posible como $1 + 4$; el 1 como abarcando todo sólo puede estar frente al 4 como el todo en la materia.

Así también el hombre tiene en sí el 1 como Alma divina, *neshamá*, y el 4 como su cuerpo. El lugar del 1 está en la forma de la cabeza del hombre, allí donde las funciones corporales tienen su fundamento esencial, allí donde se encuentra la dirección del cuerpo.

Como ya hemos visto, *Arbol de la vida* es el 1, mientras que *árbol del conocimiento* es el 4. Aquí, el Arbol de la Vida se expresa como el 1 indiviso. Es el alma en el hombre, y está frente al árbol del conocimiento, del 4, o sea frente al cuerpo humano. El 5 tiene que ser, por lo tanto, la combinación de los dos: la unificación del 1 con el 4.

El 5 que conocemos del nombre del Señor es el 1-4 unidos entre sí. Recién cuando ellos conforman una unidad queda realizado el 5 en este mundo, pudiéndose entonces unir con el segundo 5 de la fórmula 10-5-6-5, con lo cual el nombre Señor se puede realizar aquí, en la tierra.

Si falta el 1, falta la vida. El 1 recién da la vida, y por eso el Arbol de la Vida es el 1. El 4 sin el 1 es sólo un cuerpo inerte, un cadáver. Cualquier intento de comprender al mundo sin el 1, sólo a través del 4, sólo a través del árbol del conocimiento, lleva a la muerte.

Ya hemos explicado de qué manera se forma el 5: como plenitud de hombre (3) y mujer (4). Entonces el 5 es el "hijo". Lo mismo se expresa en la unión del 1 del Alma con el 4 del cuerpo, y por lo tanto también en el 1 como hombre y en el 4 como mujer.

El principio del 5 también se muestra ubicado en el segundo relato de la creación, que comienza con las palabras "Así llegaron a ser cielo y tierra, habiendo sido creados..." En hebreo, la expresión "habiendo sido creados" es 'BeHiBaRAM', que expresado en cifras resulta: 2-5-2-200-1-40. Se reconoce allí la estructura bará. Lo destacable, sin embargo, es que en la palabra BeHiBaRAM, la letra He, el 5, no tiene el cuerpo normal de las otras letras, sino que está representado gráficamente por una letra de menor tamaño. El Bet de Bereshit es de mayor tamaño que las demás letras; pero en nuestro caso, la letra He es más pequeña. La Tradición manifiesta que el texto debería ser leído de la siguiente manera: "Con el 5 (He) la creó". La letra Bet de la expresión BeHiBaRAM significa también "con", quedando finalmente: "Con una He lo creó".

Efectivamente, el mundo fue creado con el 5 como 1. El 1-4 en la creación, en realidad ya es el 5, sólo que el 5 está aún oculto, no puede expresarse completamente, sólo está presente a modo de germen. Por ello esta letra He es más pequeña (Es otro ejemplo de que se debe tomar la Toráh

119

realmente al *pie de la letra* si se desea comprender su sentido completo).

En Gén. 17:5 Dios cambia el nombre de *Abram* por *Abraham*. Abram había encontrado el camino a Dios, y Dios selló un pacto con él. La condición para el mismo fue "Circuncidaréis, pues, la carne de vuestro prepucio" (Gén. 17:11).

El prepucio constituye una envoltura del lugar del cual viene la semilla. Si ahora aquello que envuelve se corta, se restringe, se extrae parcialmente, significa que lo corporal es limitado. De ese modo se libera lo esencial, el núcleo, ya que este núcleo es la fuente, el origen del cual parte el camino del "Sed fértiles y multiplicaos", el camino al 500.

Todo aquel que haya nacido en el marco de ese pacto de la materia repelida, también corporalmente lleva dicho principio. Por ello, Abram, puede hacer el pacto con Dios únicamente si está dispuesto a repeler lo corporal, lo mundano. El cuerpo humano es una cristalización de lo esencial en la materia, no está desprendido de lo esencial. Por eso Dios, al mismo tiempo, cambió el nombre de Abram.

ABRaM, expresado en cifras, es 1-2-200-40; mientras que ABRaHaM, 1-2-200-5-40. Lo que ha ocurrido entonces fue el agregar de un *He*, de un 5.

La expresión *BeHiBaRAM*, con el pequeño *He*, es 2-5-2-200-1-40. ABRaM en cifras es 1-2-200-40; y ABRaHaM —con el 5 agregado— es 1-2-200-5-40. Vemos los mismos componentes, sólo que *Behibaram* tiene el pequeño *He*, el que en "Abraham" toma el tamaño normal. Para aclarar, invierto las cifras de *HiBaRAM* (con lo cual deliberadamente omito el *Bet* —'con'), o sea 1-2-200-5-40 en lugar de 5-2-200-1-40. En lugar de estar en primer término, el 5 está ahora en cuarto lugar. La suma total y los componentes permanecen invariables. La Tradición manifiesta por ello también, que en realidad está presente la expresión *be-Abraham* al leer *be-hibaram*[10].

En consecuencia, ello significa que a través de Abraham el hombre ha tomado el camino a Dios, y que para ello es que Cielo y tierra han sido creados. El nuevo nombre, Abraham, ya estaba presente en la estructura de *be-hibaram*, con la cual se expresa la creación de cielo y tierra.

Siendo así, el concepto del 5 y del 500 es muy significativo. Del 50, sin embrago, no se ha dicho nada todavía.

El séptimo día del primer relato de la creación aún no ha finalizado. En este mundo, en el mundo del hacer, de los efectos, *Olam Haastá*, se consuma el séptimo día, se realiza. Cuando ese día se haya cumplido, significa que se habrá cumplido consigo mismo en el 7 x 7. Por ello, el 49 es el límite externo de este mundo. Recién entonces comenzará el octavo día, como día nuevo con el 50.

Hemos visto que el 5 expresa un concepto incompatible con este mundo. Del mismo modo que el 500 no puede existir en él, también el 50 corresponde a otro orden. Vemos como el 50 recién aparece cuando el mundo del séptimo día concluye, encuentra su fin. Mientras perdura aún el séptimo día, el mundo está en camino hacia la unificación. El nuevo mundo recién comienza después de este mundo, con el 50, pero es entonces el octavo día.

El hecho de que con el 50 comienza un mundo nuevo, se muestra en toda la Biblia. "Hijo", en hebreo, es *'BeN'*, 2-50. La letra inicial de este vocablo es la *Bet*, el 2. Recordemos que las dos palabras *AB* (padre), y *EM* (madre), comienzan con el 1. Aquí, en el hijo, viene ahora el 2, como también en *BaT* (hija), 2-400. "Hijo" significa aquello que el padre, 1-2; y la madre, 1-40, dan a este mundo; y que comienza con la dualidad, siendo que ha sido creado precisamente de padre y madre. El hijo tiene como meta justamente el 50, porque con el alma masculina puede trascender de este mundo; pero la "hija", con la cifra final 400, como parte corporal del hombre, no puede alcanzar el otro mundo de esta manera.

Ahora también se comprende lo que significan las piedras que la Biblia tan a menudo menciona, por ej.: Ex. 17:12, Josué 24:26, Samuel I 7:12.

En su esencia, el principio "piedra" es algo duradero. Queda a través de todos los tiempos. Así como el principio esencial en la materia aparece como 1-4 en *vapor*, del mismo modo se expresa un principio esencial en la aparición de la *piedra*. Es lo eterno, la continuidad, padre e hijo, 1-2 y 2-50. De estos dos surge el concepto 'piedra' representado numéricamente por 1-2-50, o sea *EBeN*. La piedra atraviesa todo el camino del origen '1', a través de la dualidad '2', hacia el '50' del Mundo Venidero.

"Construir", en hebreo, corresponde a la misma raíz que la voz *'BoNéH'*, en la que sin embargo la *He* final no pertenece a la raíz de la palabra, de manera que sólo queda el 2-50, estructura idéntica a la de la palabra "hijo". De ese modo uno *construye* con el *hijo*. El nuevo mundo es vivido a través de él.

Ahora también comprendemos por qué David no pudo construir la Casa de Dios, sino su hijo (Samuel II cap. 7).

Retrocediendo en la genealogía hasta el Sinaí, David es la séptima generación. En el séptimo día todavía no hay lugar para la Casa *sólida* de Dios. Ese lugar recién llega con el octavo día, con su hijo Salomón.

Entre el éxodo de Egipto y la Revelación del Sinaí transcurren cuarenta y nueve días. El quincuagésimo día lleva en sí la Revelación divina, un nuevo mundo, que ya no se corresponde al séptimo día.

El nuevo mundo es un mundo distinto en el que Dios se manifiesta. En él se realiza la unificación en la vigésima sexta generación.

Lo mismo aparece en la regulación de la esclavitud. Un esclavo puede liberarse en el séptimo año si lo desea, tal como leemos: "Cuando compres un siervo hebreo, éste te servirá durante seis años, en el séptimo año quedará libre sin pagar rescate" (Ex. 21:2).

Si el hombre quiere tener la libertad, en el séptimo día puede "liberarse". El séptimo día está destinado por Dios para tal fin, bendecido y santificado. A pesar de que el hombre se ha conducido anteriormente por el camino de la serpiente, ligado a la materia, habiendo llegado así a ser *siervo, esclavo*, en el séptimo día puede liberarse. El esclavo, el siervo, puede obtener su plena libertad —si así lo desea— en el séptimo año.

Pero si el siervo se siente tan fuertemente atado a la materia, si está tan entregado a su amo, que no quiere liberar a la "mujer" —el cuerpo— todo lo corporal que el amo le brindó, más sus hijos, puede obrar en contra de la determinación anteriormente citada. Pero entonces es arrimado a una puerta (o jamba), y su amo horada con una lezna la oreja del siervo, quien queda a su servicio eternamente (Ex. 21:5-6).

Ya hemos visto que "puerta", en hebreo, es *DeLeT*, que a su vez es el nombre de la cuarta letra del abecedario, o sea del 4. "Lezna", el elemento utilizado para horadar la oreja del siervo, en hebreo es *'MaRTzeA'*, que expresado en cifras es 40-200-90-70, arrojando el valor total de 400. "Cuatrocientos" significa 'eternamente'. En la "puerta", en el 4, comienza la esclavitud eterna. Sin embargo, esta "eternidad" pareciera tener también una medida. En el año del jubileo, no obstante tiene lugar la libertad. En Lev. 25:10

leemos: "Declararéis santo el año quincuagésimo, y procla-maréis en la tierra un año de libertad para todos los que la habitan. Porque es vuestro año de jubileo. Cada uno reco-brará su propiedad, y cada cual regresará a su familia". También aquellos que en el séptimo año no quisieron ser libres, vuelven a ella. "Eterno" quiere decir entonces 'mien-tras dura el séptimo día'. Este dura, como máximo, 7 x 7 = 49. Con el 50 comienza un nuevo mundo. De esta manera se aclara que "eterno" sólo tenía un significado para el mundo redondo del séptimo día, que parecía tan infinito, tan eterno.

En hebreo, "eterno" es *Olam*, que al mismo tiempo significa "mundo", expresando lo infinito en espacio y tiempo. La raíz de la palabra es *OL*, que significa yugo. La advertencia de liberarse de la esclavitud quiere decir libe-rarse del yugo de estar atado a la materia.

Otra vez notamos como el 50 aparece como un mundo nuevo. Después de 7 x 7 años, después de 7 años sabáticos tiene lugar el año de jubileo.

La expresión utilizada en la Biblia como "Egipto", allí donde uno es esclavo, es *'MiTzRaIM'*, 40-90-200-10-40, cuyo valor total es 380. Este vocablo es significativo, indica una dualidad. La desinencia *aIM* señala dualidad.

Así también, a las dos piernas, en hebreo, se las designa *raglaim*; a las dos manos, *iadaim*; a las dos orejas, *oznaim*, etc. Por lo tanto, *MiTzRaIM* es una dualidad compuesta por *MiTzR*, que contiene *TzR*, raíz relacionada con "forma" (*TzuRá*), y con "sufrimiento" y "opresión" (*TzaRá*). *"Mitz-raim"* significa, por lo tanto, 'la forma de la dualidad', 'el sufrimiento en la dualidad', 'la opresión en la dualidad'; indicando de este modo lo que es "Egipto": la cristalización de aquello que significa en el tiempo la dualidad y el cautiverio, del cual el individuo no sabe como salir.

124

Canaan es la Tierra Prometida, el final de la marcha a través del desierto. *CaNaAN*, en hebreo (expresado en cifras) es 20-50-70-50, con un valor total de 190. Notamos aquí que la proporción entre Egipto y Canaan es 380:190, o sea exactamente 2:1. Allí, en Canaan, se debe lograr nuevamente la unidad, aquella unidad que se conocía antes de llegar a Egipto.

En el mundo de la formación, en el *Olam Ietzirá*, el hombre come de los frutos del árbol del conocimiento, del árbol de la dualidad, que trae el sufrimiento.

En el segundo relato de la creación, en el relato acuoso, es la mujer la que juega el rol importante. En el relato sobre Egipto se habla de agua. Egipto es un mundo acuoso. El sueño del faraón (Gén. 41:17-21) está relacionado con el agua. Los varones recién nacidos son arrojados al agua (Ex. 1:22); el río y todas las aguas se transforman en sangre (Ex. 7:17 25).

En el segundo relato de la creación la mujer es activa. Una de las dos parteras, la hermana de Moisés, protege al niño escondiéndolo. La hija del faraón salva al niño. Las parteras rechazan matar a los varones recién nacidos. Y Moisés, el salvador de este mundo acuoso, es extraído finalmente del agua.

En el éxodo de Egipto se atraviesa el mar, dejando el agua repentinamente de fluir, transformándose en cristal.

Cuando finalmente los israelitas se encontraron en el desierto, muchas veces pidieron volver a Egipto, volver al mundo de la dualidad. Pero la marcha sigue; una vuelta a Egipto es imposible, el camino está cortado. El que quiere volver se queda eternamente en el mundo del desierto.

Pero el desierto es un mundo de pasaje. En sí no es nada, es estéril e inhabitable, se lo atraviesa como al tiempo. Tal como el tiempo, también el camino a través del desierto lleva a un mundo nuevo. Tampoco el tiempo conoce un volver.

La marcha a través del desierto pareciera ser interminable. Dura "40" años. En realidad, en este séptimo día, "eternamente". También la esclavitud en Egipto parecía interminable, "400" años. Nuevamente hemos encontrado el '40' y el '400'.

Pero como hemos visto, la marcha por el desierto va del 2 al 1, del 380 de Mitzraïm al 190 de Canaan. Nuevamente surge el interrogante: ¿*Quién* pudo hacer tan significativas las palabras para que la proporción de sus valores sea exactamente 2:1?

En el momento del éxodo de Egipto, Moisés tiene 80 años. La marcha por el desierto dura 40 años. El guía, Moisés, con sus 80 años entra en los siguientes 40, va del 2 al 1, pero Moisés, él mismo, no alcanza la Tierra Prometida. Para él todo termina en este camino del 2 al 1.

El sucesor de Moisés es Josué, el hijo de Nun, el sirviente de Moisés (Josué 1:1, 2). Además del significado del vocablo *nun* como pez, *Nun* corresponde a la cifra 50. El, Josué, es el "hijo del 50", es el *ben Nun*. El puede llevar el pueblo al nuevo mundo. La Biblia (Toráh) finaliza con el séptimo día, con el final del séptimo día. Sólo nos dice aún: "Pero Josué, el *hijo de Nun*, se llenó con el espíritu de la sabiduría, porque Moisés le había colocado sus manos. Y los hijos de Israel le obedecían, e hicieron tal como el Señor le había mandado a Moisés" (Deut. 34:9).

Josué, el hijo del 50, puede atravesar la frontera, llevar el pueblo a la Tierra Prometida, al nuevo mundo, al mundo del octavo día. Pero ese octavo día del nuevo mundo no puede ser medido con las medidas de este mundo, las que alcanzan sólo hasta el 4. Por ello el Pentateuco (los cinco Libros de Moisés) termina hacia el final del séptimo día. Este final contiene un sentido sumamente significativo. Incluso medido con los parámetros del séptimo día indica un derrumbe, indica un fin.

Pero ya que este mundo lleva en sí el modelo con el cual Dios lo creó, también el octavo día y todo lo que sigue hasta el décimo están incluidos. Este modelo es como una señal de que muchos han sido los mundos y que muchos vendrán y que el sello divino siempre estará presente. Así, el séptimo día también lleva este sello, a pesar de que todo está expresado en una sola realidad. Esta realidad del séptimo día es la llegada del mundo de la dualidad y del trasladarse hacia el mundo del 'uno'.

El relato del libro de Josué no comienza en la realidad del octavo día, sino cómo ese octavo día se manifiesta desde la visión del séptimo día. Si el octavo día apareciese en nuestra realidad, ya el primer relato de la creación debería haberlo mencionado. Entonces ahí se hubiera dicho: "Y hubo noche y hubo mañana, séptimo día". Siendo así, el Pentateuco hubiera tenido una continuación, y Josué hubiera entrado en Canaan ya en el Pentateuco.

Pero todo eso no se comunica, por lo tanto el octavo día sólo puede ser expresado en la realidad del séptimo día.

Por supuesto, en el relato del Pentateuco la realidad de los días venideros ya está presente siempre al separar la esencia de las imágenes. También para los días venideros el milagro de la Biblia es la fuente del ver, sólo que las palabras en ella tienen la forma imaginaria del séptimo día. Entonces es necesario ver, reflejar y comprender las imágenes de otra manera. Dado que el modelo del octavo día está expresado en la materia del séptimo día, también podemos ver lo que es el octavo día en su esencia. Sólo daré algunos ejemplos, a saber:

Ya en relación con Abraham, traté el tema de la circuncisión. La Biblia prescribe: "A los ocho días será circuncidado entre vosotros todo varón de generación en generación" (Gén. 17:12). Aquí se menciona expresamente el octavo día. El hombre del octavo día está liberado ya de la envoltura corporal correspondiente al séptimo día, por haber atravesado este séptimo día en su camino hacia la unificación. El núcleo, la esencia del nuevo ser, está más libre, aun cuando todavía existe lo corporal. Uno de los actos propios de la circuncisión se denomina *priá*. Dado que no se extrae todo el prepucio una parte queda, la que es plegada hacia atrás a fin de que el núcleo quede descubierto. Esta parte plegada permite que la envoltura aún persista. Lo corporal sigue existiendo pero ya no envuelve más al núcleo. *Priá* significa 'descubrir'.

El hombre es circuncidado al octavo día. Así también, Josué hizo circuncidar al Israel bíblico en Guilgal (Josué 5:2-9).

Había llegado el *octavo día*. Por ello Josué hizo circuncidar al pueblo de Israel, porque el hombre del octavo día tiene otra calidad. Durante la marcha por el desierto, según la Tradición[11], la circuncisión hubiera sido mortal. Sólo tres de los cuatro elementos se hubieran cumplido. El cuarto, representado por la dirección Norte, es la corporal. Más adelante veremos el significado de *Norte*.

Otro ejemplo lo vemos en la regulación de la impureza. Por supuesto, ésta también tiene otro sentido que el utilitario prescripto para la higiene de la comunidad. En síntesis, el hombre, que está tan fuertemente atraído por las fuerzas del mundo, y que se apega a éstas, se impurifica.

Puede, por ejemplo en lo material, a través del contacto con un cadáver, entrar en un estado en el cual pierde la fe en la posibilidad de un "revivir" y ver injusticia en el destino humano, porque también el hombre noble debe morir. Así se hacen posibles muchos encuentros que llevan al hombre a un punto crítico. El principio de la impureza significa también que el mundo entero, desde que el hombre ha comido del fruto del árbol del conocimiento, fue contaminado por la impureza y ha tomado el curso que lleva a la purificación. Este es, por ejemplo, el camino de las veintiséis generaciones hasta la revelación; el camino a través de los cuatro *ele toldot.*

El principio de impureza manifiesta que la misma perdura siete días, y que finaliza al atardecer, comienzo del octavo día. Así también, el octavo día trae la liberación definitiva del peso de la existencia en la dualidad, en la separación.

También encontramos el *octavo día* en el Año Sabático, sobre el que la Escritura prescribe (Lev. cap. 25) que no se debe sembrar los campos durante el séptimo año, ni recoger la cosecha de la viña. La cosecha del sexto año debe ser suficiente también para el séptimo y octavo año. Durante el Año Sabático el campo debe *descansar*. Recién en el octavo año puede ser cultivada la tierra. Ha recuperado ella la unidad, pudiendo ser sembrada nuevamente.

De una manera especial vemos aparecer esta estructura en el sistema referido a los hijos de Jacob. El séptimo hijo es GaD, 3-4, quien representa el principio del séptimo día; el enfrentarse, a fines de unión, lo masculino (3) con lo femenino (4). Su nombre significa 'Ventura'. "Vino la Ventura" (Gén. 30:11).

Cuando Jacob bendice a sus hijos, dice a Gad: "Gad, ejércitos lo acometerán; mas él acosará su retaguardia" (Gén. 49:19). Es el ataque de las fuerzas de la evolución, pero no tiene efecto porque el séptimo día tiene que llevar a la unificación. Es la fuerza de la bendición y santificación por Dios la que desvía la 'mala suerte' de ese día. Gad es la tribu que avanza para conquistar la Tierra, el Mundo Venidero. Además, Gad tiene siete hijos (Gén. 46:16), con lo cual se acentúa nuevamente el número 7.

El *octavo* hijo de Jacob es Asher. Al nacer, su madre Lea dice: "Dichosa de mí, porque me considerarán dichosa las doncellas..." (Gén. 30:13).

En la bendición de Jacob a Asher notamos un aspecto significativo: "Que su pan sea *aceitoso*, y proveerá *manjares reales*" (Gén. 49:20). Lo 'aceitoso' también es acentuado en la bendición de Moisés (Deut. 33:24): "Y mojará en aceite su piel". Es importante destacar que en estos versículos se menciona 'grasa, aceite y manjares de rey'.

El *octavo* día es aquel en el cual debe aparecer el rey ya anunciado en el séptimo día, aquel que puede edificar la *Casa Sólida*, el Templo que David todavía no pudo construir, pero es también el rey que viene después de este mundo, aquel nombrado por la Tradición, *rey ungido*, o sea el *Mesías*. Mesías, que significa 'el ungido', en hebreo es *MaShIaJ*: 40-300-10-8. En la bendición de Asher vemos el *aceite* para la unción. Con Asher viene también el tiempo 'grasoso', tiempo de abundancia. El nuevo mundo debe traer abundancia porque ya no es limitado, sino que es el *uno*.

En el relato sobre Asher el acento está puesto sobre ese aceite. El aceite es también aquel elemento que distingue al rey del nuevo mundo. En hebreo, 'aceite' es *SheMeN*, y 'ocho' es *ShMoNaH*, con la desinencia femenina del *He*. Ambas expresiones tienen la raíz 300-40-50, cuyo valor total es 390. En hebreo, 'cielo' es *ShaMaIM*: 300-40-10-40, cuyo valor total también suma 390.

El aceite empleado para la unción indica que en lo esencial existe un parentesco entre el aceite como forma de manifestación y el concepto *Cielo*: El rey es ungido por el Cielo.

Siempre olvidamos que cada cosa es expresión de algo esencial, y que lo esencial se deja encontrar en la palabra.

La expresión cielo, *ShaMaIM*, también puede ser vista como la forma doble, la forma *aim* de *sham. Sham*, en hebreo, significa 'allá', un lugar determinado. El individuo puede encontrarse en *aquel lugar, allá*, y no en otro. El *otro* lugar muestra justamente que existe una oposición. En la expresión 'cielo', los opuestos, las alternativas, vuelven a ser 'uno'. Lo opuesto no existe más en el Cielo, ha llegado a ser unidad. Así, la voz *ShaMaIM*, también es vista como combinación de *ESh* (fuego) y *MaIM* (agua). En ello también se destaca la unión de los opuestos.

Tal como el *Alef*, como forma primitiva del nombre del Señor, reúne los dos *Iod* en armonía, en la cual se refleja la dualidad, así también los dos Querubines del Arca de la Alianza en el Tabernáculo son uno *imagen especular* del otro. Los Querubines, como los dos *Iod* del *Alef*, se enfrentan como imágenes en espejo, en quietud (Ex. 25:18-21).

También *Cielo* es el principio de la dualidad en quietud. Por ello el Cielo es la morada de Dios, el lugar en el cual se encuentra la Unidad Original, que hizo surgir de sí la dualidad. En ese lugar, con la estructura *cielo*, el rey es ungido, y esa unción le da su posición elevada.

Un relato de los tiempos macabeos nos dice que en la santificación del Templo (Mac. I 4) quedaba sólo la cantidad de aceite necesario para alimentar el candelabro durante un día. Sólo en el octavo día puede tener lugar un nuevo aceite, ya que el aceite es el ocho. El aceite surge recién en el octavo día. Ese resto de aceite, sin embargo, puede por milagro dar luz todos los días, hasta que el nuevo aceite esté preparado.

Es el mismo milagro que lleva al mundo a través de los siete días hacia el octavo día. La generación que toma la iniciativa para la renovación son los *jasmoneos*, en hebreo *JaShMoNaIM*, y en cifras: 8-300-40-50-1-10-40. La raíz de la palabra es nuevamente 300-40-50, tal como en 'aceite' y en 'ocho'. La festividad que se celebra en honor a la santificación del Templo se denomina *Janucá* (renovación). En ella se emplea el candelabro de Janucá, que no tiene 7 brazos como la *Menorá* (el candelabro del Templo), sino 8 brazos. Esa festividad del aceite, en oposición a todas las demás fiestas, se prolonga durante ocho días.

En la práctica judía, el séptimo día, el *Shabat*, comienza con gran alegría, con luz y abundancia. La última parte del sexto día es la culminación de la evolución. El *Shabat* da comienzo ya en la última parte del sexto día, en aquella parte en la cual en el punto culminante adviene el encuentro con la serpiente y amenaza gran peligro. Así, el *Shabat* comienza más o menos una hora antes del tiempo de su comienzo real astronómico.

La Tradición manifiesta que determinados 'espíritus' se podrían haber expresado duraderamente en la materia si Dios no hubiese terminado en aquel sexto día, demasiado temprano, Su creación[12].

La fuerza de la dualidad, creada por Dios, había crecido tan vertiginosamente que sólo El podía frenarla. Es entonces el punto del máximo desarrollo corporal en el cual el mundo del sexto día encuentra su fin.

La Tradición relata que Adán creyó que el mundo terminaba cuando debía abandonar el Edén, pero se dio cuenta que sucedió lo contrario, que existía un nuevo mundo, un nuevo sentido, aquel de hacer volver todo al 'uno'. Por ello se dice que Adán cantaba en aquel momento el Salmo 92, referido al día sábado[13].

Por supuesto, tales afirmaciones son un 'horror' *para los historiadores*; pero no debemos olvidar que nuestro concepto limitado de tiempo no es suficiente para la Biblia. Para ella, es válida la expresión '*Ein mukdam umeujar baToráh*' (no hay ni un antes ni un después en la Toráh). El capítulo siguiente nos dirá más sobre este tema.

Los ciento cincuenta Salmos se dividen en diez grupos de quince cada uno, en concordancia con el 10 como resultado de la estructura de la creación. Después de esta clasificación la sexta parte culmina con el Salmo 90. En la proyección de los días, el fin del sexto día está reproducido entonces en el Salmo 90. Su contenido habla de la vida que puede prolongarse setenta u ochenta años. Con el Salmo 91 comienza el séptimo día, comienza el séptimo grupo. Ese Salmo indica el camino de un mundo a otro, y da la sensación que Dios es el guía en ese camino.

Con el siguiente Salmo 92 aparece la seguridad del nuevo mundo del séptimo día. El viejo saber de esta estructura se manifiesta en la costumbre de acompañar al difunto en su último camino recitando el Salmo 91, ya que su camino es pasaje de un mundo a otro. También, al comenzar un viaje o retirarse a dormir se recita ese Salmo. Pero se lo introduce con el último versículo del Salmo 90, ya que el sexto día está ligado al séptimo. Ya hemos visto que el 10-5 forma la última parte del sexto día y el comienzo del séptimo día.

En el séptimo día lo 'masculino' es nuevamente unido con lo 'femenino'. El hombre recibe al séptimo día como un novio a su novia, ya que su meta es la unificación entre hombre y mundo. El mismo mundo que anteriormente ha sido un obstáculo, una tentación a seguir el desarrollo, ahora puede llegar a la unidad.

133

En la terminología del relato sobre la marcha a través del desierto, ello significa que el hombre ahora ya no quiere volver a Egipto, sino que quiere ir hacia la Tierra Prometida. El fin del séptimo día se refleja en la esfera del silencio, en la esfera de un fin del mundo. La Tradición cuenta que Moisés falleció sobre el final del Shabat; y que otro 'séptimo', el rey David, también falleció al finalizar el Shabat[14].

La esfera del silencio, en la cual un mundo finaliza para dar lugar a un mundo nuevo, aquella esfera en que tienen lugar las guerras entre *Gog y Magog*, en ella se habla también sobre el sentido de la vida y sobre los misterios del mundo. Cuando todos los sucesos del día anterior hayan concluido, cuando 'haya oscurecido completamente', allí se inicia el octavo día. Una nueva luz es encendida; es el tiempo del profeta Elías, que viene para anunciar al nuevo rey. Después tiene lugar un nuevo banquete, aquel del eterno rey David, el ungido. Es el banquete del rey-Mesías, con el cual se introduce con alegría el octavo día[15]. La vida judía cotidiana, por lo tanto, no es una copia del relato en imágenes de la Biblia, sino que muestra su esencia.

Así también, el octavo hijo de Jacob, Asher, tiene su lugar en el conçepto del octavo día. La Tradición[16] cuenta que Seraj, la hija de Asher (Gén. 46:17) es la mensajera de lo inesperado, de buenas noticias. Cuando los hermanos de José retornaron de Egipto fue Seraj la primera que escuchó sobre ello. Fue ella la que rápidamente le comunicó a Jacob: "José vive aún, y él es señor en toda la tierra de Egipto" (Gén. 45:26). Ella es la anunciadora de la re-unión.

El ungido, que también trae la alegría, es la característica del Mesías, rey del *octavo día*. 'Ungir', en hebreo, es *Ma-ShaJ*: 40-300-8. 'Alegrar', en hebreo, es *SaMaJ*: 300-40-8.

Vemos claramente el parentesco estructural entre 'Mesías' y 'alegrar'. 'Dar alegría' y 'ser alegre' es condición para el mundo del octavo día. Quien vive alegremente con la seguridad de que todo está bien establece las bases para la unificación, ya que esta misma es la gran felicidad. Ella da la armonía, la no-separación.

La separación de José había durado 22 años. Había estado en la esclavitud de la materia, en la forma de cristalización de este mundo. Los 22 años se reflejan en las 22 letras de alfabeto hebreo, que juntas dan todas las posibilidades de combinación. Después de la letra 22, el *taf*, el 400, viene el 500 para el cual no existe letra en este mundo. No existe posibilidad de expresión. El 500, entonces, corresponde al Mundo Venidero, al mundo del octavo día.

Se ve también una relación en la extensión máxima del concepto 22, que es el 22^2, que equivale a 484. Está en el límite entre 400 y 500, porque 23^2 ya sería 529, o sea más que 500.

Seraj, la hija de Asher, también juega un papel significativo algunos siglos después[17]. Seraj se encuentra en Egipto sobre el final del tiempo de la esclavitud. Es una mujer sabia. Cada vez, cuando alguien se rebela contra la esclavitud, se le pregunta a ella si es el verdadero salvador. Ella es la que puede saberlo porque es la hija del 'octavo'. Cada vez que ella pregunta al nuevo líder por sus motivos, éstos no parecen ser los justos hasta que llega Moisés. Este declara: "Pakod ifkod" (Dios os buscará y os llevará de esta tierra. Y traducido más fielmente: Dios seguramente pensará en Uds., seguramente los recordará). Ese fue el último mensaje de José antes de su muerte (Gén 50:24).

Seraj entonces reconoce en Moisés su misión y la seguridad de que Dios llegará para traer el nuevo mundo. Es entonces la hija de Asher, del *octavo*, la que conoce el camino de la liberación y la anuncia nuevamente, no porque el fin de la esclavitud haya sido calculado, o porque se haya considerado que ya era suficiente, sino porque Seraj se dio cuenta de que Dios intervendrá, porque según su concepción, el tiempo había llegado.

En el relato bíblico siguiente vemos una pasividad llamativa del pueblo, al que se le ordena: "Y que no salga ninguna persona de su casa hasta la mañana" (Ex. 12:22). Dios sólo viene y pone un fin a este mundo. Esa es la liberación que Seraj anuncia como la verdadera, porque esa liberación tiene el carácter de la llegada de un nuevo mundo, de un nuevo día.

Según la Tradición, Seraj vivió mucho tiempo por haber sido la portadora de la 'buena noticia'[18]. Por otra parte, el octavo en las generaciones de Adán es Metuselaj. De todos los hombres de las diez generaciones, él llegó a la edad máxima de 969 años.

De su padre Henoj, el séptimo, se dice algo especial tal como del séptimo día. Mientras él llevaba una vida divina Dios lo sacó y nunca más fue visto (Gén. 5:24). No murió, sino que fue *sacado* por Dios a la edad de 365 años. Esa edad, mucho más corta que todas las demás edades nombradas, es el número de días del año solar que designa el mundo del séptimo día.

En Gén. 30:14-17 se relata que Rubén, el hijo mayor de Jacob, fue al campo durante la cosecha de trigo, y allí encontró 'manzanas de amor', las que entregó a su madre Lea. A su vez, Lea las entregó a Raquel, por lo cual ésta le concedió a Jacob.

Los hijos de Silpa y de Bilha son hijos indirectos de Lea y de Raquel. Justamente después del nacimiento de Asher se cuenta el relato de las así llamadas 'manzanas de amor', o sea después del nacimiento del octavo hijo. Además es el tiempo de la siega del trigo. El tiempo de la Festividad del Pentecostés.

1. Mujer: Lea su sirvienta: Silpa	Hijos de Lea:	1. Rubén, 2. Simón, 3. Levi 4. Iehuda
	Hijos de Bilha:	5. Dan, 6. Naftali.
2. Mujer: Raquel su sirvienta: Bilha	Hijos de Silpa:	7. Gad, 8. Asser.
Lea tuvo una hija: Dina	Hijos de Lea:	9. Isajar, 10. Sebulun.
	Hijos de Raquel:	11. José, 12. Benjamín

Pesaj (Pascua) es el tiempo cuando la hoz comienza a segar las espigas (Deut. 16:9), y siete semanas después la siega queda concluida; festejándose entonces la Festividad de las Semanas (Deut. 16:10), en el quincuagésimo día después de Pesaj. El tiempo de terminada la siega de trigo es el tiempo del llamado quincuagésimo día, o sea el tiempo que comienza después de los 49 días, después del 7 en su plenitud (7^2), el cual se ha cumplido consigo mismo.

Siete semanas, entre Pascua y Pentecostés, es la duración de la siega. El día 49 la siega queda concluida. Visto desde este mundo el hombre está "cortado de la tierra" durante siete semanas, como durante el séptimo día del mundo. Es la disolución del ligamen con la tierra, que tiene una duración de 7 x 7 días. Este es el séptimo día del mundo, el que comienza con Pesaj.

Esta separación, así como el estar 'extirpado de la tierra', infunde cierto duelo. No se reconoce su sentido; es la oposición entre vida y muerte que reina en el mundo del séptimo día. También, la Tradición manifiesta que es un tiempo de duelo. A pesar de saberse liberado por Pesaj, se ve la muerte como acompañante; no se sabe aún, a pesar de la esperanza y confianza, que todo se tornará hacia el bien.

137

Este período de las siete semanas, de los cuarenta y nueve días, es enumerado. Se dice por ejemplo: 'Hoy es el trigésimo tercer día, o sea cuatro semanas y cinco días del Omer'. Todo el mundo del séptimo día es un mundo de números, o sea de relaciones. Según la Tradición, el día treinta y tres juega un rol especial. En ese día la alegría se hace posible, en los dieciséis días siguientes el duelo es menos estricto. De los cuarenta y nueve días del camino, dos tercios se han cumplido en el día 33. Ahora tiene lugar el último tercio. En el día 33 reina la proporción 2:1; se pasa de la dualidad a la unidad.

Al final del cuadragésimo noveno día finaliza la siega. Pero un resto queda aún en el campo; el mismo resto que quedará en el mundo cuando el corte del hombre como fruto de la tierra se haya efectuado.

El último día de la siega es el cuadragésimo noveno día. Después tiene lugar el quincuagésimo día, el día de la revelación sobre el Sinaí. El viejo mundo está terminado, el nuevo mundo comienza.

En el mundo del séptimo día, la unión entre hombre y mujer, entre los opuestos, se expresa con la raíz hebrea *arisá*, que significa 'compromiso'. Se sabe que está destinado el uno para el otro, y que el casamiento tendrá lugar en el próximo mundo. Este mundo es sólo la preparación, sólo el camino hacia la unificación. Se deben evitar todas las acciones y pensamientos que podrían hacer daño al compromiso. Es el camino que lleva hasta las fronteras de Canaan sabiendo que se debe entrar en Canaan.

Volvamos a las 'manzanas del amor', *DUDAIM*, 4-6-4-1-10-40, que es la forma plural de *DUD*, 4-6-4, que en hebreo significa también 'amado'. La misma estructura está presente en el nombre DaViD, 4-6-4 (Por supuesto, las diferentes traducciones han desvirtuado completamente el concepto de estas 'manzanas de amor').

También en el Cantar de los Cantares estos *Dudaim* juegan un papel preponderante, porque la unificación también se efectúa hacia el final. La Tradición manifiesta que los *Dudaim* tenían forma humana y estaban ocultos como raíces en la tierra. Quien saca estas raíces muere.

En la práctica judía el Cantar de los Cantares es leído en el pasaje semanal del sexto al séptimo día, o sea el viernes por la noche. Pero también en Pesaj, ahí donde comienza el séptimo día, donde comienza el deseo de unificación entre lo femenino y lo masculino.

El quincuagésimo día es Shavuot (Pentecostés), la Festividad de las Semanas. En esta Festividad se han ofrendado dos panes del nuevo cereal, así como los primeros frutos, por lo cual esta Festividad es llamada también Festividad de los Primeros Frutos. En esta ocasión se lee el libro de Rut, en el que se expresa que la mujer que ha quedado sola (Rut) es encontrada por el hombre Boaz. De su unificación nace Obed; de él, Ishai, padre de David; y de la Casa de David proviene el Mesías. El octavo día es el día del Mesías.

Sobre Rubén se relata que ató su burro a un arbusto. Pero el burro tiró, sacó las raíces y cayó muerto al lado del arbusto. Sólo así Rubén pudo tomar los *Dudaim*[19].

Este suceso enseña que aquel que quiere extirpar del mundo la fuerza unificadora, muere. Sólo a través de la muerte se puede lograr la unificación en el próximo mundo.

Pero no es Rubén quien cae muerto, sino el burro de Rubén. El burro es la imagen de aquello que en su esencia es portador del peso en este mundo. El burro es el cuerpo que lleva al hombre a través del mundo. 'Burro', en hebreo, es *JaMoR*, 8-40-200; y 'barro', es *JoMeR*, 8-40-200. Como expresión de la materia tienen la misma estructura. El valor total de estas expresiones es 248, el mismo valor que el de Abraham e Hibaram. Esta cifra es la que emplea la Tradición para indicar el número de los componentes del esqueleto humano, que es la base de la aparición del hombre en el mundo.

Manifiesta también la Tradición que el hombre tiene, además de estas 248 partes del esqueleto, 365 partes del cuerpo carnal; que sumados arrojan un resultado de 613. Por supuesto, ello no coincide con *nuestra* clasificación de la anatomía, orientada hacia el aspecto externo; sino que se trata aquí de lo esencial en el hombre.

La Tradición manifiesta que el hombre debe observar 248 acciones positivas a fin de permanecer en el mundo, y debe evitar 365 acciones negativas. Las acciones positivas son expresión de lo masculino, y las negativas (pasivas), expresión de lo femenino.

El 'sacar los *dudaím*' provoca la muerte del burro. El cuerpo, así como existe en este mundo del séptimo día, muere. A cada momento su estado cambia, muere el estado anterior, muere una apariencia de nuestro cuerpo que no retorna más. Esta muerte del cuerpo es al mismo tiempo "sacar" de la tierra un *nuevo ser*, el que en el Mundo Venidero unificará hombre y mujer, los opuestos.

Rubén, el hombre esencial que lleva el cuerpo, no muere; o sea puede pasar con vida del séptimo al octavo día.

Este *nuevo ser* es el hombre de los dudaím, quien unifica lo masculino y lo femenino tal como el Mesías, el hijo de David, unifica los opuestos.

Los '4' de los extremos se unen con el 6 (*gancho*). La voz *DUD* (amado), se puede leer también como *DOD* (tío), 4-6-4. De una manera típica se muestra en la Biblia que el 'amado' es el 'tío'. Es como si lo femenino, que debe ser liberado, se encontrara en el escalón próximo inferior. En el cuadro que sigue a continuación notamos que las matriarcas, que pertenecen a los patriarcas, siempre corresponden a una generación posterior. Ellas se casaron con sus tíos, el *DOD*.

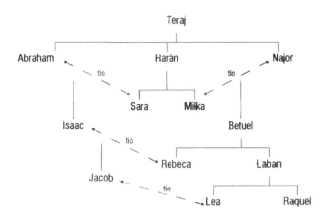

VIII. LA CRONOLOGIA EN LA BIBLIA

Muchos lectores de la Biblia tienen la opinión errada de que la Biblia es un libro de historia, una "Historia Nacional del Pueblo Judío". El hecho de que los acontecimientos que allí se mencionan no siempre guardan una relación *visible* entre sí, y en especial *parecen* no concordar textualmente con la historia (ni tampoco con la de los pueblos circundantes) muchas veces es penoso. Así surge la cuestión de si la Biblia no tiene algo más para relatar que solamente la historia de un determinado pueblo. Admitamos que la Biblia no es históricamente incorrecta, sólo que las medidas con que debe ser medida la Biblia seguramente no son las medidas de la historia.

Uno de los primeros hechos que se constatará será que la Biblia evita unir entre sí períodos históricos. Por ejemplo, no se dice que el rey David nació tantos años después de la creación, o que Josué haya entrado en Canaan en el año tal. Tampoco la fecha del diluvio se comunica. (Bajo *ese* punto de vista la Biblia sería un mal libro de historia).

Parece entonces que con el sumar de los años pasa algo especial, algo distinto de lo que ocurriría con nuestra manera de contar[19a].

El período más largo mencionado en la Biblia es la edad de Metuselaj, 969 años. Nunca se menciona 1000 años o más.

Las edades indicadas de las primeras diez generaciones son especialmente altas en comparación con las de las

143

generaciones más tardías. Los períodos más largos que se encuentran en el Pentateuco son justamente aquellos de las primeras diez generaciones, que finalizan con Noé. También se indica que Sem ha vivido aún 500 años después del nacimiento de su hijo Arpajsad; que la esclavitud en Egipto duró 430 años; y que el Templo de Jerusalem fue edificado 480 años después del éxodo de Egipto.

Todos éstos son datos posteriores al diluvio. También es llamativo que, por ejemplo, se dice de los reyes de Judá e Israel cuántos años duraba su reinado pero no cuántos años duraba la dinastía, a pesar de que hasta un niño podía haber sumado las cifras.

Entonces se puede suponer que no se trata de una continuidad en el tiempo tal como la conocemos[19b]. En el tiempo parece existir aún otro elemento, algo que impide que se pueda tomar con los mismos parámetros distintos períodos.

Los acontecimientos en la Biblia muestran que éstos, y con ellos también la medida temporal, están vinculados siempre con cambios en el cosmos. Así, con el diluvio, el aspecto del mundo cambió. Después del mismo tiene lugar una nueva forma del mundo. Lo mismo se podría decir del mensaje en el libro de Josué, allí donde "el sol se detuvo en Gibeón, y la luna en el valle de Ayalón" (Josué 10:12); o respecto de la enfermedad de Jizkiá: "Y la sombra retrocedió por los grados que había descendido en el reloj de Ajaz, diez grados atrás" (Reyes II 20:11). Es de hacer notar que estos últimos mensajes se refieren a tiempos históricos.

En forma mucho más extensa se trata en la Tradición estos cambios en el tiempo. Aquella nos comunica que después de comer del fruto del *árbol del conocimiento*, un astro fue sacado del cosmos, por lo cual las relaciones en la Tierra cambiaron totalmente[20].

144

Del tiempo del diluvio se dice que dos estrellas fueron quitadas, con lo cual el mismo pudo darse. Aun mucho más clara es la Tradición allí donde comunica que la distancia entre Cielo y tierra está en constante cambio. Por supuesto que para la astronomía estos sucesos pueden constituir "horrores"; pero la Biblia no conoce la continuidad astronómica. Al contrario, parecería que no se supone una continuidad en el tiempo tal como nosotros la conocemos. Por lo tanto la Biblia no puede sumar los años, rompe la continuidad, y comunica acontecimientos en una discontinuidad[19b]. Su relato juega en distintos niveles, incluso en distintos mundos, a pesar de que de una u otra manera el escenario es nuestro mundo.

También, en nuestro mundo nos parece inverosímil que haya Angeles que paseen y que Dios hable con el hombre como sucedió en otros períodos. La Tradición llega hasta decir que sería imposible en el mundo actual tener un Templo y un servicio religioso como los relatados por la Biblia.

El mundo y las situaciones en él han cambiado de tal manera que se ha transformado en otro mundo. Sacrificios como los que conocemos de la Biblia, actualmente sólo serían matanzas de animales sin sentido.

La Tradición comenta también sobre el venir de un nuevo mundo, con un nuevo rey, el Mesías, con lo cual las situaciones, las relaciones, cambiarían totalmente. Entonces los sacrificios tomarían otro aspecto.

Así también la Biblia manifiesta que era imposible hacer sacrificios en Egipto, y que sólo se pudo sacrificar fuera de Egipto, en el desierto. El hecho de la imposibilidad de un sacrificio en Egipto indica una determinada estructura de la vida allí, por la cual el sacrificio sería un "horror".

Durante todo el tiempo de la esclavitud en Egipto Dios no se revela. Recién al final Dios vuelve a hacerlo; y en el desierto, ello ocurre diariamente. Egipto es totalmente diferente del mundo anterior y posterior, en el que Dios aparece repetidas veces, y en el que el sacrificio es bien visto.

El mundo tal como lo conocemos hoy, es entonces un mundo cambiado. Sólo las imágenes y las palabras nos hacen intuir cómo es la vida en aquellas dimensiones. Como la Biblia no conoce una continuidad en el tiempo[19b], no tiene sentido hablar de su historicidad, en nuestra versión temporal, o aun en nuestras visiones del mundo.

Con sus medidas, el mundo bíblico se forma en nuestro mundo espacio-temporal, caracterizado por una 'infinitud circular'.

El mundo bíblico es entonces reflejado, esto es, en un espejo con una curvatura tan pronunciada, que la imagen aparece en él sumamente alargada. Pero no debemos contemplar la Biblia en aquella imagen especular, sino tal como ella misma es y se da. Ella nos muestra que se debe contemplar los distintos períodos cada uno en sí, pero las imágenes de estos períodos no son comparables, los parámetros cambian. Sólo nos comunican la marcha a través de la diferentes situaciones, a través de los diversos mundos, pero no la duración en años a través de todos los períodos. Los años tienen otro significado que su mera medida astronómica en nuestro tiempo.

Pero cuando se toma conciencia de que no cabe leer la Biblia como un libro de historia, se intentará encontrar el sentido de aquello que se comunica con precisos datos temporales.

Ya conocemos el significado de la medida '4'. También hemos visto que 40 días, 40 años, y 400 años tienen otro significado que la sola medida temporal, y que el 5, el 50 y el 500 expresan algo en un mundo nuevo. El '4' significa "muy largo" o "muy grande". Una distancia de cuatro varas es vista como distancia esencial. La Tradición cuenta un tanto audazmente y contra nuestra percepción, que el país de Canaan es de un ancho y un largo de 400 parsá (medida determinada)[21]. Dice que un hombre puede atravesar 10 parsá en un día, así que se necesitarían 40 días para atravesar el país en una sola dirección[22]. Las medidas del muro externo del Templo se indican con 500 varas (largo y ancho). Las 400 del país y 500 del Templo, de lo transmundano, deberían hacernos pensar. La afirmación de que en un lugar de esta zona del Templo —o sea dentro de las 500 varas— todo el pueblo, millones, cabría, y que a pesar de estar tan juntos habría suficiente lugar para prosternarse, muestra que este Templo no puede ser medido simplemente con nuestros parámetros mundanos.

Por lo tanto, cuando la Tradición manifiesta[23] que Salomón fue rey sobre todo el mundo, que entendía también la lengua de los animales, se muestra nuevamente que la Biblia no es un libro de historia. Más bien nos enseña el sentido de la vida misma a través de los tiempos, más allá de nuestros conceptos de espacio y tiempo. Sólo con eso se hace significativa la Biblia, abarcativa de mundo y vida, y realmente algo muy distinto a un libro de recreación.

Así surge la pregunta esencial: ¿Qué es la Biblia? ¿Es un indicador para la vida? ¿Es un libro recetario? ¿Un "cómo debe ser"? ¿Nos da la Biblia la suficiente fuerza para aguantar con la mirada puesta en un mundo venidero mejor? ¿Es un libro de consuelo para este valle de lágrimas? ¿O es la Biblia más que ello? ¿Quizás un mensaje de Dios al hombre abarcando toda su vida, no sólo hasta los 70 o 100 años sobre esta tierra, sino mucho más, realmente toda la vida?

¿Se entera el hombre acá de dónde ha venido?, ¿Cuál es su camino, y adónde va? En breve, ¿Es la Biblia el sentido de todo?

¿Para qué le sirve al hombre un mero indicador para su conducta, cuando igualmente debe abandonar su sociedad actual?, ¿Y qué viene después? Le gusta creer que todo se tornará hacia el bien, pero nadie sabe nada definitivo sobre ello ¿Es posible que Dios haya puesto al hombre en este mundo duro sólo porque sus antecesores hayan pecado hace tiempo en el pasado?

"Todas las lindas promesas de un cielo lleno de Angeles no vienen de la Biblia, ¿Qué otra posibilidad queda entonces que dejarse consolar por hombres, creerles?, ¿pero cómo saben ellos?, y los que amenazan con el infierno y la condena, ¿De dónde lo saben?" "De todas maneras la Biblia no lo dice, sólo son construcciones y deducciones como las hace el hombre".

Pero la Biblia es en verdad *otra cosa*. Es un mensaje de Dios dedicado al hombre sobre cómo es el mundo, cuál es el sentido de la vida, para qué todo tiene su existencia, de dónde viene y adónde va. No es sólo un libro sobre esta vida, no, sobre todas las vidas, antes y después de este mundo, y también antes y después de esta vida. Tiene validez en todas las marchas a través de los mundos y a través de las vidas. Las imágenes de este mundo tienen que prestar su servicio porque no podemos comprender otras imágenes. Con palabras formadas de una manera muy especial, que conforman el puente entre este mundo y otros mundos, ella lleva a la comprensión de aquellos mundos. En la Biblia las imágenes están insertadas en un sistema de espacio y tiempo, que viene de lo esencial y lleva a lo esencial, quedando para nosotros la tarea de encontrar el parelelismo entre la palabra, el suceso y el sistema.

148

El relato de la Biblia se extiende también al futuro de esta vida. Pero otra vez somos nosotros los que debemos traducir las imágenes de este mundo en su esencia.

"Una de las cosas que nos sorprenden, es el hecho de que encontramos en la Biblia tantos aspectos de la vida que juegan en lo cotidiano del hombre actual solo un papel subordinado o ni siquiera existen. Así por ejemplo, los relatos sobre Angeles, o sobre profetas que hablan con Dios, sobre la aparición de Dios mismo, sobre los sacrificios, y sobre edades inverosímiles. ¿Para qué estos mensajes si no juegan ningún papel en nuestra vida?"

Muchas veces uno se pregunta si la naturaleza, creada por Dios, no efectúa un derroche increíble consigo misma. "¿Para qué todas estas semillas de las plantas, si sólo algunas de ellas se desarrollan llegando a ser vegetales?, ¿Para qué la crueldad de la naturaleza que sólo trae sufrimientos? Lo mismo es válido para el hombre. Si todo es bueno, ¿para qué tanta injusticia, el derecho del más fuerte? ¿Para qué las enfermedades? ¿Para qué la muerte oscura e impenetrable?"

Todos estos interrogantes son consecuencia de nuestra postura en la que esperamos que todo lo que acontece en este mundo debe ocurrir según nuestras normas. Si algo pasa fuera de ellas estamos inclinados a condenarlo como falso e inútil.

Pero si la Biblia nos habla de cosas que no existen en nuestro mundo, o que 'no son útiles', como por ejemplo sacrificios de animales o derroches sin sentido de la naturaleza, que están más allá de nuestras medidas, deberíamos preguntarnos si éstas quizás tienen un sentido aplicando normas totalmente diferentes referidas a otros mundos. ¿Tendrían quizás sentido Angeles y sacrificios en otros mundos?

La muerte que nos es destinada es una de aquellas seguridades que no podemos comprender. Es justamente este abismo 'muerte' la más frecuente causa que lleva al hombre a un uso intenso (y abuso) de la vida. Siempre, nuevamente, intentamos eliminar los pensamientos sobre la muerte de nuestra vida. Sabemos que la muerte existe, pero hacemos todo lo posible por olvidarla.

En la Biblia, el hombre es enfrentado repetidas veces con estas cuestiones. De alguna manera esperamos que la Biblia nos advierta de portarnos bien para prometernos luego, como premio, un Cielo. Nuestra tendencia utilitaria pide tal sentido de la Biblia.

Pero la Biblia es algo totalmente distinto y más fuerte aun que la creación, que tiene por contenido todos los tiempos y todos los mundos. Esta creación fue dada al hombre como la creación del cosmos. Debe ser para él la base de su saber acerca del sentido de la vida.

Es llamativo cuántas cosas se han juzgado equivocadamente en el curso del tiempo de la Biblia, como por ejemplo la expresión "Temor de Dios". En hebreo, "temor" es *'yIRA'*: 10-200-1, que se manifiesta en las expresiones *Yirat Shamaim* (temor del Cielo); e *Yirat Hashem* (Temor del Señor). Esta voz tiene la misma raíz que *roé* (ver). También la voz "temible", *'NoRA'*, 50-200-1, tiene la misma raíz que *roé* (ver).

¿Que se entiende por la expresión *temor de Dios*? El hombre no debe temblar frente a la idea de un poder vengativo, sino que debe percibir a Dios e impresionarse por su grandeza, por la relación profunda de todas las cosas entre sí, y alcanzar una actitud de gran reverencia. La Biblia nos dice: "Deberás amar al Señor tu Dios con todo tu corazón, y con toda tu alma, y con todas tus fuerzas" (Deut. 6:5). El amor a Dios crece por la percepción de los milagros del mundo, amor que busca Dios y por medio del cual el hombre anula la separación entre Cielo y tierra. Al crear Dios Cielo y tierra, vuelca el sentido de ello en la Biblia como una revelación dada al hombre para que éste comprenda por qué todo es así y hacia adónde lo conduce.

Querer hallar sólo la explicación de por qué todo es como es constituye una tarea infinita; pero el mirar, el reconocer esta creación con la ayuda de la Biblia, puede llegar a ser obra de una vida humana. Este reconocer da una sensación de infinita dicha (consuelo) y también temor.

El que sólo encuentra interesante la Biblia como documento de la antigüedad, como guía arqueológica, o como manual de una enseñanza moral, no conoce a la Biblia como un mensaje de Dios; le falta aquella *Yirá*. No es la creación de Dios la que lo impacta, él mismo quiere impactar (quizás sólo a sí mismo).

La base de la fe es ese *Yirat Hashem*, el Temor del Señor, el ver lo que Dios es y lo que nos comunica. El Creador nos ha dado un camino para saber, para reconocer, para actuar según este reconocimiento. En este camino el hombre puede llegar a una relación adecuada con Dios. La fe y la confianza infinita deben basarse en aquel conocimiento, formando recién así el punto de partida de una acción justa.

Volvamos a la estructura temporal de la Biblia. Es interesante, por ejemplo, que el tiempo transcurrido entre el nacimiento de Isaac y el éxodo de Egipto sea de 400 años acorde a lo indicado por la Tradición. Dado que Abraham nació exactamente 100 años antes que Isaac, entre su nacimiento y el éxodo transcurrieron 500 años. El período entre Abraham e Isaac es el 100 frente al 400, hasta el éxodo, o sea el 1:4 de la estructura temporal.

Si se lee la Biblia sumando los datos, se obtiene la siguiente tabla cronológica.

Diluvio	1656	
Comienzo del "ele Toldoth" de Shem	1658	
Nacimiento de Abraham	1948	
La Haflagá (Torre de Babel)	1996	340 años después del diluvio (Abraham: 48 años)
Nacimiento de Isaac	2048	
Nacimiento de Jacob	2108	
Jacob a Egipto	2238	
Muerte de Jacob	2255	
Muerte de José	2309	
Exodo de Egipto	2448	(entonces nacimiento de Moisés: 2368)
Muerte de Moisés, entrada a Canaán	2488	
Reinado de David	2855-2925	
Comienzo de la construcción del Templo de Salomón	2928	
Período de deportación a Babilonia, que culmina con la destrucción del templo	3319-3338	

Con la muerte de José concluye el Génesis. Ahora relata el Exodo que los hijos de Israel estuvieron en Egipto durante 430 años. Pero Dios le había comunicado a Abraham que sus hijos iban a ser oprimidos durante 400 años en un país extraño.

Aquí tiene lugar entonces una "dificultad técnica". Si se tomaran 400 ó 430 años como período de la opresión, y el viaje de Jacob a Egipto como el comienzo de aquella, entonces el éxodo caería en el año 2638, ó 2668. No es lógico suponer que el comienzo de la esclavitud coincida aun con el reinado de José. Si se supone que ésta comienza con la muerte de José, el éxodo hubiera acontecido en el año 2709 ó 2739. Llegaríamos entonces a un conflicto con otro tipo de cálculo. En Exodo 6:13-26 se mencionan los antepasados de Moisés. Moisés tenía 80 años cuando sucede el éxodo. Su abuelo Kehat alcanzó la edad de 133 años. Ese Kehat se encontraba entre las 70 almas que habían llegado con Jacob a Egipto, en el año 2238. Si tomáramos el caso extremo de que Kehat recién hubiera nacido, entonces hubiese fallecido en el año 2238 + 133, o sea en el año 2371.

Si además supusiéramos que Amram nació en el año de la muerte de su padre Kehat, entonces hubiese fallecido en el año 2371 + 137 años, o sea en el año 2508. Si en aquel año hubiese nacido Moisés, éste hubiese tenido en el año 2588 la edad de 80 años, mucho antes aun del 2638, y mucho antes aun que la fecha más probable del éxodo, 2739.

En este cálculo algo falla, ¿No lo sabría la Biblia? Siempre, nuevamente, se menciona insistentemente los 400 años en Egipto, pero con la misma claridad muestran las edades indicadas que ello no pudo haber sido así.

Tenemos que concluir que no se pueden sumar los períodos mencionados libremente, sino que algo se oculta detrás de los datos. Estos muestran claramente que el 400 sólo expresa un "tiempo máximo" (ya conocemos al 400 como "número máximo").

El tiempo de esclavitud en Egipto es indicado, según la Tradición, con las palabras empleadas en ocasión del traslado de Jacob con los suyos a Egipto en el año 2238, o sea a través de la expresión "*Descender* a Egipto" (Gén. 46:3). "Descender", en hebreo, es '*RDU*', y en cifras: 200-4-6.

El traslado a Egipto, también geográficamente significa un descenso. Por lo tanto, el camino de Egipto hacia Canaan es una ascensión, o como dice en Gén. 46:4 "un ascender" de un estado de dualidad (en Egipto) a un estado de unidad (en Canaan).

RDU tiene un valor total de 200 + 4 + 6 = 210. Estos 210 son justamente los años durante los cuales los hijos de Israel han permanecido en Egipto, o sea 2448 – 2238 = 210.

Ahora entonces coinciden las edades y los períodos temporales. La Tradición, que conoce estos 210 años, manifiesta que de ellos sólo ~86 han sido reales años de esclavitud[24]. Entonces comenzó sólo 6 años antes del nacimiento de Moisés, o sea al nacer su hermana Miriam. Ahora, los 86 están frente al 430 mencionados por la Biblia en una proporción especial. Si sólo reinó la verdadera esclavitud durante 86 años, los 344 años (430-86) fueron algo distinto: El 86 está frente al 344 nuevamente como 1:4.

Estos 344 años están como el 4 al 1 de los verdaderos años de esclavitud bajo el faraón, "quien no sabía nada ya de José y de su pueblo" (Ex. 1:8).

Ya que el éxodo tuvo lugar en el año 2448, los mencionados 400 años comenzaron en el año 2048, el mismo año en que nace Isaac; o en el año 2018 si se tomaran los 430 años. Por supuesto, las dos referencias 400 y 430 no son dos lecturas diferentes, sino que ambas tienen su propio significado.

Así, la Tradición[25] relata que Dios, en el año 2018, cuando Abraham tenía justamente 70 años, le comunicó a éste que sus descendientes serían extraños durante 400 años en una tierra que "que no sería de él" (Gén. 15:1-21). En ese capítulo de la Biblia se habla sobre un sacrificio de Abraham. Abraham sacrificó cuatro tipos de animales, a saber: Una novilla de tres años, una cabra de tres años, un carnero de tres años, una tórtola, y una joven paloma. "Y Le trajo todo ello, y lo dividió y enfrentó una parte a la otra; pero no dividió a las aves" (Gén. 15:10). Esquemáticamente podemos representar el sacrificio de Abraham tal como surge de la figura respectiva.

La joven paloma y la tórtola pertenecen a la misma especie; pero la joven paloma, a un período más tardío. El "uno" indiviso es el punto 1. Después tiene lugar la división.

154

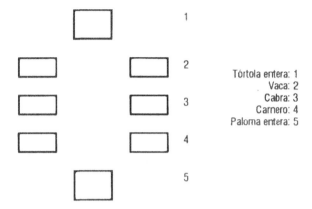

Tórtola entera: 1
Vaca: 2
Cabra: 3
Carnero: 4
Paloma entera: 5

La primera división todavía no se manifiesta en nuestro mundo, sino sólo en el *Olam HaAtzilut*. Representa la dualidad efectuada por Dios en el mundo, en la forma de la creación. El *Olam HaAtzilut* es aquel mundo que es *coronado* por *Keter* (corona). Después tiene lugar el mundo de los primeros tres días, y aquel de los segundos tres días y finalmente el mundo del séptimo día indiviso. Pero tres veces tiene lugar una división.

En el ejemplo de Abraham se expresa entonces cómo es la creación, cómo el mundo está hecho. Se le muestra que el tiempo de la dualidad es un tiempo temible, como una densa oscuridad, un horno humeante. Una llama se mueve entre las partes divididas, entre la dualidad. Un ave de rapiña quiere atacar, pero es ahuyentado por Abraham. Es el mundo de la dualidad que sin embargo retorna a la unidad en la cuarta generación. Lo "cuarto", la joven paloma, es indivisa.

Así como uno va de Canaan (del uno), a Egipto (al dos); el ave es el uno; y la novilla, la cabra y el carnero son el dos.

Posteriormente, Como "uno", reaparece la joven paloma, mundo del séptimo día, que nuevamente lleva a la unidad.

Desde el momento en que Abraham supo de la esclavitud comienzan los 430 años. La estructura de la expresión "alma corporal", 'NeFeSh', es 50-80-300, cuyo valor total suma 430; significando que en el momento de expresarse la vida en ese *nefesh* comienza la esclavitud.

Una de las ciudades construidas por los hijos de Israel es llamada en la Biblia RAaMSeS, 200-70-40-60-60, cuyo valor total arroja 430. En el éxodo de Egipto, la primera etapa es de Raamses a Sucot (Ex. 12:37). *SuCoT*, expresado en cifras, es 60-20-400, cuyo valor total es 480. Esa primera etapa es entonces ya fuera de esta vida, y tiene una longitud de 430-480. La distancia es entonces 50. El concepto '50' sigue al 7 x 7 = 49, como lo nuevo, lo distinto. En el 50 comienza el 8. El abandono de Raamses y la indicación de 430 años en Egipto, precisamente en ese contexto de la Biblia (Ex. 12:40), muestra ya el significado de esta relación. El hecho de que también Sucot haya sido relacionada con una distancia de 50, enseña el significado de esa salida.

Es propio de la naturaleza de la esclavitud, que surge con el advenimiento del alma corpórea (Nefesh), tener que construir esa vida corpórea, que constituye la esclavitud en este mundo. Justamente *eso* es la esclavitud, y de *ella* el hombre es liberado. Esta comienza con los descendientes de Abraham. Abraham tiene noticias de ello. El sabe que le nacerá un hijo, Isaac, y que entonces comenzará la esclavitud de 400 años que Dios le hizo saber de antemano, de la que ya tenía conocimiento durante los 30 años que esperó a Isaac.

Con Isaac, después comienza el "interminablemente largo tiempo terrenal del 400".

156

Pero con el comienzo de la dura esclavitud, o sea durante los últimos 86 años del 1 frente al 4, ya la salvación ha comenzado también.

Estos 86 años son el comienzo del fin; marcan un tiempo muy activo. Con las diez plagas tiene lugar la liberación de Egipto. Estos "diez" se enfrentan con las diez palabras de la creación. También ellas significan *creación*. A su vez se enfrentan estos "diez" con las Palabras de Dios, con las que crea, en la revelación del Sinaí, la estructura del hombre unificador; porque ello también es creación.

Egipto considera la liberación de la dualidad como su propio ocaso. Así las diez plagas son como dolores de parto que torturan el cuerpo para dar lugar a *lo nuevo*.

El pueblo de Israel habitaba en Goshen. Este nombre deriva de la expresión "cerca de", o sea, no en Egipto. Por ello, las plagas sólo tienen que ver parcialmente con los hijos de Israel.

También en el 400 se encuentra la estructura del 1 frente al 4. Moisés tenía 80 años en el momento del éxodo, o sea de los 400 años, los 320 se encuentran junto a los 80. El Moisés de los 80 años se enfrenta como el 1 frente al 4 de los restantes 320 años.

El lector ahora comprenderá que la cifra de 400 ó 430 no se puede colocar sencillamente en la tabla cronológica, ya que tiene un significado muy especial.

Desde el nacimiento de Abraham (1948) hasta el éxodo (2448) pasan exactamente 500 años. Los 400 años comienzan con el nacimiento de Isaac (2048), o sea, que también acá se enfrentan el 500 − 400 = 100 frente al 400, es decir, nuevamente 1-4. Ya hemos visto la relación entre las 26 generaciones desde la creación hasta la revelación en el Sinaí con la fórmula 10-5-6-5.

El segundo 10 de la fórmula está dividido en dos 5. Estos dos 5 forman la parte masculina y femenina en este mundo, aquello que se muestra como opuesto, como hombre y mujer, cuerpo y alma, vida y muerte, bueno y malo, etc. El sentido de la división es promover nuevamente la unificación. Ya hemos visto como el 6 (el *gancho*), debe unir los dos 5.

De este nombre Señor, la primera parte es *Ia* (expresión muy conocida a través de la palabra *Alelula*, cuyo significado es 'Alabad a Dios', alabad a *IA*). Este nombre Ia es entonces la primer parte del *Nombre innombrable* de Dios, es decir el 10-5.

Vemos en el relato de las 26 generaciones, que en la decimoquinta generación la tierra fue dividida, en realidad partida, es el tiempo de la construcción de la torre de Babel: "Entonces el Señor los dispersó de allí sobre la faz de toda la tierra" (Gén. 11:8). El patriarca de esta decimoquinta generación es Peleg, cuyo nombre significa 'dividir' o 'partir'. Es el momento cuándo el Nombre del Señor se divide en *Ia* y el resto. La primera parte contiene, junto con el 10, también el primer 5 del segundo 10 dividido, o sea 10-5. Esta parte tiene que ser unida con el segundo 5 para completar nuevamente el 10. El otro 5 busca esta unión, tal como la mujer busca al hombre, así como uno busca lo opuesto del todo para volver a encontrar finalmente la unidad, o también como el ser humano trata de unir vida y muerte en una unidad comprensible. Mientras que no exista esa unión, vida y muerte están separadas, el mundo sufre.

Pero con la anulación de esta separación él vivirá una felicidad inconmensurable.

Es Abraham quien hace el puente a través de Isaac hacia el otro "cinco" en la estructura de las 26 generaciones;

siendo la generación de Jacob la que da vida a este segundo "cinco".

De la misma manera, la Biblia (el Pentateuco) debe entrar en unión con el mundo y con la vida. También esta unión muestra, por lo tanto, la estructura mencionada y crea la unidad en la misma forma. Por eso hay que ver en la Biblia la base de la vida, y entenderla como tal. Ella se muestra entonces en toda su plenitud, en todo su esplendor, para que el hombre se unifique con ella. Hay que entablar un contacto serio con la Biblia, como un algo autónomo que no fue hecho por ningún hombre inteligente; y de la cual, sin embargo, hablan espíritu e inteligencia. Proviene de otro mundo unido al nuestro sólo por el puente de la palabra.

Volvamos al cálculo temporal. El diluvio tuvo lugar cuando Noé tenía 600 años, en el año 1656 después de la creación. Ya que la Biblia une estos años entre sí, se puede sumarlos, pero sin olvidar que no se debe sacar ninguna conclusión con respecto al calendario común actual[25a].

Ahora comienza la segunda parte del nombre Señor con el *"ele toldot"* de Sem. Esta segunda parte del Nombre está vinculada con el tercer *"ele toldot"*. Este comienza en Gén. 11:10, dos años después del diluvio, o sea en el año 1658.

El segundo *ele toldot* no indica tiempo, sólo da los nombres de los patriarcas de las generaciones. Recién el tercer *ele toldot* continúa el cálculo cronológico. Cuando comienza el tercer relato generacional, los dos anteriores *ele toldot* están terminados. Pero eso quiere decir también que el Nombre IA, el 10-5, está concluido. Pero el Pentateuco continúa el relato hasta poco antes de la entrada a Canaan bajo la dirección de Josué, finalizando con la muerte de Moisés y los treinta días de duelo del pueblo. El año cuadragésimo de la marcha a través del desierto aún no ha concluido.

Del diluvio se relata que no comienza con el principio del año, sino en el "decimoséptimo día del segundo mes" (Gén. 17:11). Con esta indicación temporal exacta, tanto al final del Pentateuco como al comienzo del libro de Josué, y en el relato del diluvio, se llega a resultados sorprendentes.

El tiempo de los dos primeros relatos generacionales abarca 1658 años más algunos días. El tiempo a partir de ese momento hasta el final del Pentateuco dura 829 años con el agregado también de algunos días. Estos dos períodos están entre sí como 1658:829, o sea 2:1. Es la relación que indica el camino del retorno de la dualidad a la unidad.

Así, nuevamente se aclara la relación profunda de todas las manifestaciones de la Biblia: en palabras, nombres, sistemas e indicaciones temporales.

Allí donde la creación del séptimo día representa el 1 frente al 2 de los seis días precedentes, éste 1 no es otra cosa que el 1 terrenal que espera la unificación con el 1 superior.

En las *Sefirot*, es el "uno" inferior, la *Sefirá Maljut*, 'el Reino' (nuestro mundo), el que debe ser unificado con el "uno" superior, la *Sefirá Keter*, o sea la unidad indivisa aún. Recién entonces se logra el estado de la culminación de la armonía. Recién entonces el 10 inferior, el *Iod*, se une con el 10 superior, el segundo *Iod* de la letra *Alef*.

Eso significa para el nombre 10-5-6-5, que el último 5 ya no está separado del primer 5. Con ello se reintegra el nombre 10-5-6-5, se reunifica, se santifica.

Cuando después del diluvio, después de las primeras diez generaciones, después del 10 (del nombre 10-5-6-5) provino un nuevo mundo, éste era aquel en el cual el segundo 10 estaba dividido (justamente en 5-6-5).

La reunificación de estos dos 5-5 separados por el 6 (el *gancho*), es el sentido de nuestro mundo. Es la reunificación de todos los opuestos.

Cuando el pueblo de Israel entra en Canaan está liberado de la dualidad egipcia, del sufrimiento de la dualidad, está nuevamente en la unidad, pero esta unidad requiere una reunificación con la otra unidad que está en Dios. Recién entonces existe una armonía como aquella de los dos *Iod* en el *Alef*, o aquella de los dos Querubines en el Arca de la Alianza.

La creación es el camino del '1' antes de la creación, atravesando el '2' de la creación, hasta la meta final, es decir nuevamente al '1'.

Con el camino Canaan-Egipto-Canaan tiene que cumplirse nuevamente la unión con los patriarcas, con el origen. El 10-5 del Nombre *IA* es simultáneamente este camino 2-1. Este 1 recién tiene un sentido cuando es unido con el 1 de Dios. El camino y la meta se pueden representar tal como se aprecia en los dos esquemas.

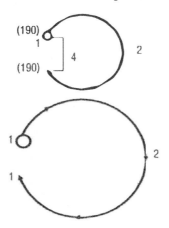

Camino del 1 con los patriarcas en Canaan (190), atravesando el 2 de Egipto (380) y de vuelta al 1 de Canaan (190) con Josué, con lo cual se establece la unión.

El 1 de Dios en la creación, el 1 del hombre como meta de la creación. Lo múltiple de la creación, que sólo por el hombre puede ser unida con el origen porque el hombre está al final.

161

Siempre el camino 2-1 se enfrenta al camino 1-2 de la creación. Así, la armonía original 1-2-1 vuelve a expresarse nuevamente.

El Pentateuco, como totalidad, no da más en su estructura temporal que el 10-5, el *IA* del nombre Señor. Se enfrentan los 1658 años a los 829 años, o sea·el 2 frente al 1. Es la estructura 10-5 del nombre *IA*.

Esta forma 2-1 es también la forma $1\sqrt{2}$. Es un 'tiempo entero' (hasta 1658), y un 'tiempo medio' (829 años). El tiempo entero y el tiempo medio reciben su plenitud por el otro tiempo medio —que restablece el equilibrio— y el *Alef*, el 1.

Este otro 'tiempo medio' es aquel tiempo en el cual el pueblo bíblico, el pueblo de Israel, está en Canaan. Porque si se suma el 'tiempo medio' de 829 años con el año de la entrada a Canaan, o sea con el 2488, se entra en el período en que tiene lugar la deportación a Babilonia, y en el cual el Templo, como "manifestación en el mundo", es destruido. A la vez, se ve como la división siempre aparece en el tiempo, porque si se coloca los 829 años como un todo frente a lo venidero, se ve que después de transcurrir la mitad del período de 829 años, surge el rey David, el cumplimiento de la promesa del rey ungido, cuyo hijo debe edificar la Casa Firme (el Templo). Esta relación es explicada en el esquema respectivo.

La "mitad" frente al "todo" significa una determinada medida. Significa que espera al complemento, a la reconciliación. $1\sqrt{2}$ es la altura del Arca en el Tabernáculo, la misma medida que el $1\sqrt{2}$ del tiempo. Sobre este '$1\sqrt{2}$' descansa la *cobertura de reconciliación* (Propiciatorio) con los dos Querubines. El lugar donde se de la unión con la "Mitad Superior", con Dios. (La cobertura de reconciliación es el cierre del Arca de la Alianza). En el Arca de la Alianza, dentro

El tiempo de los dos primeros "Ele Toldoth"

829:

La mitad: llega hasta la entrada de Canaan, hasta la frontera del octavo

414/415:

Otra vez la mitad. Van desde la frontera del octavo día, hasta el rey David y el nacimiento de su hijo, quien debe edificar el templo.

de las 1½ varas, se encuentran las dos Tablas de piedra, el Libro de la Ley (Pentateuco), la notación de la estructura temporal del 10-5, y el relato nuclear de la fórmula 10-5-6-5. La medida 1½ en la estructura temporal de la Biblia (Toráh), está determinada temporalmente por el año 1658. En aquel tiempo comienza también el *ele toldot* de Sem, quien establece la unión del 5 inferior con el 5 superior. Así se une el 6-5 al 10-5 en la estructura generacional de las 26 generaciones; alcanzando entonces el Nombre 10-5 6-5 la plenitud, la unidad.

La medida de todo el Pentateuco es el 10-5, el IA. Por ello también se dice que el Pentateuco está escrito con el nombre IA.

Otra circunstancia apunta hacia ese saber oculto, o sea las prescripciones severas que rigen el copiado de los rollos de la Toráh (Pentateuco). El copista debe tener como válida la regla *Be IA ShMO* 'con su nombre IA'.

La primera línea debe comenzar entonces con la letra *Bet*, letra inicial de *Bereshit* ('En el comienzo'). Una de las siguientes líneas debe comenzar con la *Iod*, el comienzo de la voz *IA*. Otra, con el *He* de *IA*. Luego sigue una línea cuya letra inicial es la *Shin* de la palabra *Shmo*. Después, una línea que comienza con la *Mem*; y en último término, una con la letra *Vav*, final de la voz *Shmo*.

Todas estas letras conforman la frase *con su nombre IA*.

El rollo del Pentateuco lleva el sello del nombre IA. Es el 10-5. Lo tenemos que unir por medio de nuestro ser, por medio de nuestra vida, con el 6-5.

La tarea de la unificación del 10-5 con el 6-5 se plantea prácticamente en toda acción de la vida judía. La frase siguiente lo expresa así: *Leiajed Shem Iod – He – be Vav – He*; que literalmente traducido significa: 'para hacer uno (unificar) el nombre 10-5 con el 6-5'. Ese es el sentido de toda acción.

A través de formulación se ve que fue bien conocida la estructura de la Biblia y fundamentada la vida sobre el saber de estos principios. Así, la Biblia escrita con el Nombre IA constituye un lado de la vida. Del otro lado está el hombre con su hacer y su pensar. A través de la unión con la Biblia él coloca el miembro 6-5 sobre el ya existente del 10-5, formando el nombre Señor. Ese es el sentido de la vida, un sentido que va mucho más allá de nuestra vida misma.

PARTE II

LA EXTENSION

I. LA HISTORIA DE LOS DOS ARBOLES

Ahora investigaremos si el sistema encontrado en la primera parte es significativo para toda la Biblia (Toráh). Volvamos una vez más al relato del paraíso, al Jardín del Edén. El hombre está en el mundo como *hombre y mujer*. En aquella forma en la cual según el principio dos cosas se enfrentan en este mundo, tal como es el caso también del alma y el cuerpo. La mujer, en lo esencial, es la envoltura del hombre, así como ella es también la carne que tiene su lugar en la totalidad del hombre. "Femenino", en hebreo es *'NeKeBA'*: 50-100-2-5. Este término proviene de la voz *NeKeB* que significa 'agujero', 'cueva'. Esa cueva debe ser llenada por el hombre. Una cueva sin el núcleo es considerada incompleta, no ha alcanzado aún su destino. Por supuesto, esta cueva juega también, en la expresión esencial de lo femenino, un papel en el cuerpo de la mujer. Esta cueva la hace portadora de la vida cuando está colmada por el hombre.

A su vez, en todo otro sentido, lo femenino es el ser envolvente, como el hogar. Así, el Alma —como parte masculina— habita en el cuerpo —como parte femenina.

La parte femenina en el sistema de la Biblia es el lado izquierdo. "Izquierdo", en hebreo, es *'SMOL'*, 300-40-1-30. "Vestido", en hebreo, es *'SiMLA'*. "Izquierda" y "vestido" tienen la misma raíz, porque la izquierda envuelve, cubre. Constituye una cualidad femenina el envolver, el cubrir.

167

Otra voz con la misma raíz de carácter izquierdo, es la palabra *SaMAeL*, nombre del Angel de la perdición, que expresado en cifras es 60-40-1-30. Es expresado entonces con la misma estructura que las palabras 'vestido' e 'izquierda', sólo que la letra *Sin* es reemplazada por la *Samej*.

Una voz emparentada con el nombre Samael, es la voz hebrea *SaM* (veneno), 60-40. Las letras *Samej* y *Sin* tienen la misma pronunciación, y muchas veces una es reemplazada por la otra. *Sin* se distingue de *Shin*, fonéticamente, por asumir la totalidad del *Samej*. En la puntuación masorética el punto del *Shin* es colocado en el extremo superior derecho; mientras que en el *Sin*, en el extremo superior izquierdo. En su esencia, *Sin* es el lado izquierdo de *Shin*. La historia conocida en Jueces 12:6 sobre los términos *shibolet* y *sibolet* también está relacionada con el carácter de izquierda y derecha de *Shin*. Así se ve el último parentesco entre las voces *vestido, izquierda, Samael y veneno*, con lo cual se manifiesta también que la izquierda tiene un carácter especial (Quizás está vinculado con ello la voz "siniestra", que en italiano significa 'izquierda').

Un relato, que puede parecer algo infantil para el no iniciado en las Viejas Escrituras, manifiesta que "la serpiente era tan grande como un camello, y Samael la montaba". Pero veremos que contiene una gran sabiduría.

"Camello", en hebreo, es *'GaMaL'*: 3-40-30. La misma raíz se emplea también para denominar a la letra *Guimel*, cuyo valor es tres. El camello montado por Samael es *Guimel*, es tres, el tercero. El 'tercero' ocupa un lugar especial por su dualidad, por su carácter dualista. En el tercer lugar del sistema se encuentran Jacob-Esaú, y la dualidad de los árboles: El Arbol de la Vida y el árbol del conocimiento.

168

El camello lleva en su figura la dualidad de las jorobas. En el sistema de los animales entra en la clasificación de rumiantes pero sin pezuñas partidas (Lev. 11:4). Además, *Guimel* es la única letra cuyo pie está dividido en dos. Sobre esa dualidad está sentado Samael[26], que es la fuerza del lado izquierdo, aquella de la perdición, porque con la dualidad puede seducir a los hombres. Samael alza la voz de las contradicciones y quiere llevar al hombre a eliminar aquellas según los criterios de la percepción. El, jinete sobre la dualidad, es la fuerza de la dualidad. Y Samael es también la muerte, porque la dualidad lleva consigo que la muerte aparezca como opuesta a la vida. Como señor de la dualidad, Samael provoca la envoltura del núcleo, de lo esencial. El núcleo desaparece más y más dentro de la envoltura impregnada por lo femenino.

¿Por qué se ha elegido la imagen de un camello?, ¿Qué sentido tiene? La Tradición habla de un gran camello, de un gran *Guimel*. En métodos matemáticos, con ello no sólo se indica el valor externo del tres, sino el valor total de la palabra *Guimel* en toda su extensión, a saber: la primera letra es *GuiMeL*, o sea 3-40-30. La segunda letra es la *MeM*, o sea 40-40; y la tercera letra es la *LaMeD*, que equivale a 30-40-4. El valor total del *Gran Guimel* es entonces: $(3 + 40 + 30) + (40 + 40) + (30 + 40 + 4) = 227$.

Samael monta este *gran Guimel* (SaMAeL = 60-40-1-30, cuyo valor total es 131). Juntos, arrojan el resultado de $131 + 227 = 358$. Ya conocemos esta cifra 358 como valor total de *NaJaSh* (serpiente), 50-8-300. De hecho, se trata acá de la serpiente del 358, que no es otra cosa que el 131 de Samael que monta el *gran camello*, el 227. Además, la cifra 227 tiene aun otro significado. "Masculino", en hebreo, es *'ZaJaR'*: 7-20-200, cuyo valor total es 227.

169

Así, uno puede introducirse más profundamente aún en el significado de 'serpiente' a través de lo esencial de la palabra y su valor numérico.

Es Samael, la fuerza de la izquierda, que monta lo masculino y lo utiliza como cabalgadura. Cuando el hombre, el alma, se deja montar por la fuerza de la izquierda, o sea por la fuerza de la envoltura, esa fuerza es la serpiente.

"Vestimenta", en hebreo, es también 'BeGueD', 2-3-4; palabra que significa, al mismo tiempo, 'falso', 'falsificar'. Lo envolvente oculta y ensombrece al núcleo, 'falsifica' la periferia del núcleo.

El mismo *Guimel*, como tercero, esconde en sí la dualidad. Es, como el *gran Guimel*, el aspecto masculino de la dualidad. Pero ello significa que el *Guimel*, el tercero, debe liberarse de la influencia de la "izquierda", que constituye "lo segundo" en el sistema.

La unión de 'lo segundo' con lo tercero involucra peligros. Así también, en el relato de la creación, cada día está relacionado con el siguiente a través de las palabras "Y Dios vio que era bueno". Sólo en la unión del segundo con el tercer día (Gén. 1:6-8; 9-13) falta esa fórmula, esa confirmación. Del mismo modo, en la bendición de Jacob a sus hijos (Gén. 49:5-7), el segundo y tercer hijo, Simón y Levi, son nombrados juntos para demostrar esa unión que "trae mala suerte". También vemos después, que Levi, en el momento de liberarse de la unión con 'el segundo', con 'la izquierda', llega a ser el gran guía en la salvación, en el camino del 2 al 1; mientras que Simón es aquel que participa en la caída con *Baal Peor* (Núm. 25), donde Pinjas, de la tribu de Levi se revela contra Simón y mata al guía del motín (Núm. 25:7-8). También, José separa a Simón del resto del grupo y lo retiene en Egipto (Gén. 42:24).

170

Ya que expusimos sobre los hijos de Jacob, mencionaremos que el nombre Simón está construido con la raíz hebrea (equivalente a) "escuchar"; en cambio, el nombre del primer hijo, Rubén, proviene de la raíz hebrea (equivalente a) "ver", expresión relacionada con el concepto de *velocidad de la luz*. En el lado izquierdo, en el segundo lugar, está "el escuchar", que es de menor velocidad, tal como el *lado acuoso* es "más lento" que el *lado luminoso*.

El hombre está en el mundo compuesto por alma y cuerpo. La serpiente, o sea Samael, el que monta el aspecto masculino de la dualidad, le señala al cuerpo el mundo. Entonces el cuerpo desarrolla sus órganos de sentido: ojos, oídos, nariz, pudiendo combinar percepciones y sacar conclusiones. Tiene la convicción de tener que dedicarse al mundo, alejándolo más y más del origen primitivo, adaptarlo a las experiencias de las ciencias naturales. Pero el cuerpo quiere estar protegido, quiere volver al origen, pero es detenido en el camino por las fuerzas evolutivas del mundo.

La evolución misma, el hacer de la dualidad, está reservada a Dios, así como también el conocimiento de la dualidad que se expresa en el árbol del conocimiento del bien y del mal. Pero cuando el hombre se coloca al lado o frente a Dios, puede desarrollarse y desarrollar el mundo. Porque el desarrollo es calidad divina frente al hombre y frente al mundo. El que desarrolla, *ocupa* el lugar de Dios.

Con el desarrollo se puede lograr mucho, se puede transformar la cara del mundo, pero también dominar a los hombres, ser *señor* sobre ellos. Finalmente no se comprende por qué Dios mandó no comer del árbol del conocimiento. *Pareciera* ser un Dios primitivo, celoso, que quiere mantener al hombre en un estado de subdesarrollo, etc.

Pero cuando el hombre comió del árbol del conocimiento, ocurrió algo inesperado: "Y fueron abiertos los ojos de ambos, y vieron que estaban desnudos" (Gen. 3:7). ¿Acaso el hombre ha sido ciego antes? No, esta imagen tiene otro significado: Quien comienza una vez a utilizar sus órganos de sentido para percibir el mundo en su evolución, notará que ello sucede con creciente facilidad. Los ojos se abren. Zonas que el hombre ni ha sospechado se abren ante él. Más y más nuevas zonas. La generación joven de hoy ve zonas que nos han sido totalmente extrañas en la juventud. Ni siquiera se sorprenden; sino que se entusiasman y quizás se admiran por no haber sido estas zonas descubiertas anteriormente.

La Tradición[27] relata que el hombre, antes de haber comido del árbol del conocimiento, podía ver con una sola mirada de un extremo del mundo al otro. Estos ojos se cerraron. Si la visión antes ha sido total, ahora ve sólo lo múltiple y además limitado en tiempo y espacio, es decir que en un *momento* determinado y específico puede solamente ver el *área* que está al alcance de su campo visual en ese preciso instante. La gran imagen que engloba *todo* se ha ensombrecido, el hombre fue sepultado bajo la multiplicidad de los detalles; perdió la visión de la totalidad.

Con los ojos abiertos el hombre reconoció su desnudez, que su vida no tenía sentido en la evolución sin fin, que había sido "hechizado". Todo eso llega ahora a su conciencia.

El hombre siente vergüenza ante la mujer, y la mujer ante el hombre. El cuerpo siente vergüenza ante el alma, y el alma ante el cuerpo. El cuerpo sabe que no tiene nada para ofrecer, que todo es apariencia y perecedero. Pero el alma tiene vergüenza ante el cuerpo porque se ha dejado seducir. Sí, el hombre se "dejó montar" por la "fuerza de la izquierda", por Samael, y ahora siente vergüenza. Ambos, cuerpo y alma se ven en su desnudez.

"Desnudo", en hebreo, es *'ARUM'*: 70-200-6-40, que también significa 'astuto', o sea la cualidad atribuida a la serpiente. Si el hombre es realmente aquello que pretende ser, o sea cuando no hay oposición, no hay razón para sentir vergüenza. La vergüenza tiene su base en la oposición entre la esencia y la apariencia. Al proceder con astucia se quiere pretender con plena conciencia que no haya oposición, o sea, se quiere evocar una apariencia.

Posteriormente "Cosieron hojas de higuera y confeccionaron delantales" (Gén. 3:7). Los frutos en la Biblia también son mencionados en determinada secuencia; se conocen siete especies (Deut. 8:8); a saber: Trigo, cebada, vid, higuera, granado, olivo, miel (de dátiles).

La higuera ocupa el cuarto lugar. El higo es el cuarto fruto. La Tradición[28] manifiesta también que el árbol del conocimiento es el árbol del cuarto fruto. El árbol del conocimiento es el 4 frente al Arbol de la Vida como 1.

El hombre quiere cubrir su desnudez con las hojas del mismo árbol. Aquello que le ha dado la sensación de desnudez, su conocimiento científico, ahora lo quiere utilizar para cubrir su desnudez. La Tradición cuenta que a pesar de ello el hombre siguió sintiéndose desnudo; siendo que eran sólo delantales, mucho quedó sin cubrir. Más tarde utilizó este argumento como disculpas ante Dios por haberse escondido, a causa de su desnudez (Gén. 3:10).

El árbol del conocimiento no puede dar suficiente material como para cubrir realmente la desnudez. Pero el hombre que siente que ha tomado el camino equivocado, el camino que no está en el sentido de la creación, siente vergüenza ante Dios. Era el camino del propósito de ser él mismo *dios*, independiente, poderoso, indestituible. Ahora sabe el hombre que no ha cultivado y cuidado el jardín, que no ha llevado a la armonía. Dios lo autorizó a comer de todos los árboles excepto del *árbol del conocimiento*, porque precisamente este árbol tenía la fuerza de la dualidad. Con ello el hombre mismo llegó a ser creador de la multiplicidad. Hizo lo mismo que hiciera Dios con la creación, sintiéndose por ello *señor*. La serpiente tenía razón al haberle prometido: "Y seréis como Dios, y sabréis lo que es bueno y lo que es malo" (Gén. 3:5). Ese querer imitar, o sea jugar a ser Dios, es una parte del mundo de la apariencia que uno construye.

Si el hombre elige el camino del desarrollo, tiene que tomar medidas propias; pero si se decide por el camino de la reunificación con el origen, entonces tiene las medidas de Dios tal como aparecen en el Proyecto de la Creación Divina del Mundo. El sentido del mundo no es, según la Biblia, la continuación del desarrollo; el mundo está terminado, sólo tiene que ser unido, tal como es, con el Origen. Por eso la tarea del hombre era, según la Tradición, cuidar el jardín de los ataques de los animales, de los ataques de lo *multitudinal*. Pero el hombre comió del árbol del conocimiento. "Comer", en hebreo, es *'Ajol'*. Esta voz significa también 'terminar', 'cumplir'. La desinencia *jol* expresa 'todo', 'totalidad', 'todos', 'entero', 'cada uno' y 'toda clase de'.

Aquello que no es tomado para *"completar"* se denomina *'taref'*, que significa 'desgarrar', 'despedazar en muchas partes', o sea colocar en estado de múltiple. Es lo opuesto de 'comer', 'cumplir', 'completar'.

El hombre come; el animal desgarra, hace lo múltiple.

El comer es una acción especial. La persona se *une* con aquello que come; lo toma, se unifica a ello. El concepto "comer" va mucho más allá entonces que un recibir fisiológico.

Así, el hombre, en el jardín del Edén, tiene que unificar todo, a través de sí mismo, con el Origen. Este ligar, esta unificación, brinda la más profunda satisfacción. De este modo debe ser comprendida la acción de alimentarse. El hombre, quien ha comido del árbol del conocimiento, ha tomado el camino de la continuación del desarrollo, ha visto su desnudez en la falta de sentido de este camino, se ha escondido. Muchas veces uno *se esconde* en la vida desapareciendo entre lo múltiple del mundo. Hasta que Dios llame.

El llamado de Dios al hombre es: "¿Dónde estás?"; y en hebreo: "*¿AleKA?*", 1-10-20-5. La Tradición[29] indica que esta palabra tiene la misma estructura que *como*, voz con la que comienzan las cánticos de quejas de Jeremías: "Cómo está tan desierta la ciudad", en el sentido de "Cómo estás tan solo". Ello significa que el llamado de Dios es escuchado cuando todo se ve derrumbado alrededor del hombre, cuando éste se sabe abandonado de todo en cuanto había confiado, de todo lo que había sido desarrollado.

Adviene el diálogo con Dios. El hombre señala hacia la mujer, hacia el cuerpo que le fue dado por Dios. Ella lo ha llevado a tomar el camino equivocado. Pero la mujer señala a la serpiente, al mundo con su aspecto de crecimiento, su fuerza de desarrollo. El débil cuerpo seductor ha dado al hombre el fruto..., o sea "La mujer que me has dado", con lo cual Dios mismo es indicado como causa, porque ha hecho al mundo y al hombre así.

Se le quitan los pies a la serpiente, con los que pudo estar parada sobre la tierra. "Pie", en hebreo, es *'reguel'*, 200-3-30 = 233. Ya conocemos esta cifra; es el valor total de *Arbol de la Vida. Arbol de la Vida* tiene ese valor una vez, mientras que *árbol de conocimiento* cuatro veces. En el Arbol de la Vida, el individuo está parado sobre el 1. La

Tradición expresa que también los Angeles están parados sobre el 1 con los "dos pies" juntos, tal como el hombre debe pararse frente a Dios. Expresa también la Tradición: "En el momento de separar el hombre los pies, la serpiente pasa entre ellos y lo muerde en el talón".

Juntando los pies se junta en realidad las dos columnas, base de todo. Pero la serpiente, el mundo, estaba parada sobre el 4; sobre los 4 elementos que constituyen el fundamento del mundo tal como lo vemos en la realidad. Con esta base del 4 la serpiente fue caracterizada claramente en su estructura. Estas 4 veces *pie*, estos 4 x 233 equivalen a 932, valor total del *árbol del conocimiento*.

Pero esto significa que por la serpiente pudo ser vista claramente la fuerza de la dualidad. No hubo más secretos.

Todo cambió. La serpiente perdió su poder de atracción. Se le quitó la astucia de su expresión, y se transformó en un ser 'que se arrastra por el suelo': "Caminarás sobre tu vientre y comerás polvo durante toda tu vida". "Polvo", en hebreo, es 'AFaR', 70-80-200, cuyo valor total es 350, una cifra que encontraremos aún muchas veces más. También 'polvo' es expresión de lo múltiple, de la uniformidad monótona. La vida de la fuerza del desarrollo se torna fastidiosa, asfixiante, ya sin atracción, tal como el polvo.

La serpiente ha perdido sus pies, ya no tiene más un contacto unívoco con la tierra. La base clara se ha transformado en una curvatura, o sea una especie de continuidad vaga. Además vive "rebajada", que es expresión de algo falto de importancia. Su mordedura es mortal, venenosa. El contacto con este mundo puede llegar a ser para el hombre un peligro mortal. Por ello, el hombre en su esencia, está en relación de hostilidad con la serpiente, con la fuerza del desarrollo. Tiene que *aplastarle* la cabeza, ya que de lo

176

contrario él mismo entra en peligro. Tiene que reconocer que entre él y ella existe oposición.

Sin pies, la serpiente debe arrastrarse sobre su vientre, que como expresión de lo redondo, de lo cilíndrico, es símbolo de lo aparentemente infinito, en lo cual uno puede quedar atrapado a pesar de ser solamente un "círculo angosto". "Vientre", en hebreo, es *'GaJoN'*: 3-8-50. Esta palabra tiene los mismos componentes, sólo que en otro nivel, que la voz *NaJaSb*: 50-8-300.

El polvo, que es el alimento de la serpiente, caracteriza lo insípido, lo aburrido (monótono), que representa ahora el mundo del desarrollo que ha perdido sus cuatro pies.

También la mujer viene a ser debilitada en su fuerza. Su cuerpo, todo su cuerpo en general, observará que el pasaje de un mundo a otro es amargo porque el hombre ha incorporado en sí la fuerza de la dualidad; y con la dualidad ha incorporado simultáneamente la multiplicidad. El mismo llega a ser lo múltiple. La especie humana se conforma ahora de numerosas generaciones. Durante esta evolución la armonía entra en peligro; por todos lados estallará la lucha, surgirán los opuestos. También el pasaje de generación en generación, los partos, ahora, serán con dolor y... con las generaciones que se suceden también surge la muerte. Ahora comienza el deseo de la unificación también en forma corporal.

La mujer deseará al hombre como el cuerpo al alma, lo manifiesto deseará lo esencial, esto dominará sobre aquello.

Después de este diálogo con Dios, después de esconderse y después del surgimiento de la vergüenza, el cuerpo es liberado de la fuerza que lo hizo actuar independientemente. En cambio recibe una orientación hacia el alma. El alma divina dominará sobre él. Pero el dificultoso

177

camino a través del mundo tiene que ser conocido, no le debe ser ahorrado esfuerzo. El premio serán espinas y cardos, y el final de su vida la muerte, aparentemente inevitable. De ese modo la tierra perderá su fuerza de atracción.

Dios mismo hace al hombre vestimentas, ya no de la materia del árbol del conocimiento, sino de pieles. "Piel", en hebreo, es 'HOR', 70-6-200, término que también se aplica para designar a la piel humana. Esta voz "hor" (piel) es parónima de la expresión 'OR' (luz): 1-6-200. En hebreo, la diferencia sólo radica en la forma de escritura: El *Alef* correspondiente a *OR* (luz), está sustituido por la letra *Ain* de la voz *HOR* (piel), es decir el 1 por el 70.

Ya hemos visto el significado del 1. El 1 es el Origen, el 1 que lo engloba todo. Pero ese 1 se ha dividido en 7 días, los 6 días de la creación y el séptimo día. El 7 es entonces expresión del 1 en este mundo. En el séptimo día la unidad se acerca nuevamente. Recién el octavo día devuelve el 1. Pero en este contexto el 7 se expresa en el nivel del 70. Por eso vemos nuevamente al 70 como expresión de lo múltiple en lo humano de este mundo, tal como el 40 y el 400 en el tiempo y en el espacio de este mundo.

Después de Noé surgen los 70 pueblos (Gén. cap. 10); 70 descendientes de Jacob se trasladan a Egipto (Gén. cap. 46); en la marcha por el desierto (Ex. 24:1) 70 ancianos son elegidos. La Tradición habla de 70 lenguas y de 70 ciencias. Es la expresión de lo múltiple en el séptimo día.

Así, en el séptimo día, el *Alef* del comienzo es sustituido por el *Ain*, el 70. Siendo así, todos los hechos toman otro aspecto. La vestidura de luz que el hombre ha tenido antes de comer del árbol del conocimiento, se extingue. Los ojos corporales se abren para otra luz, para una luz quebrada en lo múltiple. El hombre ya no ve todo de una sola mirada, lo

178

ve solamente quebrado en pequeños fragmentos. La vestimenta de luz extinguida en el hombre es su sentimiento de
vergüenza. Dios le ha dado ahora otra vestidura. El hombre
ha recibido la piel, la envoltura de un animal. La cabeza
recibió su cabello; el cabello creció por encima de los ojos
que quisieron ver. Creció sobre los brazos, que quisieron
hacer. Crecieron en la zona de la fertilidad, que quiso
manifestarse corporalmente en lo múltiple; todos estos
miembros recibieron la expresa piel animal. "Cabello", en
hebreo, es *'SaAR'*, 300-70-200. Escrito con *Shin*, o sea
ShaAr, significa 'puerta', 'portón': el lugar que crea la unión
entre lo externo y lo interno. Pero con el *Sin*, con su
puntuación a la izquierda, recibe un carácter fuertemente
corporal, de lo femenino, de lo que significa la *izquierda*
en nuestro sistema. Esta vestimenta cubre entonces los
opuestos entre el carácter de lo eterno en el hombre y de
su manifestación quebrada del presente.

La expulsión del hombre del mundo en el cual ha vivido,
es el paso siguiente.

Este mundo fue cerrado para él, no hubo camino hacia
atrás. El hombre tuvo que abandonar este mundo, el mundo en el cual todo se ha dado en un tiempo sumamente
breve manifiesta la Tradición[30]. Era el final del sexto día, el
viernes por la tarde. Mientras más cerca un suceso se encuentra del origen, más *rápidamente* transcurre *su* tiempo;
y mientras más lejos se encuentra del origen, más *lento* es
su curso del tiempo.

El hombre tuvo que abandonar este mundo porque de
lo contrario pudo haber tomado también del Arbol de la
Vida; y a pesar de que éste fue destinado para él, e incluso
debió haber tomado del mismo; ahora, después de haber
incorporado lo múltiple, se hubiera inmortalizado sin alcan-

179

zar jamás la meta. Entonces no hubiera existido para él la posibilidad de una vuelta, sólo el perderse.

La Tradición[31] manifiesta que Dios, antes de haber creado este mundo, ha creado muchos mundos, pero que los ha destruido por haberse alejado del origen más y más, hasta que Dios mismo "entró" en este mundo como Señor, a fin de "traerlo" a salvo de vuelta "a casa". La Tradición habla de 974 mundos anteriores. Es llamativo que falten 26 para llegar a 1000. La cifra 26 es el valor total del nombre Señor; y al mismo tiempo el número de las 26 generaciones.

Sólo pueden comer del Arbol de la Vida aquellos que no han comido del árbol del conocimiento, o sea que no se identifican con la fuerza del desarrollo y no miden este mundo con la vara de sus órganos sensoriales. La Biblia es llamada por la Tradición *Arbol de la Vida*[32], lo que no significa una mera imagen, *sino realidad*. Todo aquel que conoce la Biblia, conoce la eternidad; pero ella está cerrada para aquellos que simultáneamente quieren tomar del árbol del conocimiento o que ya hayan tomado de él. Si bien puede el individuo leer así la Biblia y ver las muchas imágenes en ella, no penetrará hasta su esencia.

¿Cuál es en realidad la tarea del hombre en el jardín Edén? ¿Qué es ese jardín Edén, y qué son los dos árboles?

Según el principio 1-2-1 de la creación, el hombre ha tenido la misión de llevar a la unidad todo lo que alrededor de él era de naturaleza dual. Sólo debería haber dejado descansar la fuerza de la dualidad, no hacerla suya; porque ella es la fuerza creativa de Dios, por ella sobrevino este mundo.

La misión del hombre en el jardín Edén es indicada por la Biblia con las expresiones *"Obed"*, 'trabajar' y *"Shomer"*, 'cuidar'. El hombre ha recibido de Dios una misión; él mismo no debe ser el "señor". Este trabajo, sin embargo,

*

no representa un servicio bajo las órdenes de un Señor arbitrario; requiere un actuar confiando en un buen resultado. Se puede hacer el trabajo por amor, por fidelidad o entrega. Confiamos en que Aquel que nos ordena hacer el trabajo es Misericordioso. Es como seguir el consejo de un buen padre.

Así, la unificación de la dualidad tiene que suceder sobre la base de la fe, la confianza en Aquel que da la orden. Al mismo tiempo se debe tener la conciencia de obrar hacia un buen fin. La base de la unificación es, por lo tanto, nuestra propia reflexión, nuestro criterio. Es Dios mismo Quien dice que el resultado será bueno. Nuestro actuar debe basarse entonces en la fe y la confianza en Dios.

Si el hombre quisiera encontrar una comprobación a través del cálculo y la medición sobre si es bueno un camino, ese camino sería entonces *su* camino, y no el camino de Dios. Actuaria según sus intereses, pero ya no para Dios. Su trabajo tiene que fundamentarse entonces sobre la base de la creación misma: apego, amor recíproco.

La estructura de la palabra *"EMuNáH"*, que significa 'fe', 'confianza', muestra ello nítidamente: 1-40-50-5; estructura similar a la de la voz *"AMeN"*, con lo cual decimos literalmente: "yo creo ello". Recordemos la expresión "verdad", *'EMeT'*, con su estructura 1-40-400 como la forma expresiva *más amplia* de nuestro mundo: el 40 y el 400 unidos con el 1. Ello es todo lo que podemos comprobar como *verdadero*.

La voz que en hebreo significa 'fe' o 'confianza', sin embargo, se encuentra en un nivel superior a la forma de la expresión de la *verdad comprobable*; en lugar del 1-40-400 se erige la fórmula 1-40-50, que indica ya la realización en el mundo venidero, en el *día siguiente*. La fe va más allá de este mundo, va hacia el *octavo día* y lo une con nuestro mundo. Ya sabemos que la estructura de *ADaM* (hombre) es 1-4-40, mientras que la voz *ADoN* (Señor) es 1-4-50. En ambos casos se muestra la posibilidad de unificación con un mundo superior al nuestro.

¿Pero cuál es el sentido de la muerte que existe después que el hombre haya comido del árbol del conocimiento?

El individuo debería acostumbrarse a no ver más en Dios al juez y castigador severo. ¿Acaso no ama Dios a los hombres?, ¿Acaso Sus criaturas no deberían incluso estar más cerca de Dios que los hijos de sus padres, siendo que éstos intervienen sólo parcialmente en la proceso de "creación" de sus hijos mientras que Dios interviene en todo, absolutamente todo el proceso? También el amor paternal es una parte del milagro de la creación. Es el amor para lo creado "vivo", o lo creado a semejanza de Dios.

Si Dios le dio al hombre la muerte es porque ella tiene una finalidad, una finalidad beneficiosa para el hombre. Ahora que el individuo ha incorporado en sí el principio del árbol del conocimiento, y por lo tanto quiere medir, pesar, percibirlo todo, ya no puede tener otro comportamiento. Sólo queda una posibilidad: orientar la fe y la confianza hacia Dios, y ello consiste en vivir en esta vida —en este mundo— en forma abnegada, orientado hacia el bien, y sin ver el resultado de sus actos.

La muerte es la frontera en la que todo el saber del mundo es insuficiente para traspasarla y ver el más allá. Allí radica lo desconocido, lo incalculable. Pero allí está también la fe, la confianza, que puede brindar a cualquiera una seguridad mucho mayor que el saber comprobable. Es una seguridad en otro nivel, más abarcativo. Así queda abierta la posibilidad de que el hombre pueda hacer desde sí algo espontáneo, dar testimonio de una confianza sin premio previsto, con la expectativa gozosa de una reunificación, tal como Dios, a través de la creación, le ha dado al hombre esa posibilidad gratuitamente.

Tal como manifiesta la Tradición[33], las últimas palabras del sexto día (del primer relato de la creación) consignan el momento en el cual junto con el comer del árbol del conocimiento surge también la muerte. La Biblia relata que Dios miró todo, "y vio que era *muy bueno*" (Gén. 1:31). La voz "muy" está al lado de "bueno", y no es mencionada en ocasión de los demás días. "Muy", en hebreo, es *'MEoD'*: 40-1-4; y "muerte", es *'MaVeT'*: 40-6-400.

Al final del sexto día, cuando fue comido el fruto del árbol del conocimiento, la muerte se manifestó de modo diferente. La Tradición, en lugar de *Tob meod*, 'muy bueno', lee *Tob mavet*, 'la muerte es buena', porque la estructura de ambas voces muestran un parentesco íntimo. Ello es así en razón de que con la muerte es creada nuevamente la posibilidad para el hombre de llevar una vida con sentido a pesar de haber comido del árbol del conocimiento, de confirmar así, a través de una vida consciente y confiada, su fe en que todo saldrá bien. Para lograr esta confianza el hombre no encuentra respuesta en el árbol del conocimiento, excepto una respuesta negativa.

La meta ambicionada no es entonces labor del intelecto en el sentido de dejarse llevar sólo por él. Pero tampoco es esforzarse sin el uso de la razón o incluso en contra de ella. El "trabajar el jardín de la verdad" no es un trabajo de tontos, por el contrario, ello debe ser llevado a cabo con la necesidad permanente de una consciencia profunda. En primer lugar se debe tomar y comprender a la Biblia como un asunto serio, recién entonces ella abre una mirada sobre el mundo, y se muestra tan profunda y tan llena de milagros que el hombre se convence de haber encontrado el *Arbol de la Vida*. Pero la meta debe ser buscada con gran ahínco e inteligencia. Una exclusión consciente o inconsciente de la razón sería una mutilación de lo humano.

Lo primero con lo cual se debe comenzar es llegar a ser perceptivos para poder recibir algo que no proviene del hombre, porque en su estructura es demasiado grande, demasiado profundo, e incluso nos parece ser algo prehumano, premundano. Parecería que este reconocimiento es especialmente difícil. Uno está dispuesto a recibir algo de otras personas, o también a admitir que existen cosas que ningún hombre sabe o puede, pero a condición de que ya vendrá un tiempo en el que todos serán mucho más "inteligentes" y "sabrán y podrán" mucho más que nosotros; e incluso la persona admite a Dios como Creador o como un Poder que ha creado el universo y que lo mantiene en marcha, pero en cuanto a *nuestro* mundo, a *nuestra* vida, preferimos determinarla y llevarla *nosotros* mismos; no permitiendo que nada se sitúe por encima *nuestro*.

Pero la Biblia deja entender que cada letra tiene su lugar determinado, desde el comienzo, por guía de una Mano que ha escrito el texto. El más mínimo detalle parece estar arreglado en la Biblia, y estar en su lugar preciso. Pero así también cada detalle de la vida está arreglado.

Por eso sólo puede ser consecuente aquella interpretación que se base en el sistema de la Biblia misma. Sólo aquella puede satisfacer intelectualmente y fortalecer al mismo tiempo la fe. La interpretación tiene que tomar las medidas para el sistema bíblico de la Biblia misma. Sin el conocimiento de este sistema y de estas medidas, no tiene sentido, y es peligroso, querer explicar la Biblia. Por esa razón he dado en la primera parte de la obra un concepto del sistema de la estructura bíblica. Sólo el sistema y la estructura tomados de la Biblia misma pueden dar una explicación aceptable.

¿Qué ocurre con el jardín del Edén y los dos árboles?

La Biblia habla a través de imágenes. Es su expresión de lo esencial en la materia, pero queda abierta la pregunta acerca de cómo se puede conocer una relación lógica entre estas imágenes simbólicas y lo esencial.

La relación existe, pero el hombre moderno ha perdido su visión de ella. Para él, las formas manifestables han llegado a ser elementos de determinada utilidad.

Generaciones anteriores han observado las cosas de otra manera, han visto en ellas una relación mágica. Pero la magia es algo "no científico" y por lo tanto es rechazada como primitiva. Uno olvida que toda magia tiene una fórmula, sólo se pregunta de qué manera es aplicada. La magia actual se llama químico-física, biología, etc., con instrumentos *hechiceros* como microscopios, sustancias analizantes y aparatos. Pero antes se tenía una actitud positiva hacia las cosas. Sería suficiente que el hombre moderno comprendiera que es posible acercarse a las "imágenes", a las manifestaciones de la esencia de las cosas, también de otra manera de la que generalmente utiliza.

Pensemos nuevamente en el vocablo *ED* (vapor), el que tuvo que elevarse antes de que el hombre y toda la creación tomara su forma en este mundo. Con justa razón se puede plantear el siguiente interrogante: ¿Qué relación existe entre *vapor* y *hombre*?

Conocemos ya la estructura del vapor, de *ED*, como 1-4; y del hombre, *ADaM*, como 1-4-40. El 40, en la fórmula estructural (también en el sentido de la química moderna), que tiene lugar después del 1-4, es como una concretización, como una materialización a través de la letra *Mem*, o sea a través del 40.

El "vapor" indica en su imagen, en su manifestación inicial, algo que nosotros llamaríamos *gasiforme*, dando así un primer indicio de formación de este mundo, mientras que ha existido ya en su esencia en otros mundos, con otras cualidades. El segundo relato de la creación expresa esto también: que la esencia no puede hacer eclosión mientras no exista para ella una estructura de base. Esta estructura de base se manifiesta como la aparición de la suma de aquello que hoy percibimos como agua o lluvia. Su primer indicio fue justamente *vapor (ED)*. Cuando este vapor ha humedecido el suelo, aquello que ha existido en otros mundos puede también tomar forma en este mundo.

Esta imagen fácilmente comprensible muestra que el mundo de las manifestaciones (según el segundo relato de la creación) no ha encontrado su primera base en piedra dura, pesada; sino en una base muy liviana, casi invisible, que luego se transforma en materia más concreta. Pero el individuo estaría fácilmente inclinado a utilizar sólo tales imágenes y basar su actuar en ellas. Las imágenes pueden, una vez bien entendidas, transmitir al hombre fuerzas que le dan poder y conocimiento en este mundo.

En esto consistía el culto a los ídolos en épocas anteriores... pero lo mismo hacen ciencias actuales, en un camino distinto, para dominar la materia y los fenómenos.

La lucha de la Biblia contra la idolatría no es entonces una lucha contra la tontería y primitividad del hombre, sino una lucha contra el uso de imágenes (imágenes de idolatría) por medio de las cuales el individuo anhela tener poder sobre el mundo, sentirse uno mismo "señor". La imagen tiene que llevar de vuelta a la palabra, y así a la esencia. No se debe quedar ligado a la imagen.

Contemplemos entonces al *jardín* (jardín del Edén) como un lugar donde crecen multitud de plantas. Jardín, en hebreo, es *GaN*, 3-50. Un jardín es el lugar donde se desarrollan las plantas, de las que en un comienzo no se ve nada prácticamente... sólo un pequeño grano de semilla, el que se desarrolla plenamente. Esa es la imagen.

La palabra consta del 3 y del 50. El 3 contiene lo múltiple. Se manifiesta también en "lo doble" de los dos árboles en el centro del jardín. Justamente porque "jardín" tiene como letra inicial aquella cuyo valor es 3, se muestra tan claramente la idea de la dualidad. La letra final es el *Nun*, cuyo valor es 50; y que tiene lugar después del 49, después del séptimo día. Es más que el 7 x 7. Así se expresa en el 50 el octavo día, el *Mundo Venidero*.

La palabra "jardín", *'gan'*, expresa entonces la dualidad del mundo, que lleva y esconde en sí el deseo y el sentido que conducen al mundo venidero. El trabajo del hombre consiste en cuidar que se logre el mundo venidero, el fruto del jardín bien cuidado aquí, para vivir él mismo la alegría de la llegada. Este *jardín* está en *EDéN*. La estructura de la voz *EDéN*, en hebreo, es 70-4-50. Este vocablo no se traduce como 'paraíso', voz que en hebreo corresponde a *PaRDeS*: 80-200-4-60, cuyo significado es 'jardín de árboles'.

La palabra *EDéN* está construida por dos cifras típicas de lo múltiple: el 70 como lo múltiple del hombre, y el 4 como cifra del máximo desarrollo, válido también para el 40 y el 400, y con ello también para el 10, el 100, y el 1000. *EDéN* finaliza con aquella letra cuyo valor es 50, con el mundo venidero.

El 70 y el 4 forman juntos una combinación en sí: *ED*, 70-4, que significa testigo; o sea un individuo que observa un suceso y lo sabe, y que entonces puede testimoniar. La misma combinación de letras significa también 'hasta', el camino *hasta* una determinada meta. Ambas letras indican un entorno completo. El 70, como expresión de lo humano en este mundo del séptimo día abarcándolo todo, o sea lo supremo que puede ser logrado en este mundo; y el 4, como cifra simple, tope, como fin de un ciclo. También un testigo tiene que conocer todo aquello de lo que da testimonio; no debe combinar ni sacar sus propias conclusiones; tiene que conocer todo, de la A hasta la Z, o sea el 70 como el 4.

La voz "hasta" indica que se ha recorrido todo el camino, o sea todo el mundo, el 70, en la manifestación del séptimo día; y también todo el 4 como principio de las más amplias posibilidades. Con el 70-4 está expresado también que el vapor, *ED*, el 1-4 del comienzo de la creación, se ha expresado ahora en todas las formas de manifestación del séptimo día. *Edén* es el advenimiento desde este mundo de la multiplicidad al Mundo Venidero del 50, aquel del "octavo día". Este "advenimiento" ha sucedido ya en el concepto *Edén*, así como también en la imagen *jardín* los frutos ya han madurado. De lo contrario no sería un jardín, sino sólo una fracción de tierra, incluso silvestre.

En *Edén* está presente la multiplicidad en la unidad, en este jardín el hombre debe trabajar la dualidad para que llegue a ser unidad para él. El camino hacia la unidad debe ser cuidado y preservado por el hombre.

Tanto *gan* (jardín) como *Edén* muestran que la unificación de la multiplicidad o dualidad respectiva de la unidad han experimentado su consumación. La letra *Nun*, 50, al final de ambas palabras, pronostica su existencia en el Mundo Venidero del octavo día.

Esa es una síntesis incomprensible para nosotros; hemos logrado entonces tanto la multiplicidad como también el camino hacia la unidad, y simultáneamente la unidad misma. Según nuestra capacidad de conceptuar podemos ubicarnos tanto en el camino hacia la unidad, o ya en ésta misma.

188

En el jardín del Edén, en cambio, los opuestos están ligados. Es como en el '1' original en el cual los opuestos están unidos en armonía, armonía que se observa también entre los dos *Iod* del *Alef*.

Que ese *Ain* y *Dalet* —ese 70-4— de *Edén* tengan un significado propio como expresión de la multiplicidad que debe ser llevada a la unidad, se percibe por intermedio de tres versículos que deben ser recitados diariamente, y a través de los cuales se puede *ya* saborear el Edén, si se logra ver al Señor Dios, y reconocerLo como 'Uno'. El primero de esos tres pasajes es el versículo cuya traducción es: "Escucha Israel, el Señor es nuestro Dios, el Señor es Uno". Significa que el *Señor* (o sea Dios), en su calidad de Aquel que camina a lo largo de la historia y convive con Su creación, ese Señor, es nuestro Dios; y que el concepto Señor representa, en lo esencial, una unidad; y justamente porque marcha junto con el mundo imprime su sello a este mundo.

Sin embargo, muchos no pueden reconocerlo debido a las múltiples contradicciones; aquellas que se manifiestan en la evolución de la historia, como mucha injusticia, crueldad y estupidez. Pero de todos modos el hombre tiene que llegar a comprender que El *es* Uno, y que a pesar de todo, todo es bueno y congruente. Dios, como Señor en la evolución del tiempo, en el camino a través de las 26 generaciones, es Uno. A pesar de que se manifiesta en el camino del desarrollo de variadas maneras, es simultáneamente Uno. Este es el sentido del mensaje aquí transmitido.

Ahora se puede ver en el texto bíblico hebreo un hecho llamativo. En este versículo aparecen dos letras de mayor tamaño, tal como la *Bet*, el 2, de *Bereshit* (En el comienzo). Estas dos letras de mayor cuerpo son justamente aquellas que acabamos de tratar, o sea la *Ain* y la *Dalet*, 70-4, las letras *ED* de *EDén*. Estas dos letras se encuentran en Deuteronomio 6:4; y corresponden a la última letra de *Shmá*, y la última letra de la última palabra, *Ejad*. Que estas dos letras estén escritas en este caso, y sólo en este caso, con un mayor cuerpo, tiene su significado especial; es decir que Dios es Unico, a pesar de que puede manifestarse en el mundo del desarrollo como la manifestación del 70 y del 4. Por ello hay que ver en todo suceder y en todas las cosas la interrelación, el origen en el 'uno', y su unificación con el 'uno'. Todo aquello que aparenta ser multiplicidad, como por ejemplo en el mundo humano los 70 pueblos (como expresión de *todos* los pueblos), o bien lo que es en el mundo del espacio y el tiempo el 4 como máximo desarrollo, finalmente logra ser nuevamente el 'uno'. El captar este concepto, verlo, vivirlo, transforma ya la multiplicidad en unidad. Aquí y ahora.

Estos tres pasajes a los que hicimos referencia, conocidos bajo la denominación genérica de *Kriat Shmá* (Deut. 6:4-9; Deut. 11:13-21; Núm. 15:37-41) contienen la declaración del constante compromiso del individuo respecto de la Biblia; luego, la declaración de la relación entre la vida en este mundo y aquella de la eternidad; y finalmente, de no juzgar en base a la observación y a las normas propias que cada uno posee, sino aceptando las normas que Dios revela al hombre.

Dichos pasajes son contextuales, son una extensión del principio que se manifiesta en las palabras de apertura, por el cual el 70-4 de mayor cuerpo, representando multiplicidad, tiene que ser considerado, no obstante, como 'unidad'. Estos tres pasajes finalizan con la voz "verdad", '*emet*', planteando que el hombre es testigo de ello, tal como lo es el 70-4, el *ED*, que significa, precisamente, 'testigo'.

A continuación del primer versículo, siguen en la proclama ciertas palabras a través de las cuales se especifica de manera más amplia el Nombre del Señor.

Esta entidad, basada en la declaración de 'unidad' en este mundo de la multiplicidad, contiene exactamente 1000 letras, siendo en consecuencia nuevamente el 'uno' representado por el *Alef*, pero ahora pronunciado como *elef*; que es el 10, pero no meramente el 10 de este mundo en su cumplimentación de 10^2, sino en un grado más alto de cumplimentación, es decir el 10^3.

Este 1000, como 'uno' en un nivel más elevado —y nuevamente esto no es simple coincidencia, sino expresión de los propios secretos de las proporciones— implica también dos veces la concepción 500.

Hemos vistos ya que este 500 es la expresión de una medida representando la distancia entre este mundo y el mundo por venir, así como la distancia entre Cielo y tierra.

El , por lo tanto, es también la realización, anhelada por la humanidad a través todas las épocas, de la conexión mutua entre este mundo y el siguiente, entre tierra y Cielo. Ello quiere decir que Dios oye al hombre y le responde.

Este es el profundo significado de las palabras de estos pasajes, los que conforman una entidad en sí mismos, siendo que dichas palabras nos manifiestan cómo esa conexión es lograda y cómo trabaja la misma.

Las fuerzas contrarias que se perciben en esta entidad expresan la armonía tal como existe en el 'uno'.

La unidad de la imagen de la palabra y su sustancia, manifestada a través de este 1000, es lo que da a este pasaje su profundo significado.

La distancia, también, entre Cielo y tierra está medida con este 500; el 500 establece el puente entre los polos inconexos. El 1000 del *Kriat Shmá* expresa en imágenes de nuestro mundo cómo esta construcción de puentes está lograda, y cómo dicha conexión es eterna.

Me propongo limitarme a este único ejemplo, y señalar cómo en tiempos pasados la práctica de vida fue formada sobre la base de ese gran conocimiento. No fue la sociedad, con propósitos utilitarios, la que hizo el trabajo, ni tampoco con el propósito de unificar a toda una nación a través de costumbres específicas. Tampoco fue una cuestión de alguna casta ambiciosa de sacerdotes. Dicha sabiduría indica, siempre, hasta en los más ínfimos detalles, la sublime y profunda visión del propósito de vida, del propósito de toda la existencia. Comparado con ello, cualquier otra consideración de índole utilitaria, ya sea higiénica o física, corresponde a un orden muy inferior.

Varias veces mencionamos la *imagen árbol* como Arbol de la Vida y árbol del conocimiento. Como ya hemos hablado de la *imagen jardín*, la imagen árbol es más fácil de explicar.

LA IMAGEN ARBOL

De un origen prácticamente invisible (una semilla) crece el árbol desarrollándose plenamente hasta dar sus frutos, con lo que prepara un nuevo comienzo. Los árboles pertenecen al *jardín* (jardín de árboles), allí donde el crecimiento de los árboles es sumamente cuidado por el hombre.

En la palabra "jardín", *'gan'*, se encuentra, como hemos dicho, el desarrollo de la dualidad-multiplicidad. En la *Nun* de la letra final (de la voz *gan*) ya se encuentra la unidad. Para nosotros, el 50 es todavía futuro; nuestro cifra final es el 40 correspondiente a *Mem*.

Lo que expresa el *Jardín* se muestra en el árbol como algo específico. El *árbol* determina el jardín del Edén, mas son dos los árboles que guardan una total concordancia con la estructura *gan*. Uno de estos árboles tiene un carácter inconfundible de unidad (el Arbol de la Vida), mientras que el otro tiene nítidamente el carácter de la dualidad o de la multiplicidad (el árbol del conocimiento del bien y del mal). Uno de los árboles es el 1 y el otro es el 4.

En la primera referencia sobre el origen de la vida en la Biblia se nombran las plantas, y específicamente también árboles: "Y árboles fértiles que produzcan frutos según su especie, y tengan su propia semilla en sí sobre la tierra" (Gén. 1:11). La primera vida que se manifiesta muestra el desarrollo, el crecimiento.

La meta de este desarrollo es la formación de semillas y de frutos para una nueva vida. La vida tiene que crecer. Es diferente al agua, el que no muestra cambio en la imagen.

Pero no encontramos en el primer relato de la creación ningún indicio de dos árboles específicos, por lo menos no a primera vista. Sin embargo existe tal indicio. Para encontrarlo es menester conocer el lenguaje bíblico.

En la traducción de la Biblia leemos "Dios dijo: Produzca la tierra hierba que de simiente, árbol de fruto que dé fruto según su género, que su simiente esté en él, sobre la tierra; y fue así" (Gén. 1:11). La traducción de este versículo a las diferentes lenguas busca con esfuerzo seguir el texto; trata de aclarar que Dios dijo "*árboles frutales* que llevan fruto según su género, y que tienen semillas" (o sea árbol que es fruto en sí mismo y que a su vez da frutos). Pero la tierra produjo solamente *árboles que llevan frutos* y que tienen la propia semilla en sí (Gén. 1:12). Se puede decir que se trata tan sólo de una "pequeña" diferencia, pero ya sabemos que *cada* letra en la Biblia tiene un significado determinado.

El texto hebreo muestra esa diferencia de manera mucho más nítida. Pero se debe admitir que no es fácil esclarecerla en una traducción.

El texto hebreo comunica que Dios dijo: "Debe (la tierra) producir *etz pri osé pri*", pero no aconteció ello, sino que produjo sólo "*etz osé pri*". Traducido literalmente significa que Dios dijo que debe producir "árbol que *es* fruto y *hace* fruto", pero sólo produjo "árbol que *hace* fruto". El hebreo bíblico es muy conciso, y expresa sólo lo esencial de las cosas de una manera muy concentrada. Textualmente el texto dice: "Arbol fruto hace fruto", y después tuvo lugar "Arbol hace fruto".

Entonces, en este caso también se muestra una dualidad. Ya veremos que esta dualidad es determinante para los dos árboles. La oposición se torna más clara.

Aquello que la tierra produce es "árbol que hace frutos", lo que para nosotros es muy normal. Pero lo que fue pedido por Dios es algo imposible en nuestra imaginación. Dios quiso árbol que *ya* es fruto, o sea la meta de la creación, y al mismo tiempo árbol que hace frutos, o sea un árbol que está en el camino hacia la meta. Según nuestra concepción, algo que todavía tiene que hacer frutos, no es el fruto aún. Decimos, o bien que el árbol crece para llevar frutos, o decimos los frutos ya están. El árbol se encuentra todavía en el camino hacia los frutos, o bien la meta —los frutos— ya está lograda.

La tierra hace lo que encontramos normal en el principio del desarrollo. Algo se forma a partir de una pequeña semilla, crece hacia su despliegue, o sea crea una nueva situación logrando finalmente la meta. Bien pueden aparecer en este camino esperanzas y desesperanzas. Nadie sabe si realmente la meta está lograda.

194

El árbol junta en su tronco sus fuerzas, encuentra su despliegue en la multiplicidad de ramas y hojas. Recién después de haber aparecido este múltiple despliegue, y cuando ya ha llegado su tiempo, recién entonces maduran como meta también los frutos.

Arbol, en hebreo, es *EtZ*: 70-90; voz que en su pronunciación está muy emparentada con el vocablo *ET* (tiempo): 70-400. Las letras finales están en una relación típica entre sí: el 400 no es otra cosa que 4.44... x 90. El desarrollo se realiza en el tiempo; la forma del desarrollo del árbol está relacionada entonces con el tiempo. El resultado del desarrollo, del fruto, se manifiesta como una vida nueva, como un mundo nuevo.

A base del desarrollo regular en el tiempo se hacen los pronósticos (profecías). Se supone que después de un tiempo de florecimiento de la multiplicidad, surge un tiempo más débil, un tiempo de decadencia, de un fin, pero simultáneamente un tiempo en el cual nuevos frutos están madurando. También en la Biblia vemos muchas veces "años gordos" terminar en una multiplicidad de abundancia y desenfreno, donde simultáneamente el género humano se debilita. En el nuevo tiempo se desprende después el fruto del desarrollo, con lo cual puede comenzar un nuevo ciclo. Ascensión, punto de culminación, y descenso, se turnan.

Por fácil que sea seguir la imagen del desarrollo terrestre, tan difícil es de imaginarse la situación expresada por Dios, ya que no podemos representarnos que algo se encuentre en el camino hacia la meta y que simultáneamente sea la meta misma. Semejante posibilidad, sencillamente, no existe sobre la Tierra. En ésta, sólo existe esto o aquello, o sea la dualidad de los opuestos. Pero el árbol que es fruto y hace fruto es aquello que ha existido en la unidad originaria.

Es la unificación de aquello que aparece como dualidad en nuestro mundo. Pero lo que Dios expresa con las palabras "que produzca..." es el estado de la meta ya lograda y simultáneamente el camino hacia la meta. Justamente ése es el camino del Edén. Contiene la multiplicidad, el 70 y el 4, pero simultáneamente también el estado del mundo venidero, el 50, en el cual la meta ya está realizada (no olvidemos que en el Edén —en el paraíso— estamos en un mundo totalmente diferente al nuestro).

Pero la tierra no hizo lo que Dios dijo. La Tradición[34] indica que después de comer del árbol del conocimiento, también la tierra fue maldecida, tal como la serpiente, como el hombre y la mujer, también la fuerza de la dualidad de la tierra fue debilitada.

La tierra no puede dar otra cosa que el crecimiento, el desarrollo. Fue creada para lo múltiple, pero a través del hombre debería volver a su origen con todo lo que ha producido.

Lo que en el primer relato de la creación se mostró en el tercer día como dualidad, es aquello que se manifiesta también como *Arbol de la Vida* frente al árbol del conocimiento.

El estado pronunciado por Dios, el estado *Edén*, aquel de lo múltiple y de la unidad simultánea, ése es el *Arbol de la Vida*. Por eso tiene la medida 500, la medida imposible para este mundo. Este estado contiene la unión de los opuestos, y simultáneamente el camino hacia esta unión.

El estado que produjo la tierra era sólo el de una fase, o sea el del camino hacia la meta, por lo tanto, el del 400 como medida máxima.

El hombre, en el Jardín, en el 3-50, donde se encontraba frente a una dualidad ya al haber sido creado, recibe ahora la expresa orden de dejar en paz el árbol de la dualidad. La tierra produjo este árbol según la ley de la creación. La tierra fue creada en el '2', en la dualidad, para producir la multiplicidad que después puede retornar, a través del hombre, a la unidad a fin de que él experimente la dicha en el camino hacia la libertad.

En cambio, si el hombre come del árbol de la dualidad, incorpora el tiempo como fuerza evolutiva. Entonces él mismo sucumbe ante el carácter de la dualidad, ya que *evolución* se encuentra en constante oposición entre lo existente y la meta.

Es el sentido del hombre habitar en el mundo del *Edén*, el mundo de la multiplicidad y de la unidad, a fin de que él "coma", o sea que reúna consigo todo lo que allí se encuentra como dualidad: los árboles, todas las posibilidades del tiempo y de los fenómenos en el tiempo, todo lo desarrollado y crecido allí, para que él, que ha sido creado como unidad, lleve nuevamente todo al Origen, a Dios. El hombre debería experimentar en este "viaje" la gran dicha de la unificación. En aquel mundo él podía saber lo que hacía. El Arbol de la Vida se encontraba allí a fin de que se comiese de él. El propósito de Dios se tornaba más reconocible al hombre. Tal como lo manifiesta el estado *Edén*, el 70-4-50, él debería haber reconocido la meta como realidad, y simultáneamente debería haber tenido que recorrer el camino hacia la meta. Podría haber visto claramente la meta y poseerla en todo su esplendor sin inseguridad, sin miedo y sin desesperanza. El hubiera vivido la nobleza de la unificación, o sea cómo la meta de la unificación se cumple continuamente, y cómo la armonía siempre vuelve a darse.

El Arbol de la Vida contiene la meta. Con esta meta, gozando constantemente de la perfección de la armonía —de la dicha de la existencia— el hombre hubiera vivido un crecer aun más maravilloso: el unificarse en armonía.

La vida no es de ninguna manera un juego enigmático que el hombre debe aprender a resolver después de constantes sufrimientos; sino que le fue explicada claramente: sólo debió comer del Arbol de la Vida.

Pero una cosa sí debió haber hecho el hombre: reconocer que fuera de él, *y antes de él*, existía ya un Conocimiento Primario. Ahora, en este punto, es donde el hombre se torna rebelde.

Pero él, el hombre, con la sensación de encontrarse en la culminación del desarrollo, estando en el límite donde podría desprenderse del Origen para continuar él mismo como "ser supremo" la evolución, elige este segundo camino. El mundo lo seduce, porque él también siente esta culminación del desarrollo, ese estar en la frontera y poder sustraerse de la fuerza de atracción del Origen. El hombre mismo se siente después *dios* del desarrollo ulterior. Todo en el mundo se lo indica, lo aclama, tal como la serpiente lo hizo con la mujer, con el cuerpo y los órganos sensoriales.

Pero tampoco éste es un juego maligno con el hombre, al contrario. Justamente por ello el hombre es empujado hacia el punto más extremo, a fin de que logre plenamente la unificación y lleve consigo todo nuevamente al Origen, para que la creación se desarrolle totalmente.

El hombre, en este punto extremo, no es abandonado a sí mismo, dependiendo de su elección si retorna o toma el camino de la perdición. Tal como en Edén el Arbol de la Vida se encontraba en el centro para que se comiera de él y para que se supiera el sentido del servicio en el jardín, de la misma manera siempre está presente el *Arbol de la Vida* en el hombre, a través del cumplimiento del relato nuclear de la Biblia, de aquel relato que está sellado con el nombre de *IA*, 10-5. Este Arbol de la Vida (la Toráh) fue dado al mundo en la vigésima sexta generación como revelación del sentido de la existencia; de hecho, como fruto de la evolución, o sea como fruto del árbol del conocimiento, "árbol que hace frutos", que realmente los hizo.

Y aquella revelación ha quedado en el hombre, en su mundo, siempre como Arbol de la Vida, como fruto de un final de una evolución, como cuando liberó al Israel bíblico de la atadura al mundo de la dualidad egipcia. En aquella revelación expresada en el relato nuclear de la Biblia está dicho realmente cómo y para qué el mundo está hecho y cuál es el lugar del hombre y todos los seres en él. A su vez, la revelación contiene el fruto mismo, la meta, y señala el camino hacia la meta, y cómo ésta puede ser lograda.

La revelación es de hecho el "Arbol-fruto y que hace frutos". Ella se encuentra en el centro del mundo. Quien come de este árbol va junto con el desarrollo hacia la meta, hacia este mundo; pero simultáneamente posee el fruto de esa meta: el Mundo Venidero. El vive entonces en el *EDén*, en el 70-4 de este mundo, mundo que forma el camino-tiempo de la evolución y del crecimiento; y simultáneamente vive en el otro mundo, el del 50, con el que finaliza el 70-4-50 (de *EDéN*). El contiene tanto el crecimiento hacia la meta como la meta misma. Quien se cierra frente a esta posibilidad porque su ver y su hablar están orientados hacia sí mismo como culminación de su crecimiento, queriendo utilizar la perspectiva de seguir continuamente su evolución alejándose más y más del Origen (porque sólo ve el origen allí donde éste comienza a manifestarse en lo material), éste camina unilateralmente sólo por el camino del "árbol que hace frutos". También él llegará al "fruto", pero muchas penurias sufrirá en su camino por desconocer la meta y por no saber si se encuentra en el camino correcto, o si incluso existe o no una meta. Caerá en discusiones sobre lo correcto del camino y sobre la meta y se introducirá en conflictos sangrientos con terceros, creando sufrimientos y disgustos.

La tierra, que ha producido el árbol del conocimiento, el árbol que hace frutos, ha despertado en el hombre un pensar y un ver similar. Este hombre ve el mundo, a sí mismo, y a todo su alrededor como fenómeno supeditado al desarrollo. Una vez que ello se ha establecido en él, la única posibilidad que le queda por elegir —única en un sistema de ciclos de tiempo que infinitamente se repiten— es renunciar al camino hasta aquí recorrido y volver al Origen, para emprender otra senda: aquella que lleva al Arbol de la Vida. Debe renunciar radicalmente al camino seguido hasta ahora. Por decirlo así, tiene que *eliminarse* de ese camino; una transacción es imposible. Dice la Biblia que el hombre debe morir cuando haya comido del árbol del conocimiento. No puede comer de ese árbol y a su vez intentar el gusto del Arbol de la Vida. Estos son hechos inalterables del mundo, hechos de la creación incambiables por el hombre, como es incambiable el lugar del Sol en el sistema solar.

Todos los días el hombre puede hacer un alto en su camino, volver y tomar la otra senda, la que lleva al Arbol de la Vida. Ya con este paso al retorno se anula la fatalidad del camino del árbol del conocimiento que el hombre no debe emprender. Con el camino del Arbol de la Vida, con la revelación, el hombre unifica en sí los opuestos, y los supera. Conoce el fruto y conoce la meta. El vive la unificación pero de una manera totalmente diferente de aquellos que no conocen la verdadera meta, quienes siempre tienen una "finalidad" ante sus ojos y renuncian a ella, o cuando la logran deben buscar otra, porque la meta alcanzada los desilusiona.

Con el Arbol de la Vida viene a ser anulada la oposición vida-muerte. La vida es entonces desarrollo hacia el fruto, hacia otra vida, y la muerte es estar en ese otro mundo.

Para quien sólo conoce una posibilidad, o sea aquella del árbol que hace frutos, esta vida —el desarrollo— es realmente todo. Cuando no existe para él un *árbol que hace frutos*, no existe nada. Por supuesto, puede tranquilizarse pensando que la evolución de alguna manera tiene que seguir, que el hombre tiene que perfeccionarse más y más, pero como hombre sabe demasiado bien que ello sólo es una construcción mental basada en el "constante hacer frutos", en el constante caminar para "hacer frutos".

Quien en cambio acepta la revelación con las medidas que Dios ha puesto en ella, este hombre ve la muerte como fruto del mundo venidero. El sabe que el "árbol que es fruto y hace frutos" representa la muerte en su parte "árbol que es fruto" y representa la vida en su parte que "hace frutos". Para él la muerte es otro mundo, ya bien conocido. A su vez sabe que allí está también aquella parte que es expresada por el "hace frutos", o sea el desarrollo de la vida. Quiere decir entonces que él posee simultáneamente el mundo futuro y el actual. Posee el *Edén*.

La Biblia misma tiene carácter de "árbol que es fruto". En sus relatos cuenta todo el desarrollo de las veintiséis generaciones, hasta que adviene el fruto con la revelación. Cuenta cómo es todo, y lo hace con la imagen de un fruto de varias capas, comenzando por el núcleo que expresa lo interior, atravesando las capas circundantes hasta la más periférica: el relato sobre lo externo. Ella es el fruto: relata cómo el nombre Señor se expresa en la fórmula 10-5-6-5 de las 26 generaciones.

La Biblia es también la parte "que hace frutos". Su estructura temporal es aquella del *IA*, del 10-5, que hace desarrollar el 6-5 para unirse con él. Siendo que ella ya es el fruto —el 10-5-6-5 en el relato de la revelación, en la comunicación sobre la Presencia Divina en el mundo— gracias a ello se conoce el modo de llegar a ese fruto y se conoce su contenido, o sea nuevamente la Revelación Divina. Se la reconoce en el 10-5-6-5 de las 26 generaciones y se la vive en 6-5 que se desarrolla hasta la unificación con el 10-5.

Que la muerte también busque a aquellos que han comido del Arbol de la Vida, pertenece al carácter del mundo del séptimo día. Este mundo es pasajero, así como la marcha a través del desierto hacia la meta, hacia el octavo día. En este mundo todo está en constante cambio, tal como el individuo que se traslada de un sitio a otro a lo largo de su travesía por el desierto; es como las ya mencionadas siete semanas entre Pascuas y Pentecostés, entre el éxodo de Egipto y la revelación de Dios.

Recordemos que al cabo de esas siete semanas el cereal fue segado de la tierra. En la revelación se comprende el *para qué* de lo sucedido: allí tuvo lugar el quincuagésimo día, el nuevo mundo.

Para aquellos que poseen el Arbol de la Vida, que conocen la revelación, que ya en esta vida conocen la meta, la muerte no cambia nada fundamental en su existencia. Conocen la cara del séptimo día, en el cual todo fluye, todo pasa, porque es el día en que el individuo atraviesa de un mundo a otro, y simultáneamente se cumple en él la unificación.

II. LA MUERTE DE CAIN

El primer relato bíblico del nuevo mundo (fuera del paraíso) es la historia de Caín y Abel (Gén. 4:1-26). No se da entre hombre y mujer, sino entre descendientes masculinos. La Biblia desplaza sistemáticamente al hijo primogénito, quien desde el punto de vista material tiene mayores derechos que el hermano menor, el que ahora ocupa el lugar elegido. Pensemos sólo en Jacob, en José, en Peretz, Moisés y David. ¿Cuál es el significado de esta sucesión? En el primer relato de la creación se nombra *cielo y tierra* (Gén. 1:1). En la creación del hombre tiene lugar primero el hombre y luego la mujer. En el segundo relato de la creación, aquel de carácter acuoso, vemos la sucesión invertida. En Gén. 2:4 leemos: "Así fueron creados cielo y tierra... al crear el Señor Dios el cielo y la tierra". Esta historia se refiere directamente a la tierra, los astros ni siquiera se mencionan; sólo el agua, comenzando por el *ED,* determina el proceso que sigue. Cuando después se forma el hombre, primeramente aparece su cuerpo dentro del cual Dios insufla la *Neshamá* (Alma divina); aquí nuevamente surge primero la tierra y después el *cielo*. En cuanto a las formas de los fenómenos que se manifiestan sobre la tierra, el cuerpo ocupa el primer lugar y el alma lo sigue. El cuerpo, que se manifiesta como primero, llega a ser aquella parte en el hombre que será mujer. Tal como la tierra, la mujer asumió el derecho a la primogenitura. Fue ella, "activa", quien dio al hombre, "pasivo", el fruto del árbol del conocimiento.

En la continuación de este relato aparece Caín como primogénito en el mundo. En la estructura hebrea de la voz *BeJoR* (primogénito), 2-20-200, se muestra que el 2 le es inmanente. En lo que se refiere a su esencia, el primogénito es segundo.

Después del primer encuentro entre hombre y mujer, o sea entre cuerpo y alma en el Edén, sigue como fase una rivalidad típica. Tanto Caín como Abel quieren hacer ofrenda a Dios de un sacrificio. En hebreo, "sacrificio" es *'KoR-BáN'*: 100-200-2-50, que literalmente significa 'acercarse' o 'acercar'. Esta voz se emplea fundamentalmente para consignar la relación entre el hombre y Dios. Significa un acercamiento del hombre, o que algo es acercado por el hombre hacia Dios; se quiere lograr la unificación entre hombre y Dios. Aquello que el hombre ofrenda a Dios como *korbán* es una forma de manifestación de esta tierra, de este mundo.

La existencia terrenal del hombre se expresa en su cuerpo. El cuerpo humano es el desarrollo máximo en el mundo material, la máxima perfección, el "animal" más valioso.

El hombre llama a su mujer, o sea a aquello que llegó a ser cuerpo, Eva (Gén. 3:2), que en hebreo es *JaVaH*: 8-6-5. Esta palabra está emparentada con la voz "animal", *jaiab*. Con Eva, nombre que le fue dado después de haber comido del árbol del conocimiento, la mujer llega a ser, a través de su cuerpo mortal, madre de todas las generaciones venideras. Con este cuerpo debe continuar la ruptura de la unidad en la multiplicidad de la vida.

Lo esencial de la existencia humana encuentra su expresión en los animales, que son tomados como animales de sacrificio, ya que corporalmente el hombre es una evolución ulterior del animal. En el nivel de lo esencial, el animal y el cuerpo humano se encuentran en el mismo grado, sólo

204

que la multiplicidad del desarrollo ha producido las más variadas formas animales. La sorprendente variación de lo creado lleva en sí las infinitas variaciones y posibilidades de la ideas de Dios sobre el mundo. Lo que en el plano superior se ha pensado, abajo se ha hecho forma.

En este mundo nuestro el sacrificio no puede ser ofrecido en la forma descripta por la Biblia. Sólo cuando el mundo entre en otro tipo de relación con el Cielo, cuando la relación entre lo esencial de las cosas y sus formas de manifestación se hagan conscientes, recién entonces puede darse una unión entre el cuerpo y su origen de la manera señalada por la Biblia. Por supuesto, el hombre entonces sabrá porque realiza determinados actos, ya que de lo contrario llegaría a técnicas sin sentido, a una magia cuya finalidad es sacar provecho; y si ello sucede, es culto a ídolos, o sea justamente lo contrario de una reunificación con el Origen.

El culto bíblico de sacrificios tiene por finalidad llevar el cuerpo de su existencia terrenal, de su desarrollo más logrado, nuevamente al Origen. Así en Caín y Abel también existe la voluntad de dirigirse a Dios, acercar su existencia terrenal a El para darle a la misma un sentido. Caín tiene que ver con la tierra, es un agricultor, un trabajador de la tierra, *obed adamá*. De aquella tierra que también ha producido el árbol del conocimiento, el árbol que hace frutos. El está totalmente ocupado con las fuerzas de la evolución. La que él acerca, su *korbán*, son frutos de la tierra.

La Tradición comenta que ofrendó aquello que se encontraba entre sus manos, ni lo mejor ni lo peor; sacrificó lo que fue determinado por la tierra, aquello que la evolución le ofreció en ese momento.

El cuerpo quiere ofrendar todo tipo de cosas, menos a sí mismo; quiere estar y quedarse, quiere seguir su desarrollo; siempre está en movimiento y en autoafirmación.

Abel, en cambio es pastor. El lleva y domina a los animales de la manera que el Alma quiere guiar al cuerpo. El Alma no puede servir a las fuerzas del desarrollo; ella viene de un mundo en el cual no existen opuestos. Para el Alma, el fruto existe ya, y el desarrollo le es conocido. Abel, Alma, el menor, guía su cuerpo para llevarlo a Dios como sacrificio. El sacrificio de Abel es de los primogénitos de su rebaño. Son aquellos que llevan en sí la fuerza de "abrir caminos". Abel sacrifica también la grasa de los animales. En su imagen, la grasa representa lo mejor, lo más desarrollado. En hebreo es *JeLeB*: 8-30-2 cuyo valor total es 40. Como máximo desarrollo, la "grasa" es lo más preciado.

Abel hizo lo que el Alma libre quiso hacer por sí misma: ofrecer a Dios lo mejor del cuerpo para reunificarlo con El. Cuando el hombre entrega a Dios su *korbán* (sacrificio) en el cual se encuentra totalmente incluido, Dios se acerca y le acepta el sacrificio. Por ello Dios consideró el sacrificio de Abel y lo aceptó. La Tradición[35] manifiesta que una llama del cielo lo recibió. Aquello que puede servir de *korbán* es lo más evolucionado, aquello que debe ser unido con el Origen para que el círculo se cierre.

Por lo tanto no se puede reprochar a Caín que no haya sacrificado lo mejor; él trajo lo que pudo traer; el cuerpo no tiene capacidad para más. El cuerpo no conoce el principio de la unificación de la materia con el Origen; él mismo ya no sabe qué es ese Origen. Sólo puede sentir que hay algo que es más que puro crecimiento y desarrollo.

El relato aclara que el cuerpo solo nunca puede hacer el sacrificio; él no puede unirse con el Origen ya que su origen está del lado del desarrollo del *árbol que hace frutos*. Sólo

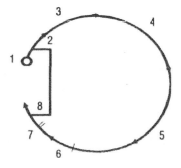

1. Origen
2. Origen de la "Neshamá", lugar de Abel.
3. Desarrollo
4. Mundo de las plantas
5. Comienzo del mundo de los animales
6. El sacrificio de Caín
7. El lugar de Caín. Cuerpo humano y los animales de sacrificio
8. "Corban" del máximo desarrollo

Abel, el Alma, puede ofrecer el sacrificio. Ese sacrificio es justamente el cuerpo. Este cuerpo se dirige entonces hacia una meta que él ni siquiera puede intuir. El Alma se envistió en el cuerpo para unificarlo nuevamente con el Origen. Por ello Abel nació después que Caín, a fin de reunir el cuerpo con el Origen.

El cuerpo percibe las fuerzas del desarrollo, pero no percibe que este camino no lo acerca a Dios. Cuando se da cuenta y sabe que debe renunciar a más desarrollo no le parece lógico, entra en rebelión, no quiere parar el desarrollo. Adviene entonces el diálogo con Dios precisamente cuando el cuerpo entra en ira y enojo (Gén. 4:5). Dios le advierte los peligros de su camino. En nuestro mundo, este diálogo no se da en palabras, sino en imágenes y sucesos. Puede haber guerras, o el hombre puede sentirse angustiado y perseguido por el desarrollo, débil, enfermo. Todo esto puede ser respuesta de Dios a la ira del cuerpo.

En tales sucesos Dios le indica al hombre el peligro del camino iniciado y las posibilidades de corrección. Si a pesar de esto el cuerpo sigue su camino, surge el momento del fratricidio. El Alma calla, se excluye. "La voz de la sangre de tu hermano clama a Mí desde la tierra" dice Dios a Caín. Fue "matada" el Alma, sometida al desarrollo de la tierra. Después de haber "aniquilado" al Alma, Caín sufre una gran angustia y se siente culpable. No ve salida excepto en la muerte, a la cual teme terriblemente en su soledad. Caín recibe un castigo especial: No debe ser matado; "errante y fugitivo, vagabundo y refugiado será él sobre la tierra, la que ya no le dará cosecha plena".

Los primeros hombres que comieron del *árbol del conocimiento* recibieron como castigo la muerte junto con la expulsión del paraíso. Pero Caín, quien mató a su hermano, es protegido contra la muerte por una señal especial (Gén. 4:15).

¿Qué ha pasado realmente con Caín, con el cuerpo, después de haber matado al alma cuya sangre fue recibida por la tierra? "Errante y fugitivo", en hebreo, es 'NA VaNaD': 50-70, 6-50-4 cuyos valores totales son 120 y 60. Estos guardan la relación 2:1 entre sí, lo que significa que también Caín, el cuerpo, tomará el camino hacia la unificación. Este camino, sin embargo, no es el que lleva de Egipto a Canaan con la dirección diaria y visible de Dios en la columna de fuego o de nube, sino el camino del errante, fugitivo, no sabiendo lo que el día siguiente le deparará y mucho menos aún lo que será su futuro.

La tierra ya no le da el fruto total. Literalmente dice: Ya no le da *la fuerza* total. Así como la tierra perdió una parte de su fuerza después de haber comido el hombre del *árbol del conocimiento*, del mismo modo la fuerza corporal de Caín viene a ser limitada, debilitada. Aun cuando la tierra con su fuerza de evolución hace surgir un gran optimismo, un pesimismo cultural con degeneraciones y neurosis se le enfrentan. A pesar de la riqueza uno se siente desilusionado y pierde el sentido del vivir. Caín, el cuerpo, tiene miedo a la muerte. Teme un fin repentino de su desarrollo, encuentra a la muerte injusta, no quiere pensar en ella, quiere seguir desarrollándose y postergar la muerte si fuera posible por doscientos o trescientos años. ¡Cuánto tiempo habría entonces para dedicarse a los placeres! Constantemente surgen nuevas metas, ya que las logradas nunca brindan satisfacción; y después de todo sobreviene aún la muerte con el gran vacío y el interrogante de ¿Qué pasará? Es algo sobre lo cual el cuerpo prefiere no hablar.

La preocupación de Caín va entonces hacia la cuestión de qué es lo que ocurre con la muerte. La muerte sobreviene como expresión del debilitamiento corporal, rompe con el equilibrio, significa retorno. Esto no sólo es válido para el hombre individual, sino también para los pueblos, para toda la humanidad, ya que la ley de la creación es 1-2-1. Dios le da a Caín una señal con la cual él puede olvidarse de la muerte y reprimirla. ¿Cuál es esta señal de Caín? Los sucesores de él llegan a ser numerosos, desarrollan culturas y técnicas, él mismo, junto con su hijo Enoj, deviene el primer constructor de ciudades, ya que la turbulencia de una ciudad deja olvidar mucho más fácilmente que el silencio.

No es el trabajo con la materia lo falso, sino la atadura a ella, a lo pasajero, el constante deseo de llegar a ser más rico y poderoso. De este modo sucumbe la personalidad humana. Se relata de un Sabio judío que con cada puntada unía no sólo el cuero con la suela, sino también el Cielo con la tierra. La Biblia quiere que el hombre se ocupe de este mundo, de la multiplicidad de la creación para cumplir con su tarea de llevar todo nuevamente al origen y unificarlo con Dios. Pero si el hombre no piensa en el origen, entonces la creación es llevada por él más y más lejos de Dios, o sea a la dispersión de lo múltiple. También en sus acciones diarias

209

y en sus pensamientos debe regir su vida según las leyes de la creación.

Ciudad, en la Biblia, siempre es símbolo del culto a los ídolos, de la orientación hacia un fin utilitario; sólo Jerusalem, allí donde está emplazado el Templo, obtiene por éste otro carácter. Después de haber sido edificada la ciudad, en la séptima generación después de Caín, proviene aquello que llamamos *cultura y técnica*. La ciudad llega a ser una concentración de poder. Entonces Iuval vive de la música; Tuval Caín forja metales y sólo Iaval habita en las cabañas al lado de sus rebaños (Gén. 4:20-22). El castigo de Caín es entonces su fuga dentro de la cultura del arte y de la técnica. ¿No consideramos éstos como 'méritos', como algo verdaderamente logrado? ¿Y no es justamente esta imagen vital signo de Caín?

En las palabras *NA VaNaD*: 50-70, 6-50-4, encontramos las letras *Ain* y *Dalet*, el 70 y el 4 de la voz *Edén*. Pero aquí no se encuentran como letras iniciales finalizando con el *Nun*, el 50; sino que se trata de letras finales, o sea una conclusión. El 50 es ahora punto de partida; ya que Caín proviene del mundo de la unidad, de aquel mundo donde aún vivía con su hermano Abel; pero ahora entra en la multiplicidad de lo humano, del 70, multiplicidad del mundo de espacio y tiempo, entra en el 4. En la palabra *EDén*, el 70 y el 4 se encuentran uno al lado del otro. Ahora, en la expresión *nA vanaD*, se ubican distribuidos como desinencias de cada una de las dos palabras respectivamente. Después de la exclusión del Alma, el cuerpo entra en la multiplicidad del 70 y del 4 sin perspectiva de reunión. Es la separación máxima del origen, ella trae la desesperación del caminante errante.

Conocemos la historia de Caín aun en otra forma, es la historia de Fausto. El quiere poseer el mundo, investigarlo con medidas humanas. Rápidamente se le ofrece el diablo como ayuda, y sólo pide por ello el alma. Fausto atraviesa la cultura caínica, trae inquietud, desgracia, sin encontrar él mismo la paz del alma. El que quiere poseer el mundo tiene que vender su alma al diablo.

Es muy característico el fin de Caín. No son muy comprensibles las palabras "El que mate a Caín será vengado siete veces" (Gén. 4:15); y las palabras de Lamej: "He matado a un hombre por mi herida y a un joven por mi protuberancia. Caín será vengado siete veces, pero Lamej setenta y siete veces" (Gén. 4:23-24).

La Tradición[36] cuenta que Caín fue matado por Lamej. Lamej, sexta generación después de Caín era muy viejo cuando en cierta oportunidad quiso salir de caza; por lo que, a fin de poder encontrar a los animales, llevó consigo a su hijo Tuval Caín, al técnico, al obrero metalúrgico. Tuval Caín vio detrás de un arbusto los cuernos de un animal y llamó la atención de su padre sobre ello. El viejo Lamej, de mala vista, siguió la indicación de su hijo y disparó. Cuando fue a buscar la presa vio que en verdad mató a su ancestro, a quien Tuval Caín confundió con un animal. En su gran ira y desesperación por la muerte de Caín, golpeó a su hijo Tuval Caín quien lo sedujo a hacer ello. Tuval Caín pertenece a la séptima generación a partir de Caín: aquí se encuentra el fin del mundo de Caín; no va mas allá del 7. Este cuerpo sólo llega hasta el séptimo día. La última generación ve en su padre arcaico a un animal. Los visibles cuernos de Caín, que también juegan un papel importante en los animales de sacrificio, muestran a la última generación, a la de Tuval Caín, el desarrollo del hombre Caín.

El mundo de Caín es el mundo del cuerpo, y el cuerpo sólo conoce el desarrollo. El cazador Lamej caza al animal. Su placer consiste justamente en que el animal se esconde y huye. El quiere demostrar que es más inteligente y astuto que el animal, la emoción de la caza es el placer del cazador. Este no tiene otra meta, una vez cazado el animal hay otros que aún se encuentran libres. Nunca termina la caza. Mientras viva el cazador, cazará.

La caza está representada también por el hombre que quiere apresar a la mujer. La mujer se esconde, pero justamente este esconderse de ella estimula al hombre, lo hace cazador.

Tampoco él nunca logra su meta, también él pierde de vista las proporciones, va detrás del lado femenino del mundo. Siempre, cuando cree haberla alcanzado ella se vuelve a ir.

La caza es como el contacto con el árbol del conocimiento, con el árbol que hace frutos. Quien una vez se encuentre bajo su influencia es siempre atraído por él tal como la tierra con su fuerza de gravedad atrae los objetos del mundo material.

Así, la caza es expresión de la fuga dentro del mundo. Es un querer aturdirse, es un huir dentro de una embriaguez. Los grandes cazadores de la Biblia, por lo tanto, son también los servidores de ídolos como por ejemplo Nimrod y Esaú, aquellos que han elegido el camino de la tierra y llegaron a ser poderosos en este camino.

Cada intento de lograr una meta que trae satisfacción se malogra en esa caza. Una vez lograda la meta, inmediatamente aparece una nueva, uno se encuentra constantemente en camino, en movimiento.

El camino sigue y sigue infinitamente mientras no tenga lugar una reflexión más fría. El cazador Lamej se introduce junto con su hijo Tuval Caín en la búsqueda de la meta; llegan tan lejos que consideran que su antecesor es un animal. Con este descubrimiento matan tanto su origen material como también sus consecuencias.

El primero y el último perecen. De este modo concluye el mundo de Caín. Es el punto final de un mundo entero.

III. LOS "HIJOS" DE DIOS

La primera comunicación de un período temporal en la Biblia, después de los seis días de la creación y del séptimo día, son los 130 años de Adán hasta que vuelve a tener un hijo: Set (Gén. 5:1-3). Ciento treinta años se mencionan también en la Biblia allí de donde surge que Moisés nació ciento treinta años después de la llegada de Jacob a Egipto. Cuando después del éxodo se da la Revelación, ésta sucede en el Sinaí. La voz *SINaI* equivale a 60-10-50-10, cuyo valor total es 130. Este 130 es la expresión del 13 en el nivel de las decenas. "Uno", en hebreo, es *'EJaD'*: 1-8-4, cuyo valor total es 13. El trece sigue al 12 que todavía corresponde a este mundo, tal como el 500 sigue al 400. El 12 es la combinación aún no cumplida del 3 y del 4, que sumados arrojan como valor el 7, y multiplicados 12. Tanto el 7 como el 12 esperan su culminación en el 8 y en el 13.

Fue entonces la meta de Jacob tener 13 hijos. Pero debido a la acción de Rubén (Gén. 35:22) quedaron sólo en 12. Según la Tradición, Rubén sabía de ese 12 y de ese 13, y también sabía que los hijos de Jacob serán "completos" recién con el decimotercero, pero no comprendía de donde iba a llegar éste último, ya que Raquel había fallecido. Entonces él intervino en los acontecimientos para forjar el camino[37]. Fue la actitud de un hombre quien sabe que todavía algo debe llegar, y que ve que todo toma un camino distinto, quizás falso. El piensa hacer un bien indicando el desarrollo justo, pero Jacob reta la acción de su primogéni-

215

to (Gén. 49:4). Es la misma tendencia de querer ayudar al desarrollo, de la cual oímos también en el relato de Uza (Sam. II 6:6-10), quien quiso sostener el Arca de la Alianza al estar ésta en peligro de caerse. El hombre no debe interferir en el curso de la historia.

A pesar de Rubén, el número de los hijos de Jacob queda en doce, tal como se encuentra expresamente escrito en Gén. 35:22. Pero finalmente llega aquel decimotercero del lado de Jacob, cuando la tribu de José es dividida en dos partes: Efraím y Menasés, nacidos en Egipto. Así llega el número de las tribus finalmente a trece. El decimotercero proviene realmente de Raquel, si bien fue indirectamente, por intermedio de José (Gén. 48:1). El hombre no debería preocuparse por el curso de la historia, ya que no sabe que es lo que ocurre del otro lado de los acontecimientos.

Así, el decimotercero es una unidad, es la expresión de la palabra "uno" en otro nivel, el 13, el que tiene lugar después de nuestro tiempo, después del 12.

Después del 130 de Adán tiene lugar un nuevo mundo. Set ocupa el lugar de Abel. Mientras el hombre Caín, el lado corporal, vivió sólo durante siete generaciones, Set vive durante diez generaciones.

Con Noé, con la décima generación, proviene un gran cambio en el mundo. La tierra, debilitada después de haber comido del *árbol del conocimiento*, vuelve a encontrar nuevas posibilidades. La Tradición relata de manera extensa sobre este hecho. Se volvió a tener poder sobre la tierra. Se cuenta que antes de Noé los dedos del hombre estaban juntos aún; a partir de Noé, el pulgar se enfrentó con el resto de los dedos. Llegó un tiempo de gran abundancia.

También los hombres en la tierra comenzaron a multiplicarse y "generar hijas" (Gén. 6:1). Vemos que se está acercando un final, el fin del primer *Toldot* está a la vista.

La multiplicidad es expresada por el dato de que nacen muchas hijas, ya que la mujer es expresión de cuerpo, de la materia. La extensión de la materia sobre el final de un período es típico. Muchas hijas, o sea muchos cuerpos, nacen. En Egipto, el faraón ordenó tirar a los varones recién nacidos al agua. Las niñas pudieron quedar con vida. El mundo de la dualidad ama la materia, ama la fuerza del desarrollo. Los hombres futuros son arrojados al agua sin color y sin forma para perecer en ella. El agua iguala todo.

Los egipcios se dedicaban a la impudicia con las hijas[37]. La fuerza material desea metas falsas, pero el cuerpo debe ser unido al Alma para que el hombre íntegro se forme. Cuando al cuerpo se le impide esta meta, es objeto de la impudicia. Dejado solo, cae en goce y embriaguez.

La Biblia no ve en la mujer un ser inferior. No ve en ella una esclava. El hombre debería entender que con ella se ofrece la posibilidad de la unificación. En Gén. 2:18 este concepto está expresado con las palabras "ayuda idónea para él", su *"Ezer kenegdó"*, literalmente: "ayuda que se le enfrenta". La tarea de la mujer en la unificación es tan importante como la del hombre. Ella debe aprender a ocupar su lugar de tal forma que se logre la meta, la unificación de la creación con Dios.

En la Biblia, ningún orden social viene a ser prescripto. Sólo se habla de él en forma de imágenes en el tiempo. La Biblia describe cómo es el mundo. Recién entonces se puede edificar un estilo de vida. La mujer, en la sociedad, tiene la misma dignidad que el hombre; puede ejercer todas las profesiones. Si no lo hace, es por ella misma. En este mundo, la meta del hombre es la unificación del principio masculino con el femenino. El compromiso entre ambos prepara la unificación; no se basa en reflexiones prácticas. "Comprometido" (masculino), en hebreo, es *'JaTáN'*

—8-400-50. Esta palabra está construida sobre la octava letra del abecedario, la letra *JeT*, 8-400; y finaliza con la letra *Nun*, 50. Ya conocemos el 50 como expresión de lo "octavo", aquel "octavo día" que representa el Mundo Futuro. Por lo tanto, tal como en su principio la voz *Jatán* muestra el "futuro" —el 8— finaliza también con lo *futuro*, el 50.

"Comprometida", en hebreo, es '*KaLáH*', 20-30-5. Con el *Hé* como desinencia se expresa el 5 femenino que espera su reunión con lo masculino. El *Hé* es la desinencia de las palabras de género femenino. La raíz de la palabra es entonces *KaL*, 20-30, que traducida significa 'todo', cuyo valor total es 50. El día de la revelación es el octavo día. En él está contenido el 50 en forma de $7^2 + 1$, o sea que el *séptimo día* ha culminado, siguiendo a continuación el comienzo del *octavo día*.

Los "comprometidos", que se han encontrado en el séptimo día, se han unido entre sí. En la estructura de la palabra cada uno lleva el "ocho", porque la destinación de ellos está en el "octavo día", tal como se expresa ya en su manifestación del "séptimo día".

"Boda", en hebreo, es '*JaTuNáH*': 8-400-50-5, voz que deriva de *jatán*. En ambas voces se encuentra el *Jet*, 8; y el *Nun*, 50. Este es el origen de la costumbre de hacer girar a la novia alrededor del novio siete veces en la ceremonia de la boda; y de la costumbre de los siete días festivos posteriores a la boda, dejando a los novios solos, como unidad, para sí, recién en el octavo día.

En este esquema la mujer no está sólo en un plano de igualdad con el hombre, sino que es *parte indispensable* en todo el sistema. Tal como es simbolizado a través de las siete vueltas que la novia da alrededor del novio —del centro— la mujer es la materia que rodea al núcleo; y sólo por su mutua unión el mundo existe.

218

Hacia el final de un tiempo provienen entonces "las muchas hijas" que son expresión de la cultura caínica, de los que hacen materia. Los "hijos de Dios" eligen entre estas hijas a sus mujeres (Gén. 6:2). Los "hijos de Dios" son hombres creados a la imagen de Dios, tal como se cuenta de la generación de Set. Eva dijo de Set, quien ocupó el lugar de Abel: "Dios me dio otra simiente por Abel, a quien Caín ha matado" (Gén. 4:25).

La multiplicidad y la abundancia siempre significan seducción. La belleza de las hijas seduce al hombre. La materia atrae al Alma, el Alma no puede resistir, al contrario, da su enorme energía a la materia, y "gigantes" nacen con fuerzas más allá de lo normal. "Llegaron poderosos al mundo, hombres famosos" (Gén. 6:4). Ellos mismos se asignan nombres. El sentido de ello es para que el hombre pueda gobernar él solo el mundo. Pero Dios interviene, y decide arruinar este mundo. Si lo dejara existir, los hombres se alejarían más y más del origen. Creerían ser dioses.

Viene el fin del primer *Toldot*. Noé tiene 600 años. El nuevo mundo que ahora comienza es el del séptimo día, el séptimo siglo de Noé. Comienza el segundo de los cuatro *Toldot*, consignado en la historia del tiempo con la letra *Hé* del Nombre Divino. El primer 10, el *Iod* ha concluido. Comienza ahora el primer 5 del Nombre 10-5-6-5.

IV. LA PALABRA LLEVA LA VIDA
A TRAVES DEL TIEMPO

Dios les dio a los hombres un tiempo de 120 años después de haber decidido destruirlos. "Borraré al hombre que he creado de sobre la faz de la tierra, desde el hombre hasta la bestia, hasta el reptil, y hasta las aves del cielo, porque estoy arrepentido de haberlos creado" (Gén. 6:7).

Los 120 años representan en el viejo saber la medida de la vida individual en este mundo. Cada vida humana debe prolongarse, en principio, 120 años. Tal como el tiempo infinitamente largo es medido con el 400, y la multiplicidad que lo abarca todo en lo humano viene a ser medida con el 70, tal es la medida de los 120 años de la vida humana. Pero el 130, o sea lo que es más que 120, es la medida de la unificación. No se debe comparar estos 120 años que existen en otra fase con las edades vitales de las primeras diez generaciones, ni tampoco con las cinco siguientes. Sólo Moisés, "el registrador del Pentateuco", alcanzó estos 120 años como medida vital. Los 120 años forman entonces una medida simbólica y absoluta para la vida humana.

Dios le hace saber a Noé cómo realizar el pasaje al siguiente mundo, y cómo superar la marea por venir, construyendo un arca.

¿Qué es este arca que debe llevar a Noé y a los suyos junto con otros portadores de la vida animal, al otro nuevo mundo?

221

El mundo destinado a la aniquilación es equivalente al sexto siglo de la vida de Noé, equivalente al mundo del sexto día. El relato se refiere a la transición del sexto día al séptimo.

En hebreo, "arca" es *'TeBáH'*, 400-2-5. Sólo en dos relatos aparece la palabra en la Biblia: en el relato del diluvio, y en Exodo 2:3-5, donde se trata de la *tebáh*, la barquilla en la cual fue depositado el niño de Amram y la hija de Leví (los padres de Moisés). Por ello se habla del arca también como un armario. El Arca de la Alianza no era una *tebáh*, sino un *Arón*, un Armario de Alianza.

Las medidas de la *tebáh* le fueron prescriptas a Noé. La debe construir de un largo de 300 codos, un ancho de 50 codos, y una altura de 30 codos. En letras, *Shin* = 300, *Nun* = 50, y *Lamed* = 30. Estas tres letras son los componentes de la voz *LaShóN*, 30-300-50, *cuyo significado es 'lengua'*. *Tebáh* no es sólo la voz que designa 'arca' o 'armario'. También, y en primer término, significa 'palabra'. Lo que entonces lleva la vida de un mundo a otro se denomina en hebreo 'palabra', *tebáh*, cuyas medidas equivalen a los valores numéricos de la voz hebrea *"lashón"* (lengua).

Ello significa que son la palabra y la lengua las que llevan la vida de un mundo a otro. ¿Y no es también la Biblia uno de esos portadores de vida? Es la lengua que da las medidas a la palabra. La vida está envuelta en la palabra, en las medidas de la lengua. Allí queda conservada y puede volver a salir en el nuevo mundo, tal como se coloca bienes en un barco para salvarlos, de llevarlos a un lugar seguro, mientras que alrededor todo está devorado por las aguas y su modalidad.

También Moisés fue colocado en una *tebáh* en el Nilo quedando a salvo. El pasaje a la tierra de Canaan se hizo por la marcha a través de las aguas del Jordán, tal como el éxodo de Egipto está determinado por el cruce de un mar de agua. La palabra hebrea *"MaIM"*, 'agua', 40-10-40, ya fue vista. Tiene como estructura la letra *Mem*, cuyo nombre indica 'agua'. *Mem* denota lo fluyente, lo móvil, como lo es también el *tiempo* en su calidad de corriente continua. Por ello se mide el tiempo con el 40, con el *Mem*, el agua. El antiguo símbolo de la *Mem* era una línea ondeada como el movimiento de una ola: ~~, y que a través de la escritura griega llegó a nosotros como "M".

Hemos visto que la vida en el mundo se basa en el *ed* (vapor). El "agua" debió existir primeramente para hacer posible la vida y expresarla en forma, espacio y tiempo.

La marcha por el mundo es una marcha por agua, por el 40 como medida temporal. Para no ahogarse en el agua y en el tiempo Dios da la instrucción de construir una *tebáh*, la *palabra* que nos lleva a través del mundo como un barco a fin de preservar nuestra personalidad. Por lo tanto el camino del séptimo día es un camino a través del tiempo. Por ello la marcha por el desierto necesitaba cuarenta años.

El hombre se mueve a través del séptimo día como un barco a fin de lograr, en la otra orilla, el octavo día.

Ese barco es la *palabra* que Dios dio a Noé, y que éste construyó en ciento veinte años.

Cuando tuvo lugar la marea, Noé tenía 600 años (Gén. 7:6). La construcción de la *tebáh* le demandó 120 años. Estos 120 años están en la proporción 1:4 respecto de los 480 años anteriores de su vida. En el "uno" se construye la palabra, se comprende la lengua.

Suben al arca Noé y sus tres hijos. Una cuaternidad, de la que se puede decir "el máximo desarrollo". La cuaternidad es masculina y femenina. Así, entran a la *tebáh* seres masculinos y femeninos. Tres son los pisos que se construyen (Gén. 6:16). También, la voz *TeBáH* consta de tres

El antiguo signo hebreo del siete, del "Zain"

Es la imagen de un barco con remo. También este signo nos llegó a
través de la escritura griega y es ahora nuestra letra "Z".

partes, es tridimensional. Consiste en su raíz hebrea de tres
letras.

Se dice de ella que Noé la debe construir acabándola "a
un codo de la parte alta". Las traducciones de este versículo
(Gén. 6:16) son muy diversas y parcialmente poco claras.

Es importante detenerse en la expresión "acabándola a
un codo de la parte alta", porque de ello se deduce que la
tebáh tendía a cerrarse hacia arriba en una punta, y que la
superfice superior era de un codo de alto por un codo de
ancho, o sea que tenía forma de una pirámide trunca[39] (ver
esquema). La punta, la "piedra" superior, el "codo" superior, es omitido a propósito. Se dice "a un codo de la parte
alta".

Se ve la pirámide egipcia en un corte transversal de la
tebáh, la que también "ha llevado a gente de rango superior
a otro mundo".

La *tebáh* contiene en sus medidas proporciones e indicaciones especiales. También las medidas que se han mostrado durante la marea tienen su significado especial. En la
tabla siguiente se puede apreciar la cronología del diluvio,
del *mabul*.

En la totalidad del relato diluviano se pueden discernir distintas fases, tal como se aprecia en el esquema.

Corte transversal de la "Tebá" (arca)

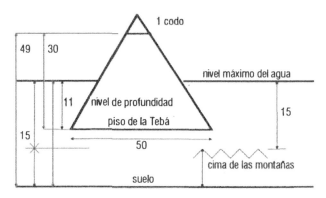

CRONOLOGÍA DEL DILUVIO (MABUL)

1)	Matusalaj muere. Dios espera 7 días. (duelo) Gén. 7:4.
2) 17.2 hasta 28.3:	40 días de lluvia. Gén. 7:11-12.
3) 29.3 hasta 1.9:	150 días, predominan las aguas. Gén 7:24 y 8:3.
4) 1.9 hasta 17.9:	Empieza a disminuir el agua, 4 codos en 16 días hasta que la Tebá descansa sobre el Ararat. Contacto con la tierra. Gén. 8:4.
5) 17.9 hasta 1.11:	Sigue disminuyendo el agua. Gén. 8:5.
6) 1.11 hasta 10.12:	Después de 40 días Noé abre la ventana. Gén. 8:6 (El agua baja 15 codos en 60 días)
7) 10.12 hasta 1.1:	20 días. Noé deja volar a los pájaros. Gén 8:12. Se ve tierra. Gén. 8:13.
8) 1.1 hasta 26.2:	Noé espera aún 56 días. Gén. 8:14.
9) 27.2:	Se abandona la Tebá. Gén. 8:18-19.

Duración de todo el **Mabul**:17.2 hasta 27.2 del siguiente año, o sea 365 días, un año solar completo.

Ad. 1: La Tradición relata que brevemente antes del comienzo del flujo, Metusalaj fallece; tenía 969 años. Dios le dio al pueblo aún siete días por el duelo de Metusalaj;

225

siete días para reflexionar sobre la existencia de la muerte, final también de un mundo que parece vivir eternamente.

Ad. 2: En el decimoséptimo día del segundo mes comienza la lluvia. Noé, junto con los suyos y todos los animales sube a la *tebáh*. De cada uno de los animales puros lleva siete pares; de los impuros sólo un par (Gén. 7:2). La fecha exacta, el decimoséptimo del segundo mes, nos debería sorprender. ¿Para qué esta comunicación tan precisa? El flujo comienza en el año 1656, o sea en el decimoséptimo siglo contando desde la creación. José tenía diecisiete años cuando fue vendido a Egipto. El becerro de oro, que aconteció cuarenta días después de la Revelación en el Sinaí, tuvo lugar el decimoséptimo día del cuarto mes. Relata la Tradición que Moisés tenía diecisiete años al huir de Egipto. Por lo tanto, se puede suponer que el número 17 tiene una significación especial, específica. Siempre es empleado cuando algo finaliza, cuando algo nuevo comienza, cuando un nuevo estado se acerca, cuando algo bueno se acerca.

Después del diluvio siguen Abraham y los demás patriarcas. También la venta de José muestra posteriormente, cuando él se ocupa de los suyos, que fue positiva. Después de la huída, Moisés encuentra a Dios en Horeb. Las primeras Tablas de piedra, que fueron rotas, indican también la liberación posterior. El 17 es duro, pero a continuación surge algo mejor.

Encontramos el 17 también en el primer relato de la creación, allí donde un estado culmina y uno nuevo comienza, ya que es la voz "bueno" con la cual finaliza un día de la creación. La Biblia relata: "Y vio Dios que fue bueno". En hebreo, "bueno" es '*TOB*': 9-6-2, cuyo valor total es 17. En cifras, por lo tanto, leemos: "Y Dios vio que era 17". Vemos así que Dios, a ese final que siempre aparece en la creación, llama "bueno". Para aquellos que conocen el *Arbol de la*

Vida y no han cortado su camino de vuelta por el goce del *árbol del conocimiento*, cada pasaje es bueno, y no es destrucción.

El final del sexto día de la creación es calificado como *tob meod* (muy bueno). En hebreo, "muy" es *'MEoD'*, 40-1-4, emparentado en su estructura con *MeT* (muerto), 40-400, y por lo tanto también con *MaVeT* (muerte), 40-6-400.

El diluvio comienza en el decimoséptimo día así como en el decimoséptimo siglo.

La lluvia dura cuarenta días. Según el cálculo lunar, desde el 17/2 hasta el 28/3. Pero no es una mera lluvia terrenal. *Mabul* no es diluvio, sino Océano Celestial. El Océano del cielo sobre el firmamento. Es el derrumbe de todo el edificio mundial y del *tehom*. La separación que Dios ha hecho en el segundo día de la creación se "derrumba".

Ad. 3: Durante 150 días predominan las aguas. Ya que el flujo comenzó en el segundo mes, estos 150 días nos llevan dentro del noveno mes. Los meses de la Biblia son meses lunares de veintinueve días y medio. Así, la lluvia se extiende entre el 17/2 y el 28/3; y el verdadero flujo del 28/3 al 1/9. La Biblia relata que el nivel máximo del agua alcanzaba 15 codos por encima de las *altas* montañas (Gén. 7:20). Puesto que ya sabemos que la *tebáh* tenía una altura de 30 codos, resulta que el agua sólo alcanzaba la mitad de la altura de la *tebáh* por encima de las montañas.

Ad. 4: "Entonces Dios se acordó de Noé... y las fuentes del abismo fueron cerradas junto con las ventanas del cielo, y cesó la lluvia del cielo, y las aguas se iban de la tierra más y más..." (Gén. 8:1-3). También a través de estos versículos vemos que no se trataba de una lluvia común. El agua comienza a disminuir el 1/9. En el decimoséptimo día del séptimo mes el arca se depòsitó sobre el monte Ararat (Gén. 8:4); y dado que el flujo comenzó en el segundo mes, ello ocurrió, por lo tanto, el 17/9. Ahora la *tebáh* toma nuevamente contacto con algo concreto, mientras que antes el agua lo cubría todo. Como aún veremos, al haber alcanzado el agua su nivel máximo, el suelo de la *tebáh* se encontraba 4 codos encima del Ararat. En 16 días, entonces, el agua disminuyó sólo en 4 codos, o sea 1 codo cada cuatro días. Nuevamente vemos aquí la proporción 1:4.

Ad. 5: Sigue disminuyendo el agua hasta el décimo mes. En el primer día del décimo mes se divisan las cimas de las montañas (Gén. 8:5). Nuevamente tenemos que contar 2 meses, obteniendo como fecha el 1/11. Desde el nivel máximo del agua hasta esta fecha han transcurrido 60 días, y el agua ha descendido en 15 codos (ya que se encontraba a 15 codos encima de las montañas). Durante 60 días el agua ha disminuido en 15 codos, o sea 1 codo cada 4 días. Nuevamente la proporción 1:4. "Codo", en hebreo, es *'AMáH'*, 1-40-5, siendo el último *Hé* una desinencia del género femenino. La estructura de esta palabra es entonces 1-40. También el "codo" con el que se mide tiene la estructura 1:4. Al disminuir el agua en 1 codo cada 4 días, tenemos que suponer que el agua sólo disminuyó en 4 codos al depositarse la *tebáh* sobre el monte Ararat después de 16 días.

Con el planteo precedente se aclara también que la base de la *tebáh* se encontraba en el nivel máximo de las aguas sólo a 4 codos por encima del Ararat. Al encontrarse el agua en su nivel máximo sólo en 15 codos sobre las montañas, se comprende que la base del arca se encontraba a una profundidad de 11 codos por debajo del agua. De la altura total de la *tebáh* (30 codos), 11 de éstos se encontraban sumergidos en el agua, mientras que 19 se encontraban por sobre el nivel del agua.

Ad. 6: Después de verse las montañas, Noé espera aún 40 días. El agua sigue disminuyendo. Suponiendo que el agua disminuía uniformemente, en los 40 días hubiera disminuido 10 codos; y si las montañas tenían 15 codos, sólo 5 codos de agua quedaron sobre la tierra. Los cuarenta días de la espera transcurren del 1/11 hasta el 10/12.

Ad. 7: Sobreviene una nueva fase. Noé abre la ventana de la *tebáh* y deja volar al cuervo, que vuela ida y vuelta "hasta que se secaron las aguas sobre la tierra" (Gén. 8:7). Posteriormente, Noé deja volar una paloma, pero esta vuelve. En distancias de siete días, dos veces se deja volar la paloma. La segunda vez ella trae una hoja de olivo, y la tercera ya no retorna. Toda esa fase dura 20 días, entre el 10/12 y el 1/1. "En el año 601 de la edad de Noé, en el primer día del primer mes, las aguas se secaron sobre la tierra. Entonces Noé sacó la cubierta de la *tebáh* y vio que el suelo estaba seco" (Gén. 8:13). Es el 1/1 (el primero del primer mes). Los 5 codos de agua que aún se encontraban sobre la tierra se han ido secando durante estos 20 días, o sea 1 codo en 4 días. Nuevamente el 1:4.

Ad. 8 y 9: Recién en el 27/2 Noé recibe la instrucción de Dios de abandonar con los suyos la *tebáh*. Después de verse nuevamente la tierra, sobreviene aún un período de espera de 56 días (Gén. 8:14-16). Vuelve a salir al mundo. De la *palabra*, de la *tebáh*, la vida sale ahora al mundo.

Del 17/2 al 27/2 del año siguiente, Noé estuvo dentro de la *tebá*, o sea durante un año y diez días. Ya que el año lunar se compone de meses de aproximadamente veintinueve días y medio, y consta en total de 355 días, los restantes diez días significan que Noé había permanecido dentro de la *tebáh* durante 365 días; en otras palabras, durante un año solar completo. Estamos en presencia, entonces, de una conversión de cálculo de años lunares a años solares.

El cálculo de tiempo lunar tiene carácter de izquierda, carácter acuoso. Este carácter de agua finaliza ahora. El cálculo temporal que sigue la constantemente cambiante luna, es reemplazado por un cálculo de tiempo solar, no cambiante. Del mundo nocturno la tierra ingresa al mundo diurno.

El nivel máximo del agua llegó a una altura de 30 codos sobre la tierra.

La altura en profundidad de la *tebáh* era de 11 codos, así que el nivel superior de ésta sobresalía del agua en 30 – 11 = 19 codos sobre el nivel máximo del agua. Todo el movimiento de la *tebáh* juega dentro de estos 49 codos. Ahora comprendemos por qué la *tebáh* tenía su plano superior a un codo (de la punta). Este último codo de la pirámide – *tebáh*, esa piedra faltante de la punta de la pirámide, hubiera significado el quincuagésimo codo. Pero el 50 ya no pertenece al mundo material del séptimo día. El acontecimiento juega dentro de los 49 codos, o sea de los 7 x 7 codos, que constituyen la culminación del séptimo día.

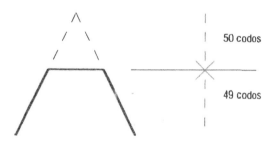

El diluvio tiene lugar al comenzar el séptimo siglo de la vida de Noé. El sufrimiento llega a su culminación en el "séptimo día" cuando el agua llega a una altura que es el doble de la materia sólida (las montañas). Entonces se ha llegado a los 30, 2 x 15. Más allá es imposible. En la palabra "crear", el máximo desarrollo también es este "dos". Al alcanzar el agua su máxima altura, la *tebáh* flota 4 codos por encima de la materia sólida. Allí, el 2 ha culminado, el 2 x 2 ha sido alcanzado. También aquí existe una frontera. La Tradición[40] manifiesta que entonces el fin estaba cerca. La tormenta sacudía a la *tebáh* tan fuertemente que su plataforma casi alcanzaba el quincuagésimo codo. La "palabra", la *tebáh*, llegó casi a la frontera del otro mundo. En este peligro "Dios se acordó de Noé y de todos los animales, de todo lo que estaba con él en la *tebáh*; e hizo pasar Dios un viento sobre la tierra, y las aguas disminuyeron" (Gén. 8:1).

Disminuye el agua. Ya después de 4 codos, o sea de vuelta en el decimoséptimo día del noveno mes del calendario, exactamente siete meses completos después del comienzo del diluvio, la *tebáh* toma contacto con la materia sólida. Es el comienzo del octavo mes. La "palabra" *(tebáh)* desciende a la montaña, toca el mundo, tal como la Palabra Divina descendió al Sinaí.

Ahora se ve algo extraño. El agua ha disminuido en 4 codos. Se encuentra a 26 codos sobre la tierra. Estos 26 se dividen en 15 codos de altura de las montañas, y en 11 codos de profundidad de la *tebáh*. ¡Estos 15 y 11 codos no son otra cosa que el 10-5-6-5 del nombre Señor!

Vemos aquí, expresado en medidas, cómo el Señor se manifiesta cuando la Palabra, con su medida 10-5, toca la materia con su medida 6-5. El 10-5, *IA*, espera su contacto con el 6-5. Cuando este contacto es establecido, el nombre Señor queda coronado. Este contacto siempre es expresa-

231

do como situación después del séptimo día, o sea una situación con la cual comienza el octavo día. Ella surgió por la disminución del agua en 4 codos. La *tebáh* se movía en 4 codos que son el camino del séptimo día. La Tradición habla también de 4 reinos y 4 esclavitudes que el mundo tiene que atravesar para lograr el octavo día.

Después de verse las montañas, el período de 60 días es dividido en 40 días de espera, en la cual la ventana se abre; y en los siguientes 20 días. Nuevamente es un punto que muestra la proporción 2:1 indicando el comienzo de una nueva fase. Durante el '2' tiene lugar la espera, pasividad. Con el comienzo del '1' se manifiesta la actividad de Noé; después de haber pasado el 2 se abre la ventana. De ese modo es posible mirar hacia afuera de la *tebáh*: mirar desde la palabra al mundo; entrar en contacto, a través de la palabra, con el mundo.

"Ventana", en hebreo, es *'JaLóN'*, *8-30-50, emparentada con JaLoM* (sueño), 8-30-40. La diferencia sólo radica en la desinencia: N o M, 50 ó 40. Durante el sueño también se mira dentro de otro mundo. Pero éste está obnubilado por un 40, por el *Mem* del tiempo. Con la "ventana", *jalón*, se crea la unión del 50 con otro mundo, con el del octavo día. La visión se torna clara.

Noé libera las aves por la ventana, en la parte '1' de los 60 días. El cuervo, enviado en primer término, es símbolo del cuerpo; la paloma, símbolo del Alma. Ella retorna al origen trayendo el mensaje, hasta también encontrar su fundamento en el nuevo mundo. Noé quita la cubierta, el camino hacia arriba es liberado, la unión es definitiva.

La paloma trae como mensaje la hoja del olivo. El olivo ocupa el sexto lugar en el sistema de los frutos. La Tradición manifiesta[41] que es un fruto amargo. El Alma enviada al mundo en el sexto día, el día de la creación del hombre, sabe que es un camino duro y amargo. Según la Tradición, la paloma toma sobre sí el camino del amor. Del fruto del sexto día surge finalmente, aunque sea por dura presión, el aceite, símbolo del octavo día. Recordemos la relación entre *shemen* (aceite) y *shmona* (ocho), símbolo del Redentor del octavo día, del Mesías. El Mesías es el ungido con aceite. Este mensaje es traído por el alma, la paloma, a la "palabra", a la *tebáh*. Después de su tercer vuelo ella retorna a la tierra.

Ha comenzado el primer día del primer mes de un nuevo año; es el año 601 de Noé. Según el calendario, es el día de la creación del hombre, el Año Nuevo bíblico. En otro nivel, es el primer día del nuevo año en el cual el Israel bíblico es liberado de la dualidad egipcia para comenzar el camino al "1", a Canaan.

El calendario hebreo comienza tanto el 1 de Tishrei, día de la creación del hombre, como también el 1 de Nisan, día en el cual Dios anunció un nuevo cálculo temporal por haberse dado la liberación del 2 de Egipto. Con el 1 de Nisan comienza el contar de los meses; y con el 1 de Tishrei, el de los años. Así, el relato del *mabul* relata el camino de un mundo a otro, muestra las relaciones durante el pasaje, que es una liberación. El mundo pasa de un estado nocturno a un estado diurno.

V. LA MEDICION DEL TIEMPO

El diluvio, el *mabul*, ha concluido. Las primeras diez generaciones ya no están. Ha transcurrido el primer *ele toldot*. El relato bíblico retorna ahora al mundo, pero es otro mundo. Después del 10 del Nombre sagrado, el 10-5-6-5, tiene que tener lugar ahora el 5. El 10 está dividido. El 5 y todo lo que le sigue también parece estar dividido. Dios había dicho en Su corazón: "mientras exista la tierra no debe dejar de existir semilla y cosecha, frío y calor, verano e invierno, día y noche" (Gén. 8:22). También las edades de las generaciones que ahora tienen lugar están prácticamente cortadas a la mitad. Si antes eran de aproximadamente 900 años, ahora son sólo de 450. Esta división por la mitad hace enfrentar opuestos. Ahora se enfrentan los dos 5 del Nombre sagrado, separados por el "gancho 6". Lo redondo viene a ser símbolo de un mundo infinito. El arco de la curvatura llega a ser símbolo: "He puesto Mi arco dentro de las nubes; será signo del pacto entre Yo y la tierra" (Gén. 9:13). En lo redondo pareciera no existir un fin.

El relato siguiente debe expresarse en el 5 tal como el anterior se expresó en el 10. El final del 5 no será un fin, porque los dos 5 deben unirse para llegar a ser 1.

Después de la expulsión del Paraíso, sobre el final del sexto día, el séptimo día indica el camino del retorno. En este volverán a unirse los dos 5. El diluvio es un paralelo a la expulsión del Paraíso, pero en otro nivel, otro mundo. Ambos se encuentran sobre el final de un "sexto".

Después del diluvio, Noé aún vive durante 350 años. Después del 6 x 100 hasta el diluvio, vienen ahora 3½ x 100. En la vida de Noé, al comenzar él su séptimo siglo, sigue un tiempo consignado por 3½.

El diluvio se dio en el año 1656. El viejo mundo fue abandonado en el año 1657. Dos años después del diluvio, 1658, nace la descendencia de Sem. En el año 1658 comienza entonces la segunda parte de los cuatro *ele toldot*. El 3½, que es la medida válida para la vida de Noé después del diluvio, da contenido también al momento de la fase del pasaje: 1656-1657-1658. Noé, el constructor de la *tebáh*, o sea de la palabra, es para la Biblia también el creador de la palabra en el tiempo. Sobre él podemos construir un puente que va desde la estructura de la palabra a la estructura del tiempo.

El nombre Noé, *Noaj*, 50-8 está vinculado con "consolar" y con "descansar"; con la llegada dentro de un nuevo mundo a pesar del fin del anterior. El valor total de la voz *Noaj* es 58. El 58 es por esencia la medida para el pasaje, y con ello también la medida para lo "séptimo". En las cifras anuales vemos: 1656, luego 1657 —que es el año del pasaje— y finalmente, como comienzo del nuevo mundo, 1658.

Si tomamos el 3½ de la vida de Noé como medida, vemos que estos 3½ x 1656-1657 es precisamente 5800. Estos 3½ aparecen también en Daniel 12:7, donde leemos: "Un tiempo y dos tiempos y un medio tiempo".

De estos 3½ ya hemos conocido una parte. Hemos visto que la estructura temporal del Pentateuco tiene el carácter de un tiempo y un medio tiempo, o sea 1½. Ahora encontramos que el 1½ tiene a su lado un "tiempo doble", un 2. Ese 2 del mundo representa una medida esencial: es el 4 frente al 3; el 4 veces medio tiempo frente a 3 veces medio tiempo. El 2 del mundo es, en este 4, como la mujer que quiere unirse al 1√2 del Pentateuco, al 3 del hombre. El 2 del tiempo doble del mundo es el tiempo largo, el tiempo redondo, infinito, que viene a ser unido en el núcleo del Pentateuco, al 1√2, y hace entender que el 3√2 es la medida para todo el séptimo día.

Existen por lo tanto 7 "tiempos medios", 7 períodos como aquellos que llevan desde la entrada al mundo después del diluvio hasta la entrada en Canaan. Tres de los 7 tiempos medios dan su forma al Pentateuco. Por ello esta proporción es la que vale para llegar a ser puro. Puro e impuro, por supuesto, no son conceptos higiénicos como tantas veces se cree, sino en primer lugar una actitud del hombre frente a la vida. Por ejemplo, aquel que entra en contacto con la muerte deviene impuro. Durante 7 días permanece impuro (Núm. 19:11-12). Son los 7 días de este mundo. Pero ya en el tercer día hay que purificarse del pecado, ya que de lo contrario no se llega a ser puro ni siquiera en el séptimo día. Quien no se deshace del pecado en el tercer medio tiempo no llega a ser puro ni sobre el final de los 7 días. Los 7 reciben su sentido recién por el suceder durante el tercer día.

El polvo, del cual el hombre está hecho (Gén. 3:19), en hebreo es 'AFaR': 70-80-200, cuyo valor total es 350, o sea el 3√2 de las centenas. "Cuerno", característica de los animales de sacrificio, en hebreo es 'KeReN': 100-200-50, cuyo valor total también es 350. En la práctica judía, el cuerno es utilizado como instrumento de viento en los primeros dos días del nuevo año, o sea cuando el hombre surge en este mundo como ser vivo. A través de este *cuerno* entra el aliento vital al cuerpo, que toma por eso en la estructura temporal la medida 3√2.

También en el décimo día del año, en el día cuando finaliza el ciclo nuclear, se sopla este cuerno. El décimo día del quincuagésimo año es el día de la reconciliación, del retorno de todo a su origen, a la libertad (Lev. 25:8-13). Este cuerno, en hebreo, es el *ShoFaR*: 300-80-200. El valor total del nombre del cuerno, aquello que por sí es 350, es 580. También en este caso vemos una relación entre el $3\sqrt{2}$ y el 58 (Sin considerar los decimales).

El $3\sqrt{2}$ y el 58 ya nos es conocido por el nombre de Noé y por su tiempo vital después del diluvio. La medida $3\sqrt{2}$, como medida del séptimo día, también se expresa en las cinco palabras con las cuales se cuenta en la Biblia la creación del séptimo día (Gén. 2:1-2). El sonido del *shofar*, aquel que hace el "uno", se denomina *TeKIA*: 400-100-10-70, valor total 580 = 58.

Tal como el 40 y el 400, el 50 y el 500 respectivamente, son medidas absolutas. Así, la medida temporal para lo corporal es este 58, 580, y 5800.

Por eso el Pentateuco, que llega hasta el límite del octavo día, tiene 5845 versículos. Estos están en relación con el relato de la creación de los seis días, relato que contiene 1671 letras; $3\sqrt{2}$ x 1671 arroja un resultado de 5848 (casi exactamente el número de versículos).

También existe una relación entre la cifra 1671 y las fechas anuales de 1656-1658. En el acto de reconciliación entre Jacob y Esaú (Gén. 32:13-16) éste le regala 580 animales, o sea le entrega todo el tiempo de este mundo. Esaú recibe como lugar de residencia *SEIR*: 300-70-10-200, cuyo valor total, nuevamente, es 580 (Gén. 36:8). El 58, el 580, y el 5800 parecen una medida de duración en lo material.

"Año", en hebreo, es *'ShaNáH'*, 300-50-5, siendo el último 5 sólo una desinencia; quedaría entonces 350 ($3\sqrt{2}$). *Shaná* está emparentado con el concepto de "cambiar":

300-50-5, significando precisamente cuál es la implicancia del $3\frac{1}{2}$, es decir, que algo puede cambiar fundamentalmente.

La Biblia deja en claro que con el 58 y el $3\frac{1}{2}$ x 1657 algo único viene a ser designado, pero tenemos que considerar que los años mencionados no son meros años de nuestro cálculo temporal, de nuestra forma de manifestación. El cálculo temporal bíblico está determinado por el elemento divino, como también por el elemento humano. Ello significa que lo esencial encuentra su expresión en el tiempo mecánico. Para entender mejor lo que eso significa se debe conocer las medidas de lo esencial, que están fijadas y llevan a lo manifiesto. La palabra de la lengua hebrea contiene el secreto de la medida.

La Biblia da indicaciones precisas para la medición del tiempo bíblico con las medidas fijadas por Dios en ella. Con la ayuda de estas medidas se puede determinar en que punto del tiempo nos encontramos. De estas medidas se desprende que el fin depende de la relación del hombre con Dios, y recién en segundo término del curso del tiempo que nos parece mecánico.

VI. EL OJO Y EL OIDO DEL CRIADO

Después del diluvio Noé fue campesino (Gén. 9:20) y cultivó la vid. La traducción textual expresa: "Hombre del suelo". Dirigía su atención a las manifestaciones materiales, tal como Caín lo había hecho en otros tiempos. Bebiendo vino de su viñedo, se embriagó y se desnudó.

El viñedo, que juega un importante papel en varios puntos de la Biblia, es en hebreo *KeReM*: 20-200-40, valor total 260. Por lo tanto está emparentado con las 26 generaciones que tienen lugar hasta la Revelación. *Kerem* expresa entonces aquello que se mueve a través del tiempo.

Al mismo tiempo se da la advertencia de ser cauteloso con el propio fruto. El que santifica el fruto, o sea que lo une con el ser (esencia) y comprende que Dios ha creado el viñedo para tal fin, éste podrá vivir en el mundo como un viñedo, y comprender su significado. Pero aquel que emplea el fruto para sí, para su goce, se embriaga. La embriaguez del mundo lo inunda, pierde la medida y como hombre, se torna ridículo.

El embriagado se desnuda, se muestra desnudo, se muestra materialmente como un animal inteligente. Así ve Ham a su padre Noé. Ve su desnudez porque emplea sus sentidos. Cuando más tarde llegan sus hermanos Sem y Iafet, ellos hacen lo contrario. Para no hacer uso de sus sentidos entran de espaldas a la cabaña, a fin de cubrir la desnudez de su padre.

En consecuencia reciben de Noé una bendición, o sea la unión con su origen, con Dios. Pero a Ham se lo hace criado de ellos (Gén. 9:25-27).

El comienzo en el nuevo mundo muestra el mismo modelo que el comienzo en el Paraíso y la historia con Caín. Noé había incorporado la fuerza de la evolución para su goce terrenal. Por eso apareció la desnudez. En su desnudez se mostraba la fuerza de la evolución. El que mira como Ham ve esa desnudez..., ve que el hombre es un ser biológico de desarrollo superior. Les cuenta a sus hermanos en forma denigrante lo que ha visto en su padre y su descendencia.

Quien sólo confía en sus órganos de sentido llega a la conclusión de que todo lo pasado fue bajo y primitivo. En todo caso espera que el futuro traiga más progresos como resultado de la evolución. Por la misma razón guarda escepticismo frente al consejo de la generación anterior: "¿Cómo pretende esa generación saberlo todo mejor que nosotros que estamos tanto más adelantados, adultos ya nosotros mismos!?" Así vuelve a generarse la rebelión de las generaciones.

Lo mismo ocurre con la Biblia. Es seguro que su texto proviene de la antigüedad, este hecho solo ya es suficiente para crear determinada actitud. Como ser moderno se "puede" comprobar "sus contradicciones" con la actitud de quien lo sabe todo mejor. Quizás resulte interesante que la arqueología pueda comprobar mucho, pero las ideas que el texto contiene no se pueden excavar. A veces se comprende lo leído como una teología moral, que puede ser útil para la sociedad actual. Esta es la actitud de Ham.

La Tradición[42] cuenta que Ham habló un poco irónicamente de su padre y de su propia descendencia. Su juicio debió ser así, ya que el empleaba sus órganos de sentido, su criterio era corporal. La materia no puede tener otra posición. Sem y Iafet, conscientemente, no quieren emplear sus ojos, quieren cubrir el desarrollo terrenal. Noé entendió que Sem había reconocido al Señor, y lo bendecía. A Iafet, quien seguía a Sem, le dio su bendición para extenderse sobre el mundo y para una ulterior unión con Sem; en cambio Ham fue maldecido en su cuarto hijo, Canaan. Así, llegó Canaan a ser criado de sus hermanos (Gén. 9:22-27).

La Tradición[43] manifiesta que en realidad fue Canaan, hijo menor de Ham, quien vio a Noé desnudo, y se lo comunicó a su padre. Pero Ham no hizo nada por cubrir su desnudez, sólo se burló de su antecesor.

La esclavitud de Canaan significa que debe depender de Sem y de Iafet. El siervo se enfrenta con su "señor", como el cuerpo con su alma. Quien no toma del *árbol del conocimiento* llega a ser dueño de su cuerpo, dueño de su siervo. Por ello, cuando la Biblia habla del siervo cananeo apunta hacia el cuerpo con su fuerza evolutiva, su carácter terrenal. Permanece en dependencia del Alma, del hombre quien quiere unir su camino de vida con Dios. El siervo hebreo, en cambio, es el hombre que se ha desviado del camino recto y que se encuentra bajo dependencia del cuerpo. Pero ésta dura sólo seis años, en el séptimo año (séptimo día) él puede liberarse. También sabemos ya que él puede rechazar esta libertad, pero en el año del jubileo, en el quincuagésimo año, debe liberarse. Ya hemos hablado sobre la perforación de la oreja con un punzón (cap. VII parte I).

"Oreja", en hebreo, es *'OZeN'*: 1-7-50, valor total 58. Esta estructura nos muestra que el tiempo eterno es expresado en el 4, en el 400 (la oreja es perforada en la puerta, *dalet* (4); con un punzón, *MaRTzeA*, 400), y también en el 7 x 7, culminación del séptimo día; y está presente también en aquello que pertenece al cuerpo humano, o sea en la esencia de la oreja, *OZeN*, que por lo tanto tiene el valor total de 58. "Ojo", en hebreo", es *'AIN'*: 70-10-50, que consigna al mismo tiempo el número 70 (ver Tabla I). Con el *ojo* se puede percibir lo múltiple en el nivel humano, el 70. "Ojo" y "oreja" tienen los mismos componentes estructurales, pero en niveles distintos. Otra vez es el 1 y el 7 que se combinan con el 50 del octavo día. El valor total de "ojo" es 130, o sea más de 120. Ver con el ojo no sólo la superficie, sino penetrar hasta la esencia, al 130, es "ver" igual a como la "oreja" llega a la medida del día siguiente, el 58.

El hombre debe unir sus órganos sensoriales con el Mundo Venidero, no quedarse apegado a este mundo. Justamente gracias a su fuerza de decisión él puede orientar sus órganos de sentido en la dirección de la meta del mundo.

El criado de la Biblia de ninguna manera es un esclavo. Tampoco es un negro, sino es la representación de la corporeidad que expresa la fuerza evolutiva. El cananeo era vista históricamente como blanco. También otros descendientes de Ham son blancos, y no todos los hombres de piel oscura son hamitas. En el mundo actual no se puede reconocer ya el origen de los individuos; y por ello, desde el final del tiempo bíblico en el Viejo Testamento, no es aplicable en la práctica judía la orden de que amonitas y moabitas no puedan pertenecer a la comunidad. El mundo cambió. Aquellos conceptos adquirieron otros valores. Quien piensa hallar el sentido de la vida sólo por la percepción sensorial, tal como Ham y Canaan, va por un camino equivocado. Hace planes pretendiendo lograr mucho, pero el destino lo lleva de una manera inesperada. El cree ser señor, ser libre... En realidad no está libre. Esta es la característica del criado bíblico.

VII. LA CAIDA EN LO MULTIPLE

Al final del segundo *ele toldot*, tiempo de Noé, irrumpe nuevamente lo múltiple. Reina una tendencia y una lengua. La lengua de Sem, la que refleja la esencia de cada cosa, la lengua de Dios en la Biblia[44].

La voluntad humana ambicionaba la construcción de una ciudad, de un lugar de desarrollo vital intenso. La Tradición[45] comenta que se quiso extender la vida terrestre hasta el cielo, conquistarlo; para hacer más segura, más gratificante y más liviana la vida terrestre[46]. Se creía poder lograrlo con la ayuda de medios materiales. Las fuerzas del cielo debían incluirse al servicio de la tierra. Se tiraba con flechas al cielo para bajar sus fuerzas. Más y más altos se debían llevar los ladrillos.

Al final tardaba un año hasta que cada piedra llegaba a lo alto. Si se caía durante el trayecto provocaba un duelo como por un muerto. La humanidad entera tuvo que trabajar en la construcción. En total eran 600.000 obreros.

Es la misma cifra que se encuentra en el éxodo de Egipto. Cuando un mundo finaliza surge el número 6. Es la marca de un fin, de una multiplicidad, de una fuerza material, de una embriaguez. Así, la Tradición[47] manifiesta que este mundo debe existir durante 6000 años, y que después vendrá el Mesías para llevarlo al "séptimo día". Estos 6000 no son meros años dentro de nuestra manifestación formal, como los 600.000 tampoco son una mera cifra dentro de nuestras manifestaciones fenoménicas. Los números quieren indicar que una situación está surgiendo, como al finalizar el sexto día en el Paraíso, o como el fin de los tiempos antes del diluvio, cuando el desarrollo aumentaba más allá de todas las medidas.

En cambio el final del séptimo día tiene otro matiz. Ahí no se da una explosión hacia lo múltiple. Este final existe sólo para aquellos que han abandonado el mundo de la dualidad y han emprendido en su vida el camino de la unificación. El fin del séptimo día está marcado por el silencio, por la revelación del misterio del mundo y de la vida. No es la sociedad de consumo con todo su desarrollo técnico la meta del hombre en este mundo.

Con todo lo que el hombre encuentra puede establecer la comunicación con Dios, o sea con el otro mundo. Pero una vez en el camino del desarrollo, su testarudez le hace difícil admitirlo. Por supuesto que debe ayudarse a sí mismo también materialmente, pero no debe estar atado y capturado por la materialidad. Sin embargo, ésta fue la situación hacia el final de la construcción de la torre de Babel. El anhelo de unidad, la uniformidad de la lengua, fueron quebrados.

Repentinamente, las opiniones divergieron y los individuos no se entendieron entre sí. Lo que en un principio había dado fuerza al hombre, la unidad, fue reemplazada por la evolución, una evolución sin fin. El hombre quiso construir hasta el cielo, y más todavía: conquistar el cielo.

En la historia del *mabul* todo lo individual pereció en el agua, ahora invade la confusión de la torre de Babel. Se pierde el contacto con lo esencial de las cosas, el misterio de la lengua perece. La humanidad es dividida. Muchas opiniones surgen, una mitad de la lengua se pierde, la imagen es disociada de la esencia. También la edad hasta ahora alcanzada es dividida. Si antes entre Arpajsad y Eber la edad llegaba alrededor de los 450 años, ahora, entre Peleg y Teraj está alrededor de los 230 años. Es un tipo de actitud totalmente diferente con la que el hombre toma posesión del mundo ahora, en realidad surge un nuevo mundo.

El nombre de la confusión babilónica de la lengua, según la Tradición[48], es *Haflagá*. Peleg, el quinto, es el último de las cinco generaciones. Su nombre significa 'partición', ya que en su tiempo el mundo fue dividido. También *Haflagá* significa partición. La gran partición: 10-5-6-5, se divide en el 10-5 y en el 6-5. También la torre, que iba a ser el camino hacia el cielo, se destruye. Al perecer el mundo en el *mabul*, Noé sobrevivió con la *palabra*. Ahora la vida continúa con Sem, que durante la manifestación de la *Haflagá* no toma del *árbol del conocimiento*.

PARTE III

LA CURVATURA

I. EL ENFRENTAMIENTO CON EL *OTRO*

En 1996, año de la muerte de Peleg, cuyo nombre designa la división del mundo por la construcción de la torre, tuvo lugar la *Haflagá*, la partición. Si se contara siguiendo la tabla genealógica, ello ocurrió 340 años después del diluvio. Estos 340 años encuentran su sello en el nombre de Sem, en hebreo SheM: 300-40. "Shem" significa 'nombre', aludiendo a aquel que está en conocimiento de lo esencial, o sea del Nombre efectivo (que hace efecto). En consecuencia de este conocimiento, Sem no es seducido a comer del árbol del desarrollo, del árbol que hace frutos. La *Haflagá* no lo toca a Sem. Sem, y su cuarta generación Eber, son conocedores autoconscientes del sentido de la vida[49], en toda su actitud vital y su práctica diaria. "EBeR": 70-2-200, significa 'del otro lado', 'de la orilla de enfrente'.

Sem conocía el nombre Señor y el sentido de la vida. Eber, como cuarta generación, crea la unificación con el otro mundo, con 'aquel de la vida de enfrente'. La Biblia da a Israel, en consecuencia, también el nombre de *"ibrim"*, 'hebreos', que significa o alude a 'aquel que viene del otro lado', estando en oposición a este mundo, siendo otros, no perteneciendo a este mundo. La lengua de la Biblia, el hebreo, es entonces la lengua de *otro mundo*, 'que proviene de la otra orilla'.

El principio del 'otro lado' se expresa por supuesto también en otras esferas. Por ejemplo, en el segundo relato de la creación, la corriente que viene del jardín del Edén se

251

divide en cuatro brazos principales (Gén. 2:10-14). El primero es Pisón (en hebreo Pishón); el segundo, Gihón (Gijón); el tercero, Hidekel (Jidekel); y el cuarto, el Eufrates (Prat). Según la Tradición[50] el Pisón encuentra su expresión en el Nilo. Todos los acontecimiento se desarrollan en la región de estos cuatro ríos, tal como la vida se desarrolla en los cuatro *ele toldot*, o en los cuatro elementos. En la Cabalá se habla de la existencia de los *cuatro Mundos*. Estos cuatro ríos se enfrentan con el gran río (el 1) como el 1-4 que se manifiesta en todas las cosas. Con los 4 ríos el mundo entero se expresa en el 4. El 4 es en esencia el máximo número terrenal.

Cuando la Biblia indica las fronteras del País, del País Prometido, se está refiriendo a la tierra que debe extenderse de Egipto (Nilo) hasta el Eufrates, o sea desde el primer río hasta el cuarto. Esa Tierra, por lo tanto, contiene todo, el mundo entero, los 4 mundos. Cuando la Tradición[51] dice que el rey Salomón gobernaba sobre todo el mundo se refiere a esta zona.

Que estos ríos corran geográficamente de manera distinta —¿cómo podrían ser estos ríos fronteras del mundo entero?— no tiene importancia. Los ríos geográficos no son representantes de lo esencial del mundo, de una dimensión superior; son imágenes de este mundo.

Los *"ibrim"*, 'hebreos', provienen del "otro lado", del más allá de los cuatro ríos. Desde el punto de vista geográfico se podría decir que provienen del otro lado, del cuarto río, del Eufrates, del más allá de la frontera del mundo. Eber, la cuarta generación, viene del más allá del cuarto río. Por ello, el *ibri* es siempre distinto a este mundo; está siempre en conflicto con él. La Tradición[52] dice que Abraham e Isaac fueron educados en la Escuela de Sem y Eber, y que También Jacob fue discípulo de Eber.

Cuando tuvo lugar la *Haflagá* Abraham tenía ya 48 años. En su tiempo sucede la partición, al final del séptimo día, cuando se encuentra en el cuadragésimo noveno año.

Desde su nacimiento Abraham estaba en conflicto con el mundo, representado por el rey Nimrod, el gran cazador. Nimrod sabe y siente que Abraham no cree en la fuerza evolutiva terrenal, y está convencido de que su falta de fe es un peligro. Nimrod y sus consejeros saben que Abraham cuenta con otras medidas, y que llegará a ser el verdadero líder del mundo; también saben que Nimrod procede de Jus, y por lo tanto de Ham (Gén. 10:6-8), y que será siempre criado del "otro mundo". Por ello, este "otro mundo" les resulta ser un disgusto.

Abraham no sólo es del otro mundo, también lo manifiesta. La Tradición relata muchas anécdotas sobre esta época de él. Ya de niño se burlaba de los dioses que su padre tallaba. Nimrod lo hizo echar a un horno de cal encendido, pero Abraham salió ileso. Contra todas las leyes de la materia Abraham quedó con vida.

Se puede destruir la materia, pero no el ser de Abraham. Con la *Haflagá* adviene el fin de un mundo, pero el "gancho" Abraham ya existe.

El tercer *ele toldot* es el *Vav*, el 6 de la fórmula 10-5-6-5. Este 6 une como gancho el primer 5 con el último 5. Une los opuestos. Con Sem y Eber, Abraham forma el puente hacia el nuevo mundo. No son tocados por la *Haflagá*.

Dios sacó a Abraham del mundo de Nimrod[53]. Abraham se dirigió con su padre Teraj hacia Harán, en hebreo *JaRáN*: 8-200-50. Teraj no pudo continuar, pero Abraham, que entonces tenía setenta y cinco años, siguió camino con su mujer Sara; con Lot, hijo de su hermano; y con todas sus pertenencias que habían llevado consigo, más con todas las almas obtenidas en Harán. Se dirigieron hacia el país de Canaan (Gén. 12:4-5).

En las medidas de este mundo se podría decir que fue un "morir", un camino hacia otro mundo.

El nuevo mundo de Abraham está determinado por Canaan. Es el país que aquí expresa el mundo del origen y al mismo tiempo el futuro, el momento cuando la armonía esté restablecida y la unificación lograda. En la fase en la que domina el mundo de la dualidad, esto se expresa en el 10 superior y en el 10 inferior, dividido en 5-6-5. Es un mundo curioso. En él se encuentra el *Arbol de la Vida*, árbol que es fruto y hace frutos.

Abraham está con Lot, hijo de su hermano Harán. Sobre Harán, cuenta la Tradición[54] que se dejó arrojar al horno por Nimrod, al igual que Abraham, y que sin embargo se quemó, porque al que sigue este camino motivado por lo beneficioso del mismo, le falta el móvil más importante para la unificación con Dios, o sea la fe, el creer a pesar de que lo opuesto se manifiesta.

De Harán proviene Lot, y la Tradición[55] dice que él forma la parte "serpiente" en el hombre, la más desarrollada materialmente. Ya que Abraham entero va hacia el nuevo mundo, también Lot, la parte inferior, lo acompaña. Después de haberle prometido Dios a Abraham este mundo de Canaan (Gén. 12:7), Abraham construyó un altar y habitó un campo entre Beitel y Haai (Gén. 12:8).

El nombre *"BeiTEL"* significa 'Casa de Dios', y en cifras: 2-10-400-1-30, valor total 443. El nombre *"HaAI"* es en cifras 5-70-10, con un valor total de 85. Abraham acampa entre Beitel y Haai; la distancia en lo esencial entre los nombres Beitel y Haai es 443 − 85 = 358. Ya conocemos esta cifra, que es el valor total de las palabras hebreas equivalentes a *Mesías* y *serpiente*.

En Gén. 12:8 se relata que Abraham construyó allí, donde levantó su cabaña, un Altar al Señor, y predicó el nombre del Señor. Cuando Dios da a Abraham y a sus sucesores la Tierra Prometida, Abraham se dirige a ese lugar, que tiene el mismo valor que Mesías. Allí, Abraham se encuentra a la misma distancia de Beitel que de Haai, o sea 179 (la mitad de 358). También esta cifra, la mitad, se refiere a un determinado estado. El "Jardín en Edén", en hebreo 'GaN BeE-DéN', es: 3-50, 2-70-4-50, valor total 179. En el Mundo Venidero, el lugar donde se habita, es realmente el Jardín del Edén. Allí se vive al lado del *Arbol de la Vida*.

La comunicación que ofrece la Tradición, de que Abraham al salir de Harán llega a otro mundo, se basa en el saber de estos nombres y de la estructura bíblica. Después de haber destruido y ridiculizado a los dioses humanos, Abraham llegó al mundo siguiente; a un lugar, que es el Jardín del Edén; a un camino, que es el del Mesías.

Cuando Jacob tuvo la visión de la Escalera Celestial, dijo: "Seguramente el Señor está aquí, y yo no lo sabía; tuvo temor y dijo: 'Qué santo que es este lugar. Aquí no hay otra cosa que la Casa de Dios, y aquí está el Pórtico del Cielo'. Jacob se levantó por la mañana, tomó una piedra que había estado bajo su cabeza, la erigió, vertió aceite sobre ella, y llamó al lugar Beitel. Anteriormente, la ciudad se llamaba Luz" (Gén. 28:16-19). También aquí se nombra Beitel con el valor de 443. Luz, que también en hebreo es LUZ, equivale a: 30-6-7 = 43. Jacob agregó al viejo nombre el 400. De este modo —con la Escalera Celestial que llegaba al Cielo— el camino del 400, este período de servidumbre, la era de los cuatro mundos, llega a su meta. Con el agregado de este 400, Luz se transformó en Casa de Dios, en Beitel.

El nombre *"Beit Lejem"* significa 'Casa del Pan'. El pan es el producto final del trigo, *'jitá'*. En otro nivel, al nivel de la higuera, el trigo es el *árbol del conocimiento*, ya que entre el trigo y la higuera —primero y cuarto, respectivamente, del sistema de frutos— se da la misma relación y afinidad que entre el primero y el cuarto día de la creación (ver tabla 2). Después de la caída, el trigo, que participó de la decadencia, llega a ser el tipo de planta que hace frutos. Desde entonces, el trigo, después de haber sido segado, trillado y molido, tiene que ser mezclado con agua, amasado y horneado hasta que surge el producto final, el pan. Es un camino largo y duro. Se necesita agua y fuego, rompiendo y amasando, camino de la penosa dualidad.

"Pan", en hebreo, es *'LeJeM'*: 30-8-40. "Guerra", en hebreo, es *'MiLJaMáH'*: 40-30-8-40-5; cuya raíz es *lejem* (pan). Todo, en el mundo, surge después de un crecimiento penoso. El trigo, como primera forma de manifestación del principio "crecimiento", tiene que pasar por un camino duro de destrucción, muerte y trituración, hasta que la meta, el pan, sea lograda. El camino del *árbol que hace frutos* encuentra su expresión en el camino del trigo al pan. Por ello, existirá guerra, dualidad, pelea en el mundo hasta su fin.

Bet Lejem es la Casa del Pan, producto final del trigo. En Bet Lejem, Rut llega a Boaz. De su matrimonio nace Obed, abuelo de David (Rut 4:21-22), el rey ungido, que nació en Bet Lejem. Bet Lejem llega a ser entonces el origen de la generación mesiánica. Pero hay más aún en la voz *BeiT LeJeM*. En cifras se escribe: 2-10-400, 30-8-40, cuyo valor total es de 490. Esta es la frontera con el 500, es el 7 x 7 en el nivel de las decenas, es el fin del séptimo día, es el lugar de pasaje del séptimo al octavo día, o sea de este mundo al mundo siguiente.

David, nacido en Bet Lejem, pertenece a la séptima generación después de las 26 que llegan al Sinaí. Es el padre del *octavo*, de Salomón, quien construye la Casa sólida para Dios sobre esta tierra. Según la comunicación bíblica (Samuel I 16:1-13) David es hijo de Ishai, de Bet Lejem, de la ciudad en la cual el séptimo día finaliza, allí donde el trigo llega a ser pan. El trigo, primero de los siete frutos, significa el comienzo de lo múltiple, como el primer día de la creación fue comienzo del 2. El trigo no es el 1. Este 1 se encuentra fuera de los 7 frutos, fuera de la multiplicidad. Con el trigo, ésta comienza. Por ello el trigo ocupa, en cierto sentido, el lugar del *árbol del conocimiento*.

II. LO INCREIBLE

Dios hizo salir a Abraham, y le dijo: "Mira el cielo y cuenta las estrellas, si las puedes contar, y le dijo: Así será tu descendencia" (Gén. 15:5). Abraham se enteró que la vida en el mundo futuro deberá surgir de él. Hagar, la sirvienta egipcia de Sarai, le dio como hijo a Ismael, pero su mujer, Sarai, que llegó a llamarse Sara, era estéril. Ya hubiera estado contento si el futuro se hubiera expresado en su hijo Ismael. Ismael, en la Biblia es *IShMAEL*: 10-300-40-70-1-30, arrojando un valor total de 451. Abraham, quien entonces todavía se llamaba Abram, en cifras es 1-2-200-40, valor total 243. HaGaR, la mujer egipcia, aquella del mundo de la dualidad, en cifras es: 5-3-200, valor total 208. 243 + 208 = 451, o sea el valor total de la voz *Ismael*.

Todo es exacto en este mundo, pero que el pueblo del futuro surgiría de Sara, le parecía inimaginable a Abraham, quien señalando a Sarai estéril se dirigió a Dios diciendo: "Señor, Dios, ¿Qué quieres darme? No tengo hijos..., y Eliezer de Damasco poseerá mi casa" (Gén. 15:2-3).

Eliezer es de Damasco, en hebreo *DaMeSeK*: 4-40-300-100, valor total 444. El heredero, concluye Abram, será este mundo del 4 en todos los niveles, en el nivel de las unidades, de las decenas y de las centenas. Tal como en este mundo el hijo es continuación de la vida; así, en su esencia, la vida venidera *es hija* de esta vida. El diálogo de Dios con Abram se da sobre la vida venidera, que Dios le mostró a aquel.

La Tradición[56] cuenta que Dios le ordenó a Abraham salir para que viera las estrellas, para que mirara más allá de las medidas terrenales. Allí comprenderá que existen muchos mundos y que por lo tanto el futuro no puede ser calculado con nuestras medidas. Dios le hace ver que él debe renunciar a las medidas terrenales de espacio y de tiempo. Le toca vivir entonces lo opuesto al *árbol del conocimiento*.

Abram se había dado cuenta que algo del Mundo Venidero no era congruente con las medidas actuales, "comprobó" que aquello que Dios le había contado no podría ser. El había tomado del *árbol del conocimiento*, se había formado una imagen del futuro. Para sacarlo de este pensar, Dios lo mandó afuera, más allá de sus cálculos. Liberado de las medidas terrenales, sabiendo de otras medidas, Abraham perdió sus dudas, "Abraham creyó Al Señor y le fue sumado por justicia" (Gén. 15:6).

Cuando finalmente debe nacer Isaac ya nadie lo puede creer. Cuando Dios le anuncia su futuro nacimiento, Abraham cae sobre su rostro, ríe y dice en su corazón: ¿Tendré yo con mis 100 años un hijo, y Sara con sus 90 parirá? (Gén. 17:17).

Dios dice que el hijo se llamará Isaac, voz que denota "risa", en hebreo *Itzjak*. Abraham tiene 100 años. El 10, como consecuencia del 4, se ha cumplido plenamente en el 10 x 10.

Isaac nace recién después de la circuncisión de Abraham, recién cuando la envoltura ocultante es quitada. Entonces ese futuro que parecía imposible puede penetrar. Para Ismael, el sucesor terrenal de Abraham, la circuncisión cae en el año decimotercero, cuando el "doce" del tiempo ha pasado ya; cuando el "trece", la palabra "uno", ha llegado. Abraham, que se había circuncidado él mismo, estaba sentado en la puerta de su tienda, en el momento más caluroso del día. Al levantar la vista vio a tres hombres parados ante él. Al verlos, corrió hacia ellos desde la puerta de su cabaña, y se inclinó sobre la tierra diciendo: "Señor, si he encontrado misericordia ante ti, no pases de largo a tu siervo" (Gén. 18:1-3; Gén. 17:24-27).

Abraham espera huéspedes; está preparado para recibirlos como el mensaje de Dios. A través de los emisarios Dios mismo le habla. Uno de los huéspedes le dice: "Volveré a ti de aquí a un año; entonces Sara tu mujer tendrá un hijo" (Gén. 18:10). Lo imposible va a suceder. Los huéspedes también anuncian la destrucción de Sodoma (Gén. 18:20-21).

De Lot desciende Rut como hija de Moab, hijo de Lot. Rut llega a ser la madre matriarcal de la generación mesiánica. El mundo de Sodoma perece. Lot no puede imaginar que pueda existir, además de este mundo, otro; a pesar de que Abraham está tan cerca. El mundo sodómico lo había cegado.

Abraham, él mismo está en un límite; tiene 99 años. primero tiene lugar en él un derrumbe por la auto-circuncisión; después perece el mundo dualístico de Sodoma[57]. Que un nuevo mundo pudiera llegar es tan increíble, tan inverosímil, que lo único que se puede hacer es reír.

La Tradición comenta que Isaac era tan parecido a su padre que los dos se confundían fácilmente; así se espera también de la vida futura: se parecerá a ésta como una gota de agua; no es otra cosa que continuación. Es como el *árbol que es fruto y que hace frutos.*

La circuncisión de Isaac tiene lugar en el octavo día. En el octavo día él es liberado de la envoltura material, después de haber estado envuelto por ella, por la dualidad, durante siete días. Sin embargo, la envoltura no se pierde totalmente; sólo es restringida, plegada, hasta que el núcleo se torna

261

visible. Es el estado del mundo en el octavo día. Por ello existe la costumbre, entre los hebreos, de emplear un sillón, durante la circuncisión, para el Profeta Elías, ya que éste anunciará la llegada del Mesías en el octavo día.

III. EL SACRIFICIO Y EL PARAISO

En el relato sobre Isaac, el sacrificio ocupa el primer lugar. Cuando su vida llega a florecer, Dios se la pide de vuelta. ¡Qué contradicción! De Isaac debe provenir el Pueblo del mundo, y... ¡Dios pide la devolución del mismo Isaac! (Gén. 22).

Es la contradicción que todo hombre siente durante su vida. Por un lado existe una promesa, un saber interior que una vida futura existe; por el otro lado, la vida lleva cada día hacia la muerte. El hombre siempre se cuestiona lo mismo: ¿Qué hay de la promesa, siendo que el camino lleva a la muerte?

El camino conduce a la tierra de Moriá, al lugar del origen del mundo. Uno vuelve allí de donde todo ha surgido. (Moriá no es otra cosa que el Monte del Templo de Jerusalem. Según la Tradición, Isaac iba a ser sacrificado sobre el "ombligo del mundo", el *eben Shetiá*, piedra de la cual comenzó el desarrollo del mundo).

En este camino Abraham lleva consigo, además de Isaac, a dos criados y un burro. La Biblia hebrea habla de "jóvenes". Al tercer día se divisa el lugar. Abraham deja a los dos criados y al burro atrás siguiendo camino con Isaac.

Según la Tradición[59], los dos criados eran Eliezer e Ismael. Ismael, quien había sido expulsado junto con su madre Hagar (Gén. 21:9-14), retornó. La Tradición manifiesta que él quedó entonces con su madre Hagar y con

Abraham, quien volvió a tomarla como mujer bajo el nombre de Ketura[60].

La voz Moriá está relacionada con "enseñar", tal como *Toráh* también significa 'enseñanza'.

"Moriá" significa entonces que el aprendizaje, la enseñanza, la comprensión surgen de aquel lugar, origen del mundo. Quien toma su conocimiento de este lugar comprende el sentido del mundo. Es el lugar en la tierra donde reinan las leyes del '1'.

Lo especial del futuro lugar del Templo era el hecho de que dentro de este pequeño punto se encontraba y se manifestaba todo aquello que en grandes medidas de tiempo y de espacio, en forma complicada y entremezclada, se muestra en tiempos y espacios de este mundo. Por lo tanto, el Templo era un lugar especial y de *otro* mundo, en *este* mundo. Aquí las cosas se presentaban claras y nítidas, y cada acción tenía un efecto distinto a los efectos que se observaban en otros lugares-tiempos.

Por ello, sólo aquí se podía entregar sacrificios. En el lugar del Templo, el Cielo alcanzaba la tierra.

Al sacrificar un animal, el cuerpo en la tierra es sacrificado. En su esencia, animal y cuerpo son lo mismo. Por ello carecía de sentido sacrificar en otros lugares, e incluso fue prohibido.

Muchas veces se lee en la Biblia de sacrificios en "alturas", o sea fuera del Templo. Estos lugares fueron elegidos por el hombre, no fueron aquel lugar del origen determinado por Dios. Por esa razón Abraham emprendió el difícil viaje a Moriá. Siendo ése el lugar del "uno", Abraham dejó atrás la dualidad, a los dos criados que le servían. Dejó atrás a sus herederos por lógica, a Eliezer e Ismael, como también al burro que lo había llevado a través del mundo.

Esta situación tiene un paralelo con el momento de la muerte en la tierra. Se deja atrás la dualidad junto con el cuerpo, a quien se ha "montado".

Llegados al Moriá, Abraham comienza con los preparativos para el sacrificio. A cada animal que se preparaba para ser sacrificado se le ataban las cuatro patas. Cuando el cuerpo quiere "acercarse a Dios", o sea al sacrificio, debe unir primero lo múltiple, o sea la cuaternidad, en "uno". La persona que se encuentra aún en lo múltiple no puede ofrendar su sacrificio.

Después se le corta al animal de sacrificio una arteria del cuello. La circulación sanguínea es interrumpida. El circuito por el cual la vida corre continuamente es interrumpido. Es el que lo tiene al hombre atrapado en el círculo del curso vital. La sangre es llevada en función del sentido del sacrificio, al lugar del Arca, a lo *santísimo*, al origen de todo, a la piedra *Shetiá*.

No es allí donde el animal es sacrificado, sino frente al Altar, en el lado N. Sólo la sangre del animal es salpicada en los cuatro rincones del Altar. La sangre portadora del *Nefesh*, del alma animal, del vivir, es unida al *lugar* de la unidad, aquel lugar en el que imagen y esencia coinciden.

También Abraham realiza con Isaac la *ligazón*. Sus manos y pies son atados, y los cuatro unidos en "uno". Pero en el momento en que la circulación de Isaac debía ser cortada, Dios le señala a Abraham el animal que ocupará el lugar del cuerpo (Gén. 22:9-13). El animal, debido a que ocupa ahora el lugar del cuerpo, el lugar del ser humano, junto con el hombre alcanza el nivel del "origen", liberándose entonces de su naturaleza animal. La Tradición[61] manifiesta que el animal estaba preparado ya desde la creación. Desde la creación todo se encuentra preparado para que el cuerpo siga viviendo, que no pierda la vida, y que el animal entre, de manera sustitutiva, en contacto con el hombre. Pero no es cualquier animal, sino un carnero que se había embrollado con sus cuernos en el seto. Ya conocemos el significado especial del cuerno de carnero.

Abraham estaba dispuesto a sacrificar a su hijo Isaac si Dios se lo pedía. Recién al contemplar la vida de este modo, estando dispuesto a brindársela a Dios, perdiéndola eventualmente, recién entonces el hombre es a *imagen de Dios*, recién entonces actúa sin propósito, actúa por amor, y no por egoísmo.

¿Por qué se le hizo todo tan difícil a Abraham? Porque el hombre debe llegar a su unificación con Dios motivado por su confianza, su fe en Dios. El no debe ser un robot sobre la tierra, un *golem*. Dios le dio el alma divina, la *Neshamá* para que pueda entrar con ella también en el reino de lo divino (como imagen de Dios), pero con confianza, con *Yirat Shamaim* la Reverencia de los Cielos. Recién por la *Neshamá* el hombre llegó a ser imagen de Dios, llegó a ser uno de los *Iods*, que se refleja en el otro *Iod* de la letra *Alef*. Pero esta confianza en Dios tiene que ir hasta el extremo, porque en la vida todo está contenido.

El camino del hombre a través de la vida es el camino al monte Moriá. El debe conocer el camino que conduce al origen. En este viaje tan penoso debe cargar con vejez y muerte porque la meta del viaje es Moriá, que ya pertenece al otro mundo. La Tradición[62] abunda en detalles sobre el camino de Abraham a Moriá. Dice que se encontró con Satán. *"Satán"* significa 'perturbador', el que perturba al hombre en su camino hacia Dios. En hebreo, SaTáN se escribe como 300-9-50, cuyo valor total es de 359. Es el diablo, el saboteador. Está íntimamente emparentado con la serpiente, *NaJaSh*: 50-8-300. 358 suma uno menos que SaTáN.

266

Satán entabló un diálogo con Abraham[63] tratando de convencerlo muy lógicamente que este camino hacia Moriá debe ser un error; que no podría ser que Dios quisiera que Isaac fuera sacrificado. ¡Qué tontería, siendo que de él debe salir el *pueblo del futuro*!

Abraham le respondió que Dios sabía bien lo que hacía, y que recién en el Moriá él reconocerá para qué era necesario todo ello. Entonces Satán empleó otros medios. Hizo cerrar el camino por un río, poniendo obstáculos materiales en el trayecto. En la vida, muchas veces tomamos esos obstáculos como motivo para dejar de hacer algo. A pesar de que el agua le llegaba hasta los labios, Abraham e Isaac no se detuvieron. Finalmente Satán cedió en sus esfuerzos.

La conversación entre Satán y Abraham recuerda llamativamente la conversación entre la mujer y la serpiente en el Paraíso, pero lo que allí tenía que dividirse en dualidad, acá tiene que volver a unirse. Aquí, en el tercer *ele toldot* reina el 6 de la fórmula 10-5-6-5, es el camino hacia la unificación.

La Tradición[64] relata que Isaac tenía entonces 37 años. Una fase del 6, o sea 6 x 6 = 36 había pasado. El entraba en el séptimo. Sara tenía 90 años al nacer Isaac, y falleció a la edad de 127 años. Entonces el año 37 de Isaac coincide con la muerte de su madre. El relato de Isaac en el monte Moriá se denomina, en la Tradición judía, *AKeDáH*: 70-100-4-5, cuyo valor total es 179. También este valor nos es conocido ya; es el mismo que aquel del lugar entre Bet El y Haai, y el valor de *gan be Edén* (Paraíso). En el Paraíso la corriente se dividía en cuatro ríos; en este caso los 4 se reúnen nuevamente en el 1. El *árbol del conocimiento*, el 4, llega a ser *Arbol de la Vida*, "uno".

Por ello, Moriá, donde esta ligazón en lo esencial sucede siempre nuevamente, tiene las medidas del *Arbol de la*

267

Vida. Es el lugar con la medida 500. Como ya se ha dicho, el Templo de Jerusalem, que posteriormente fue construido sobre el monte Moriá, tenía esa medida 500. Por lo tanto ya no pertenecía a este mundo, cuya medida máxima es el 400.

La Tradición[65] manifiesta que la *Akedáb* llevó a Isaac al Paraíso, y después de su muerte allí, él retornó a la vida. La Tradición oral señala que vida y muerte, muerte y vida se suceden muy naturalmente. De este modo, la Biblia deja de ser sólo un Libro para esta vida, sino que caracteriza todas las vidas, en todos los mundos.

IV. LOS MELLIZOS

Jacob y Esaú son mellizos. Esaú es el primogénito. Después de Abraham y de Isaac, ellos ocupan el tercer lugar en la serie de los patriarcas. El tercero siempre aparece en el sistema en su forma doble (ver tabla 2). En Caín y Abel vemos que el primogénito es siempre expresión del cuerpo, tal como en el relato de la creación primero fue creado el cuerpo al que recién después se le dio el Alma. Si Caín es el cuerpo, Abel es el Alma. La relación Jacob-Esaú es la relación alma-cuerpo.

En el sistema, Isaac es el segundo patriarca. El lugar de Isaac como *segundo* implica la estructura del segundo día de la creación, y también una relación con el segundo relato de la creación, que en la jerarquía también es un "segundo". El lugar de Isaac se encuentra entonces en el lado izquierdo, lado del agua. Isaac pelea con Abimelej por una fuente (Gén. 26:16-33). Expresamente, cuatro fuentes son nombradas, aludiendo de ese modo a cuatro mundos, cuatro elementos; en breve, toda cuaternidad. Por el lado izquierdo, lado del agua, lado femenino, cierta afinidad con la mujer está dada.

En el relato nuclear del Paraíso el cuerpo toma el camino señalado por la serpiente como 'mesías'. Así, la mujer llega a ser madre de "todo lo vivo", quiere decir, el cuerpo recibe la fuerza evolutiva. A través de las generaciones el cuerpo lleva la vida. Esto se expresa en los órganos genitales. Ellos son quienes dan al hombre su forma.

269

En un principio está la formación del 2, la separación. La Tradición[66] relata que por el hecho de que Dios haya causado esa creación del 2, un macho cabrío debe ser entregado al Señor como sacrificio junto con los sacrificios diarios de fuego y libación en el día de luna nueva (Núm. 28:15). La luna es expresión de dualidad, expresión del lado izquierdo.

También relata que Dios quiso este sacrificio de pecado para sí, porque había hecho el mundo, en su esencia, de tal manera que la luna nueva tenía que aparecer. La luna es expresión de lo material, del constante cambio, del mundo nocturno y de la desaparición de vida. La luna, en el lugar de la izquierda, frente al sol, está en el lugar de la mujer y del cuerpo humano. Originalmente, manifiesta la Tradición[67], la luna era grande como el sol; los dos eran grandes luminarias, armónicas en su dualidad, como los dos *Iods* en el 1, en el *Alef*. Pero la luna se acercó a Dios, quiso distinguirse del sol, ser más grande que aquel. El hecho que pueda existir una dualidad sin diferencia, no le gustaba. Entonces Dios creó una dualidad de opuestos, o sea, una lumbrera mayor que gobernara el día, y una lumbrera menor que gobernara la noche (Gén. 1:16). Aquello que quiso la diferencia será justamente lo más pequeño y dependiente. La luminaria más pequeña, como símbolo de la noche, determinará entonces también la esencia de *noche*. La esencia *noche* es la forma constantemente cambiante de la luna. De una aparente *nada* crece hasta su pleno tamaño, hacia el círculo. No puede crecer más allá, tiene que volver a disminuir, y finalmente desaparecer en la nada. Este tipo de crecimiento, esta revolución, deberá ser signo del mundo como noche. El mundo de la noche dará la luz indirectamente; su fuente no será la fuente original de luz. Dice Dios que la razón de la rebelión de la luna tiene su causa en la creación del 2, en el momento cuando Él separó la luz de la oscuridad. Por el hecho de que la mujer entró en contacto con la serpiente el sexto día cuando todavía la creación estaba en plena marcha, le fue asignado al cuerpo humano el carácter de mundo nocturno con la luna como su símbolo. Así, la mujer tiene, como la luna, su período mensual, cuya duración se adhiere a la luna.

La luna nueva, el novilunio, alude al principio de la vida. Esta lleva nuevamente a la muerte. Por el hecho que Dios había causado ese movimiento cambiante en la creación, pide ahora para Sí el anteriormente mencionado "sacrificio especial". Es un cabrito, un *GueDI*: 3-4-10. Lo encontramos en el Zodíaco como el décimo signo. La dualización lleva al 3, al 4, y finalmente al 10; a la fórmula 3-4-10.

El sacrificio del cabrito es entonces la reunificación del desarrollo máximo con el origen. La Biblia prescribe que el cabrito no debe ser cocinado en la leche de su madre (Ex. 23:19). Lo que se encuentra ya en el punto más alejado de la evolución no debe ser mezclado con aquello que es primera expresión de la evolución, en este caso con la leche. La leche proviene de la madre, por eso es expresión de la formación de las generaciones. "Leche", en hebreo", es *JaLaB'*: 8-30-2, cuyo valor total es 40, el mismo número que "agua". Por supuesto, está vinculado con "grasa", *JeLeB'*. Aquí nuevamente se ve la lógica de la estructura de las palabras hebreas. El 40 es aquello que significa "largo tiempo"; pero la Biblia señala que el desarrollo máximo ya no entra en contacto con la fuerza misma del desarrollo, o sea con el 4.

Después del "décimo animal" (del Zodíaco), ya no hay otro animal que pueda servir como animal de sacrificio. Los animales de sacrificio que pertenecen a los grupos de los corderos, las vacas, las cabras, están en el Zodíaco en el primero, segundo y décimo lugar. Es el *Aries* del grupo 'corderos', el *Tauro*, del grupo 'vacas' y el *Capricornio* del grupo 'cabras'. La aparición del Capricornio es la imagen del desarrollo más amplio; por esta razón el diablo es visto con cuernos y patas de macho cabrío, ya que el seductor está en el punto máximo del desarrollo, quiere seducir hacia él, y por eso tiene pezuñas de cabra. El primer animal, el cordero, es representante del cuerpo del hombre. Se debe recordar el cordero sacrificado en lugar de Isaac.

Otra denominación de "macho cabrío" es *'SEIR'*: 300-70-10-200, cuyo valor total es 580. Así se llamaba la zona que Esaú tomó en posesión (Gén. 33:16; 36:8). Conocemos este valor total de 580 como un punto final del desarrollo en la materia. La misma significación tiene la voz *GueDI*: 3-4-10, con su valor total de 17, ya que ésta es la medida para el final de un mundo, como cuando Dios dijo: "Y vio que era bueno". La palabra "bueno", *'tob'*: 9-6-2, es igual a 17. El 17 y el 58 (conceptos que denotan un fin) están relacionados con el $3\frac{1}{2}$ x 1657 que nos lleva a la medida y al valor del nombre Noé, al 58 (5800 sin las decenas), valor que también denota un fin (el año 1657 —que equivale al siglo XVII de la creación— es el año en que comienza el nuevo mundo posterior al diluvio —ver Parte 2 Cap. V).

En la luna nueva se ofrenda el sacrificio del pecado. Cada novilunio vuelve a representar el comienzo de un ciclo de evolución, hasta que llegará el tiempo en que la dualidad habrá terminado, y la luz de la luna será igual a la del sol. "Y la luz de la luna será como la luz del sol, y la luz del sol será siete veces más clara que ahora..." (Is. 30:26). Entonces la luna tendrá la luz no reflejada de la creación. Esto sucederá cuando todo haya vuelto a la armonía de la gran totalidad; en el tiempo "cuando el Señor curará el daño cometido a Su pueblo" (Ibíd).

272

V. LO CIEGO Y LO VIDENTE

En la Tradición[68] la esencia "hombre" se divide en tres partes: La parte masculina, denominada *Adán*, representada por la cabeza; la parte femenina *Eva*, representada por el tronco; y la parte *serpiente*, representada por los genitales. En el relato bíblico que versa sobre Isaac, la mujer juega un gran papel en la figura de Rebeca, su esposa. La fuerza del desarrollo con la que ella está enfrentada se encuentra en *EiSaV* (Esaú): 70-300-6. El nombre de Esaú se relaciona con las voces hebreas equivalentes a 'hecho', 'listo'. Es el desarrollo en su punto máximo. Por ello, manifiesta la Tradición[69] que Rebeca está ubicada como Eva frente a la serpiente. Pero ahora estamos en otro mundo, ya no en Edén, sino en el séptimo día, en el tercer relato de los cuatro *ele toldot*, en el *ele toldot* de Sem, el que tiene la misión de unir las dos partes separadas, los opuestos, en el 10-5-6-5.

Isaac quiere dar su bendición a lo venidero, quiere determinarlo. El mismo es el segundo; el venidero, el tercero, debe traer la plenitud, ya que el ciclo cierra con el tercero. Isaac ya es el futuro de Abraham, la promesa de continuación de la vida. Abraham está ubicado a la derecha; Isaac a la izquierda. La armonía debe llegar con el tercero, línea central. Isaac tiene inclinación hacia lo terrenal, hacia aquello que se está desarrollando, él está a la izquierda como expresión de lo que aparece en forma manifiesta.

273

Los hijos de Isaac, los mellizos, Jacob y Esaú, están en el centro. "Jacob es un hombre suave que permanece en las tiendas" (Gén. 25:27), era un hombre casero; Esaú se hizo cazador y deambulaba por el campo. Jacob era estático, un centro quieto; Esaú era activo, siempre en movimiento y sin descanso. El es la inquietud del cazador que siempre es movido de su lugar por la presa, cuya caza nunca termina.

La mujer también es un ser que quiere huir para provocar en el hombre el deseo de cazarla; y el hombre, que acepta el fruto ofrecido, cae en la embriaguez del cazador y cree que todo depende de esta presa.

El cuerpo humano está expresado por la mujer, pero también por el 4. Este 4 siempre quiere escaparse; para el mundo, para la tierra, parece eterno. Su camino va hacia el 40 y el 400, al signo del agua interminable, *Mem*; y al signo del sufrimiento en la esclavitud, el 400. Es el signo representado en la vieja escritura como una cruz. Siempre, cuando se haya cazado este animal, este 4, aparece otro "animal". La inclinación del hombre al lado izquierdo, por lo terrenal, tiene sus consecuencias. En el lado izquierdo viene a ser creado el hombre en el segundo relato de la creación (ver tabla 2, segunda parte); se encuentra entonces en el mismo lugar que Isaac. Este mundo de la izquierda, este mundo de la mujer, tiene carácter receptivo; puede esperar, como mujer está dispuesta a recibir al hombre, lo espera como la novia en el Cantar de los Cantares.

En este lado reinan las fuerzas corporales. El hombre de este lado no ve lo esencial agudamente, su mirada es turbia, ciega, tal como se cuenta de Isaac.

La Tradición[70] comunica que la ceguera de Isaac fue causada por el culto a los ídolos de las mujeres de Esaú. Las mujeres envuelven lo esencial con lo aparente. En el mismo lugar, lado izquierdo, está también el hombre quien toma del *árbol que hace frutos*, el que se deja seducir por la apariencia, el que está "ciego" para lo esencial.

La tendencia humana de juzgar por la apariencia encuentra su expresión en la práctica jurídica. El principio del derecho está claramente expresado en el famoso "ojo por ojo", "vida por vida", en el tan frecuente "debe ser matado". Pero en la práctica no se ha procedido tan rigurosamente; al contrario, el castigo de muerte se ha evitado en lo posible. Después de un crimen los jueces harán todo lo posible por demostrar que los testigos no han percibido correctamente, y que su testimonio es incorrecto. Se trata, por lo tanto, siempre de encontrar contradicciones en sus testimonios. En la mayoría de los casos se encuentran realmente, o por lo menos se demuestra que los testigos están posiblemente equivocados. Cuando los testimonios son irrefutables se lo declara "culpable"; pero entonces, ni siquiera tratándose de un delito capital se ejecuta la pena de muerte[71]. Aún allí vale el principio por el cual el hombre, abandonado por todos los hombres, está todavía protegido por Dios, o sea *se trata* de no pronunciar una condena definitiva en tierra, por considerar que es a Dios a quien le corresponde castigar al culpable.

La Tradición[72] conoce como ejemplo el siguiente relato. Cierta vez, Moisés descansaba próximo a una fuente detrás de unos arbustos. Vio llegar a un viajante quien satisfizo su sed en la fuente, perdiendo allí su bolsa de dinero; quien sin darse cuenta prosiguió su camino. Tras él vino otro viajante, encontró el dinero y se lo llevó. Posteriormente apareció un tercero que no supo nada de lo sucedido. Mientras tanto, el primer viajante percibió la pérdida y retornó, encontrándose con el tercero, y supuso que éste había encontrado su dinero, lo que el hombre con todo

275

derecho negó. Entonces el perdedor cayó en la ira y mató al inocente.

Moisés, quien había visto lo sucedido, se dirige a Dios con la pregunta sobre el sentido de este suceso, porque no lo comprende. El primer viajante ha perdido su bien, llegando por ello a ser asesino. El tercero, inocente, perdió su vida. El segundo viajero se fue con la presa sin castigo. Dios le devela a Moisés el trasfondo: El primer viajero, el perdedor, había robado anteriormente el dinero al segundo. El tercero había merecido la muerte por un delito cometido sin testigos, y la justicia había tomado su curso. Ningún testigo humano podría haber interpretado la interrelación. Con el tiempo, cada cosa vuelve a ocupar el lugar que le corresponde. Además, el culpable siempre tiene la oportunidad de reparar su culpa, de volver al bien. También allí Dios puede restablecer la armonía. Estas medidas no son humanas. La venganza, en realidad, significa "reparar", "restablecer el equilibrio". Para restablecer el equilibrio hay que conocer profundamente las causas de cada caso, para lo cual las medidas humanas nunca son suficientes.

Para cada caso jurídico se necesitan por lo menos dos testigos; Son dos, justamente dos, para que puedan surgir contradicciones, las que deben ser investigadas. Por ello, la justicia, llamada *"din"*, está del lado izquierdo, es oscura para nosotros.

El hombre del lado izquierdo del esquema no puede percibir claramente. Los ojos de Isaac se habían debilitado, se habían oscurecido. "Estoy viejo y no sé cuando debo morir" (Gén. 27:2). Pero según la Tradición recién había cumplido dos tercios de su vida. Entonces comenzaba con la parte 1 del desarrollo 2-1. Pero como hombre del lado izquierdo se sentía viejo, porque el desarrollo se acercaba a su fin. El 2 del desarrollo finalizaba, el 1 de la armonía decisiva estaba por comenzar. Ya que en realidad es el lugar de la mujer, del agua, de la luna, del desarrollo corporal, el momento del máximo crecimiento, el hombre se siente débil en su criterio. Tantea como un ciego, inseguro del lugar en que se encuentra. Está al final del 2, al final de todo. El 1, que tiene lugar después, está para él fuera del mundo, porque éste llega sólo hasta el 2. De manera que cree que ahora deberá morir, y por ello quiere bendecir a sus hijos. Pero no fallece, sino que sigue viviendo; pero ahora en el 1.

Pero, ¿Como es que Rebeca, la mujer, llega a comprender la situación y a desplazar a Esaú al segundo lugar? ¿No se espera que justamente ella, la mujer, esté mucho más inclinada hacia el desarrollo que el hombre?

Rebeca es en primer lugar mujer de Isaac. Esto predetermina sus acciones. Isaac es el hombre que ha vivenciado la ligazón del 4 con el 1, o sea el que ha visto el "otro mundo". Por eso él lleva el signo del *Pacto con Dios*; estando la envoltura, su fuerza del desarrollo, debilitada. Allí, en el lado izquierdo, él es un hombre especial. En él se expresan estados que el hombre no ha tenido aún en el segundo relato de la creación. Su mujer, su cuerpo, se expresa en este tercer *ele toldot* de una manera distinta a la mujer del segundo relato de la creación.

Rebeca tiene un hombre con potencialidades muy diferentes a aquel a quien ayudó a crear la dualidad. Isaac es transtemporal como Adán; ambos representan lo esencial del hombre. La Tradición[73] manifiesta que Isaac nació en el día de Año Nuevo, como anteriormente Adán. En el lado izquierdo el hombre está simbolizado por su cuerpo, por su mujer. El hombre está pasivo, está ciego al ver solamente lo externo, la envoltura; acorde a ella forma sus juicios sin ver el núcleo.

Desesperado, se da cuenta que hubiera dado la bendición a Esaú si ello no hubiera sido impedido por su propia mujer, por "su cuerpo". Por lo tanto no se debe ver en Isaac una figura débil y pasiva; él es el hombre del lado izquierdo, lo esencial no lo penetra, lo femenino actúa, no es el pensamiento el que decide, sino la acción.

A través de este relato nos damos cuenta de que el Alma sólo puede actuar con ayuda del cuerpo; pero ese cuerpo actúa en base a determinadas cualidades psíquicas. En el lado izquierdo, ésta es la forma en que se puede expresar el Alma. Está envuelta, está en el mundo de la noche, de la luna, del cuerpo, de la mujer.

Las situaciones son oscuras, negras e impenetrables como la muerte. El hombre está aquí, en el lado izquierdo, para construir confianza en otros criterios, con el sentimiento de que a pesar de todo existe una coordinación aun cuando no pueda medirla ni conocerla, pero se da cuenta que sus percepciones son insuficientes para formar un juicio. En tales circunstancias desea el fin de la noche que lo rodea, pide otro mundo; al mismo tiempo se da cuenta que los actos del cuerpo tienen un significado especial, que éste actúa según determinaciones que provienen del Alma. Estos hechos le impiden tomar del *árbol del conocimiento* y le abren al hombre el camino hacia el *Arbol de la Vida*.

VI. LA VIDA SE MUESTRA COMO
ASTUCIA CONTRA ASTUCIA

Isaac quiso bendecir este mundo que había producido lo múltiple, la belleza de todas las formas manifiestas. Quiso bendecirlo porque sus manifestaciones le hicieron creer que ellas representaban el sentido de la creación. Hizo llamar entonces a su hijo Esaú. Esaú era para él un signo convincente de desarrollo. Le dio la orden de ir al campo a cazar. En nuestra terminología de *cazador y presa* esto significa que le pidió "capturar" al "cuatro", que siempre se escapa, que siempre quiere seguir, porque el "cuatro" capturado es la presa que tiene un gusto tan exquisito. El "cuatro" de este mundo preparado por el hombre y comido por él es la meta del vivir. Cuando se haya capturado el "cuatro" móvil podrá ser devuelto a Dios. Aquello que sigue desarrollándose, escapándose, es retomado.

Esaú parte inmediatamente a cazar el animal. Según la Tradición[74] muy pronto encontró uno. El animal lo hizo acercarse constantemente y escapaba en el último instante haciendo que Esaú se alejara más y más.

Mientras tanto, todo cambió por la intervención de Rebeca. Ella supo que junto con la fuerza del desarrollo había entrado al mundo, como un ladrón en la noche, también Jacob, lo divino, el Alma; pero también supo que la bendición de esta fuerza que viene del origen y devuelve al Origen, le pertenece al hombre.

279

Lo acontecido en la creación del hombre se repite. Rebeca envuelve al hombre. Jacob, con una envoltura de tierra, lo rodea con el aroma del crecimiento. Oculto por debajo de esa vestimenta se encontraba el verdadero hombre: sólo en esta envoltura terrenal él podrá alcanzar en este mundo la bendición, porque así Dios lo había puesto en el mundo, vestido terrenalmente. La envoltura era su máscara animal. En ninguna otra forma pudo el hombre surgir en la tierra que no sea en la del máximo desarrollo; ya que por ello había llegado, a fin de hacer desembocar la evolución del punto más extremo de vuelta en su origen. Ello, y nada más que ello, es esta manifestación del hombre.

La Tradición[75] expresa que el profeta Elías, el anunciador del Mesías, siempre se manifiesta vestido de hombre común, simple; y no con una vestimenta llamativa, porque —tal como el profeta Elías— el hombre es el anunciador del Salvador.

Así llega también Jacob con un vestido terrenal. No puede manifestarse como es realmente. En este lado izquierdo el hombre tiene que vestirse de un cuerpo. Rebeca le hace buscar dos cabritos. Sabemos que el macho cabrío es el décimo animal; con él finaliza la serie de diez. De los animales de sacrificio es el más desarrollado. Los machos cabríos, por lo tanto, juegan un importante papel en el décimo día del séptimo mes, llamado Día del Perdón (Iom Kipur). Se denominan "SEIR", cuyo valor total es de 580.

En este décimo día finaliza un mundo. El hombre pasa de un mundo viejo a un mundo nuevo; es también el día en el cual todo vuelve a su origen en el quincuagésimo año (Lev. 16 y 25).

Este animal del décimo lugar del Zodíaco siempre aparece cuando se tiene que responder por el sentido de la formación de la dualidad y su reconciliación.

Con la bendición de Isaac también se ha de concluir una línea evolutiva, debe terminar un viejo mundo y comenzar otro nuevo. En estos machos cabríos queda finalizado el desarrollo del 4. Ellos no necesitan ser cazados; están preparados para aquellos que saben.

Jacob recibe su bendición estando envuelto en el "vestido corporal". Isaac intuye la dualidad porque siente las manos de Esaú y escucha la voz de Jacob. Las manos son lo externo, la voz proviene del interior, de aquello que es del hombre.

Esta voz dice que Esaú, el primogénito, viene a pedir la bendición. Se denomina a sí mismo Esaú según la "máscara", según la envoltura, según la vestimenta; e Isaac da su bendición a esta dualidad, o sea a la envoltura con el hombre oculto dentro de ella. El hombre del lado izquierdo puede obtener la bendición solamente si está acompañado por la fuerza evolutiva corporal, ya que él está en el mundo con la fuerza evolutiva. Ella provoca; él tiene que luchar contra ella, huirla, y finalmente superarla.

La bendición de Isaac tiene una estructura especial. Consiste de veintiséis palabras, número igual al valor del Nombre sagrado. El número de las letras es 111. Este 111 es el valor total del *ALeF*: 1-30-80 = 111, valor del "uno".

Tal como la bendición de Isaac, también la llamada Bendición sacerdotal —"El Señor te bendiga y te proteja, el Señor deje brillar Su rostro sobre ti, y te dé paz" (Núm. 6:24-26) — tiene una estructura especial. Las tres bendiciones que siguen una a continuación de la otra, tienen 3, 5 y 7 palabras, y 15, 20 y 25 letras respectivamente. Esta bendición consiste de 15 palabras y 60 letras, así que también en este caso encontramos la proporción 1-4.

Durante toda la preparación de la bendición de Isaac para Jacob, Esaú sigue de caza; pero en aquel momento en que Jacob recibe su bendición, el animal a ser cazado se detiene y se deja capturar. La pelea ha finalizado. En otro mundo, distinto a aquel de Esaú, todo se había concluido ya. El hecho que Esaú haya cazado al animal, no es entonces consecuencia de su habilidad de cazador, sino únicamente la conclusión lógica de él. Esaú no conocía las fuerzas que realmente actuaban, sólo era sirviente de ellas. Dependía de un suceder que se daba en otro mundo.

Cuando Esaú se presenta con el animal cazado ante su padre Isaac, se entera que su hermano lo ha precedido. Cuando Isaac nota la confusión (Gén. 27:33) cae en desesperación; reconoce que su criterio sobre Esaú no había penetrado hasta lo más profundo; percibe que no fue él, sino otro, quien había guiado sus acciones. Expresamente deja la bendición en Jacob diciendo: "El permanecerá bendecido" (Gén. 27:33).

En cuanto a Esaú, sólo le puede confirmar que él será criado de su hermano: "Mira, tendrás tu residencia sin la grosura de la tierra y sin rocío del cielo. De tu espada te nutrirás y le servirás a tu hermano" (Gén. 27:39). La *espada* que todo lo divide y crea lo múltiple siempre aparece en situaciones de contradicción, y es típica para las fuerzas del desarrollo material. Ellas deben permanecer como criados en dependencia hasta que Jacob haya tomado el lugar del núcleo, de la esencia. Cuando Jacob abandone su lugar entonces las fuerzas del desarrollo retomarán su curso libre: "Y sucederá que tú también serás Señor y arrancarás de tu cuello el yugo" (Gén. 27:40).

Lo que sucede aquí es un sentimiento de las fuerzas del desarrollo material bajo la esencia del hombre. Mientras el hombre sigue a su esencia, a su destinación, estas fuerzas no lo pueden dominar. La victoria obtenida por la serpiente en el Paraíso, encuentra ahora su opuesto equilibrador; porque ahora el mundo vuelve a su origen.

La fuerza del desarrollo es sometida al hombre. La mujer, como cuerpo, había entregado la fuerza del desarrollo al hombre; ahora la separa de él y la somete a su Alma.

Isaac se asustó de su juicio; reconoció que en este mundo de la izquierda la apariencia engaña, y que todo criterio que se basa en ella implica gran peligro e injusticia. Por ello, gran cautela es necesaria al emitir juicio, así como disminución de la validez de los testimonios; porque todo ver en este mundo, toda percepción, es como aquella de Isaac. Al aceptar Isaac los hechos sorprendentes que abren el camino a la justicia, abre la jurisprudencia que se encuentra en el lado izquierdo. Isaac reconoce el engaño como corrección de su percepción débil, reconoce que Dios ha escondido al hombre en un cuerpo animal. El sentido de Esaú correspondió al sentido de la creación: el desarrollo de la materia.

Ahora deviene justamente su sentido de servir al hombre y ser sometido a él, ya que el hombre debe llevarlo nuevamente al origen. Pero también, cuando el desarrollo nota que hay un límite establecido a sus fuerzas, que él no es el sentido del mundo, sino que el mundo fue creado para otro fin, surge la tragedia de un final.

Esaú es la expresión de las fuerzas materiales del desarrollo. El desarrollo siempre crea nuevas situaciones como circunstancias cambiadas. Vemos que las mujeres de Esaú, tal como las manifestaciones materiales, cambian sus lugares y sus nombres. En Gén. 26:34-35 se relata que Esaú toma a Judit y a Basmat como mujeres. En Gén. 28:9, toma también a Mahalat; y sin embargo, en Gén. 36:2-5, ellas se llaman Ada, Oholibama y Basmat; han cambiado sus nombres, la situación en lo manifiesto siempre varía.

"Jacob es un hombre suave y permanece en las tiendas" (Gén. 25:27); él es casero, y en oposición a Esaú, no movedizo, no dinámico. La vida es algo pasajero para él; no se cierra frente a la realidad para tirarse a la embriaguez del mundo aparente, habita en tiendas. El habitante de una tienda sabe que no hay permanencia acá, y por ello no construye una casa sólida. Este mundo no es para él un mundo duradero, e incluso la Casa de Dios fue, durante mucho tiempo, solamente Tienda (Tabernáculo), hasta los tiempos de David, tiempo del séptimo después de las 26 generaciones.

Recién Salomón, el "octavo" pudo edificar la Casa. Recién entonces surgió un mundo definitivo, se efectúa la unificación.

Por esa razón, el "habitar" de los patriarcas siempre es expresado por la voz *gur* ('extraño en la tierra'). En cambio, el hombre aferrado al desarrollo, habita en un lugar fijo, en una casa, preferiblemente en una ciudad. Ya no es una tienda que rápidamente se puede levantar, sino una casa que tiene su fundamento en la tierra. Este es el sentido de las comunicaciones detalladas sobre cómo el Tabernáculo, una Tienda, debe ser montado y desarmado en sus partes.

El camino a través del mundo de la dualidad de los opuestos es como la marcha por el desierto. En aquel entonces el camino llevaba de la dualidad de Egipto hacia la unidad en Canaan. La Tienda de la Alianza, el Tabernáculo, siempre fue solamente un centro, el núcleo del campamento temporal. En torno a él se agruparon los "cuatro", justamente aquellos cuatro grupos que aún no habían encontrado la unidad. Jacob también es un habitante de tienda que todavía no se ha arraigado al mundo que se mueve hacia la unificación . Esto da sentido también a la venta de la primogenitura de Esaú a Jacob. El famoso plato de lentejas[76] que Jacob preparó era una comida de duelo. Abraham había fallecido. Jacob y Esaú tenían entonces quince años. La Tradición cuenta que Abraham fue sacado antes de su tiempo de este mundo; no tenía que ver la fuerza que se desarrollaba en Esaú.

Al volver Esaú del campo, vio la comida de duelo y preguntó a Jacob por su sentido. Cuando éste le comunicó la muerte de Abraham, Esaú exclamó: "Si un hombre como Abraham debe fallecer antes de tiempo, yo ya no creo más en la justicia de Dios". Según sus medidas ello no concordaba con la justicia, entonces la rechazaba. "¡Si Dios permite ello, entonces no hay dios!", exclamó; y eligió la comida de duelo. En su tristeza no quiso tener más el derecho de primogenitura, que de él exigía entregar el sacrificio a Dios. Prefería gozar de la vida intensamente ya que ha de morir. Eligió la embriaguez del vivir aparente, que le pareció más precioso que el *Korbán*, que el "acercarse a Dios".

De este modo, él mismo se había excluido de la bendición, justamente preparada para el Alma divina.

Es trágico el deseo de Esaú por la bendición, después de haber elegido las fuerzas del mundo. Siempre se ve, nuevamente, que la humanidad elige lo terrenal, y no quiere comprender que, en consecuencia, la bendición de Dios se aleja más y más. Se quieren emplear las propias medidas para la justicia divina, y no se la encuentra más. Jacob, quien permaneció en su casa, en su tienda, conoce la diferencia de las medidas, y por lo tanto reconoce las medidas de Dios. Allí, en la tienda, él estudia la Palabra divina, y de ella recibe el conocimiento de los senderos en el mundo. Sólo aquel que así predisponga su vida recibirá la bendición[77].

Más tarde, de acuerdo con esta idea básica, Jacob regala al hermano un rebaño entero (Gén. 32 y 33). Dios enriqueció a Jacob, quien no se aferraba a esta vida, a este mundo.

Le regala 580 animales a su hermano Esaú. Cuando éste le propone venirse con él, le dice: "Pase ahora mi señor delante de su siervo, y yo me iré poco a poco al paso de la hacienda, que va delante de mí, y al paso de los niños, hasta que llegue a mi señor, a Seir".

Ya sabemos que el nombre *SEIR* también tiene el valor de 580; en Seir, al final, tiene lugar otro encuentro entre Jacob y Esaú. La Tradición manifiesta que será como Obadia (1:21) cuenta sobre el final del tiempo: "Y llegarán salvadores al Monte Sión para enjuiciar las montañas de Esaú; el reino será del Señor".

VII. EL RETORNO

El hecho que Jacob llegó a ser primogénito no indica que haya recibido más privilegios; incluso tuvo que servir a Labán, posteriormente trasladarse a Egipto; mientras que Esaú vivía tranquilamente como un señor bien situado.

El derecho de la primogenitura tiene otro significado. Hasta el nacimiento de Esaú siempre fue lo corporal, que apareció primero, lo que "daba el tono".

El deseo de Jacob por el derecho de la primogenitura es el deseo del Alma de poder actuar en este mundo, ayudando y liberando; quiere unir las fuerzas terrenales y devolverlas al origen. A través de Abel, que fue asesinado; de Noé, que viene en buenas condiciones al mundo; a través de Sem, quien deja el camino de lo material; y a través de Abraham y de Isaac, la fuerza del Alma gana cada vez más en expresividad. El cuerpo viene a ser cada vez "más circunciso", replegado.

Posteriormente surge Jacob y pelea por el derecho de la primogenitura... para darle al Alma preeminencia incluso en el mundo de la izquierda, teniendo al cuerpo al lado para formar juntos una unidad. Al obtener Jacob el derecho de primogenitura, el Alma es prioritaria en el mundo de la izquierda, haciéndose el cuerpo su amante y no la fuerza del desarrollo material. Con Jacob comienza el cuarto *ele toldot*, el segundo 5, que ahora es ligado a través del 6 del *ele toldot* de Sem, al primer 5. Adviene el cumplimiento, la concreción del 10-5-6-5.

Jacob lucha por el derecho de la primogenitura, y triunfa. La situación es opuesta a la del Paraíso; allá venció la serpiente. Antes de tener Jacob un nuevo encuentro con Esaú, en el pasaje de Iabok, mantiene durante la noche su lucha con un "varón". Israel sale victorioso de la misma (Gén. 32 y 33).

Esta pelea es por la materia; el nombre *IaBoK*, 10-2-100; y la voz hebrea *ABaK* (polvo), 1-2-200 lo indican. La expresión equivalente a "luchar", en Gén. 32, es *'IeABeK'*, 10-1-2-100, en el cual el *Iod* (10), como prefijo, denota la forma verbal "él luchó". La Tradición[78] comenta que en esta lucha el polvo se elevó hasta el cielo.

Siempre, nuevamente, es el agua, o sea también un tiempo, el que forma la frontera con el nuevo mundo. La lucha por la materia, por el "polvo", rodea al hombre con una multiplicidad asfixiante. La Tradición dice que el hombre que luchó con Jacob fue el *Sar* de Esaú, que es tanto como su esencia. *"Sar"* significa *'Señor transterrenal'*. Antes de encontrarse con Esaú, Jacob lucha con su esencia.

El nombre Jacob se expresa como 10-70-100-2, cuyo valor total es 182. Su nuevo nombre es Israel: 10-300-200-1-30, que suma 541. Entonces al nuevo nombre le fue agregado 541 − 182 = 359, un número que ya conocemos como valor de la palabra *satán*. Satán es el perturbador. Esaú es debilitado, su "ser varón" ya no puede indicarle el nombre después de la lucha, y por ello Esaú no tiene poder en el próximo encuentro. Originalmente Esaú quería matar a Jacob. Vino a su encuentro con los "400" (Gén. 32:7), pero ahora, más allá del Iabok, lo tiene que besar (Gén. 33:4). Esta expresión "y lo besó" está remarcada en el texto hebreo de una manera muy especial, habiendo sobre cada letra un punto. La Tradición[80] manifiesta que en realidad esta palabra fue insertada en el texto porque Esaú en verdad quiso morder a Jacob, tal como la serpiente muerde al hombre. Pero como mientras tanto había perdido su fuerza, la mordedura se transformó en beso. Las voces hebreas "besar", 50-300-100; y "morder", 50-300-20 se diferencian solamente en su letra final; la *Kof* (K, 100) se transforma en *Kaf* (J, 20). Así, la puntuación especial indica que el "morder" se transformó en "besar", o sea que tuvo lugar un cambio.

Según la Tradición[81], los 400 hombres de Esaú lo abandonaron, por lo que tuvo que retornar solo a Seir, impotente, habiendo perdido las fuerzas del desarrollo en la lucha. La marcha del mundo fue invertida.

La Tradición además comunica cómo se llegó a esta lucha con el "señor" de Esaú. Jacob ya había atravesado el río y recordó que había olvidado un jarrito, y volvió para buscarlo. Al llegar nuevamente a la otra orilla, aparece súbitamente este "varón". La Tradición[82] quiere decir con ello que aquel que tiene amor aun por lo más pequeño, por lo prácticamente insignificante, se encuentra en una posición especial. Lo más pequeño tiene su lugar. Lo esencial de una cosa no depende ni de su tamaño ni de su forma material. Se sabe que pertenece también a la armonía del todo. En ello se advierte un paralelo con la convivencia y el amor de Dios aun por lo más pequeño.

Jacob vuelve solo por el río, y llega a una llanura en la cual se encuentra con la esencia de las cosas. Así, después de la lucha, el "hombre" le dice a Jacob: "Has luchado con Dios y con los hombres" (Gén. 32:29). La Tradición agrega a eso que fue la lucha con un Angel o con un *Sar*. El sentido no es entonces que Jacob haya luchado con Dios mismo. Cuando se encuentra poco después con Esaú le dice a éste: "Si he encontrado gracia ante ti, acepta el regalo de mi mano'; porque he visto tu cara como si fuera la cara de Dios" (Gén. 33:10).

La palabra empleada en este contexto como "luchar", "lucha", no es una voz común, sino que denota una lucha en un nivel superior, en el nivel del *sar*, de un hombre. Está en un nivel de la esencia de las cosas. En este nivel de la esencia, Jacob pudo expresarse tal como era, se encontraba en su propio mundo, en el mundo del Alma. Pero cuando el Alma quiere manifestarse en el mundo, tiene que investirse de la materia. Por esa lucha y por el nuevo nombre *Israel*, el derecho de la primogenitura de Jacob está ahora confirmado aun en el mundo inferior. A partir de ahora el Alma es nuevamente "lo primogénito", surge primero; y el cuerpo es unido al Alma. Ahora reaparece el estado del *Arbol de la Vida*, del *Arbol que es fruto y hace frutos*. La parte que es 'fruto' es el alma, la otra parte, la que 'hace frutos' es el cuerpo.

Por eso Jacob es llamado también "entero", "perfecto". En él se manifiesta nuevamente la armonía total; por eso la Biblia llama a todos sus hijos "buenos"; diferentes entre sí, juntos formaban "lo bueno".

VIII. LOS COLORES DEL TIEMPO

Jacob quiso tener a Raquel por mujer. Labán, su suegro, sin embargo lo confundió, dándole primero a Lea y más tarde recién a Raquel. Labán ocupa una posición curiosa. El había creado una dualidad: Raquel-Lea. Esta dualidad continuó en los hijos de ambas madres y sus criadas. Finalmente esta dualidad lleva también a la venta de José por sus hermanos. Ella también llevó a Salomón a la división del reino de Judá e Israel. A propósito, Labán dio a Jacob esa dualidad, que fue llevada por los hijos finalmente de vuelta a la unidad.

El nombre LaBáN: 30-2-50, es la forma masculina de "luna", 'LeBaNáH': 30-2-50-5. Ella, la luna, trajo también en la creación la dualidad al mundo (Gén. 1:16). Esta fuerza de la dualidad se manifiesta en todas partes. Es el sentido de la vida hacer de la dualidad nuevamente la unidad. Labán le dio a Jacob, en lugar de Raquel, a Lea (Gén. 29:23-25). Jacob contaba con una mujer, pero recibió finalmente dos mujeres. Así conocemos hijos de Lea y de su criada, y también hijos de Raquel y de su criada. Los hijos de las criadas deben ser vistos como hijos indirectos. De por medio está la señora (ver el cuadro de la pág. 137).

De Lea nacen seis hijos, antes que Raquel tuviera su primer hijo José. Este es el séptimo de los hijos directos. Al nacer Benjamín, el octavo de los hijos directos y el decimosegundo de los hijos, Raquel fallece en el camino a Bet Lejem —Belén— (Gén. 35:16-20). Otra vez, el octavo nace cerca de Bet Lejem, cerca de la Casa del Pan con el número de límite entre lo séptimo y lo octavo: 490.

Jacob siente un amor especial por José. Es como el amor de Dios por el séptimo día. Hace confeccionar para José una túnica multicolor (Gén. 37:3). Una verdadera vestimenta de lujo, que en hebreo recibe la denominación de *KeToNeT PaSIM*: 20-400-50-400, 80-60-10-40. Esta túnica multicolor juega un gran papel. No sólo es bella sino también valiosa; pero la Biblia quiere contar aun más. La Tradición[83] dice que estaba hecha de retazos de los más diversos colores. Si se considera que José es el séptimo hijo, el hijo tan esperado de la amada Raquel, entonces esa ropa multicolor tiene aun otro significado, y lo tiene: él es tan multicolor como el mundo que Dios dio al hombre. Las más diversas vidas y mundos están dados como un todo, entrelazados, tienen los más diversos colores, y sin embargo forman una sola envoltura, un todo.

Así, la Biblia es también un todo. Los cuatro *ele toldot* forman un conjunto, tal como el relato del Paraíso, de Caín y Abel, del diluvio, etc. Siempre, nuevamente, notamos la misma estructura, aun cuando se dan otros coloridos. Ello concuerda con la Biblia, la que también es una vestimenta lujosa.

Quien quiere dar a una vestimenta sólo un color parte desde el enfoque de la continuidad, quiere hacer valer el color de esta vida como único; pero la Biblia cuenta justamente sobre una discontinuidad, de medidas constantemente cambiantes. No se pueden sumar simplemente las fechas porque los patrones cambian[83a], pero en el todo puede verse una estructura y un sentido.

Esta ruptura de la continuidad se encuentra también allí donde Jacob quiere separar sus animales de los de Labán (Gén. 30:25-43). Allí, Jacob toma los animales manchados, y deja a Labán los de un solo color. Estos animales, como expresión del cuerpo humano, nuevamente muestran lo multifasético de la vida en sus distintos niveles.

La ropa multicolor de José encuentra su armonía y su belleza justamente por el juego de sus colores. Es como el *Arbol de la Vida*, como la Biblia, como el saber del sentido de la vida, como el estar ya en la meta, y simultáneamente moverse hacia ella.

Jacob había esperado a *este* hombre para darle *esta* vestimenta. A aquella gente acostumbrada a ver al mundo como una masa unicolor de cosas en constante desarrollo, esta variedad de colores que presenta la Biblia puede tornarles dificultosa la comprensión de los relatos que ella expone. Esa gente no puede comprender tampoco cómo es posible que se muestre por todos lados la estructura 1-4, y en todos lados de manera diferente, según el *color*.

Cada retazo de esa prenda es algo autónomo en sí, tiene su propio color, pero está rodeado por otros colores, pierde algo de su propio valor, de su peso, y es incluido en una unidad, que se denomina posteriormente "ropa multicolor".

Todos los días el sol se levanta y se pone, sin embargo existe una continuidad a través de las estaciones, a través de los años. En la antigüedad se empleaba a menudo, como imagen de evolución, la caparazón del caracol[84], una espiral que asciende.

José es envidiado por esta túnica. Los hermanos se arrojan encima de él, le desgarran la túnica y lo echan a un pozo seco. Es vendido a Egipto, a *Mitzraim*, al mundo de la dualidad.

La túnica es manchada con la sangre del cabrito. El macho cabrío es el décimo animal, el *GueDI*: 3-4-10, valor total 17 (Gén. 37:31-32). José tenía 17 años (Gén. 37:2). Para su padre Jacob, está muerto. El relato cuenta de un fin, de una muerte. José entra ahora en otro mundo, en una nueva fase de la vida.

En *Mitzraim* José ocupa pronto un lugar prestigioso en la casa de su señor Potifar (Gén. 39). Pero después acontece el encuentro con la mujer de Potifar. Esta se le ofrece a José, pero él la rechaza. Ella no está acá para él, ya que pertenece a su amo. El texto hebreo emplea en Gén. 39:6 y en Gén. 39:9 las mismas palabras para relatar que Potifar le entregó todo a José *excepto* el *pan* que Potifar comía (39:6), y para relatar que José le comunicó a ella que todo le fue entregado a él en la casa, *excepto* la *mujer* (39:9).

En la misma situación que otrora en el Paraíso, todo le fue dado al hombre con excepción del *árbol del conocimiento*. Ya hemos visto que en el "sistema de los frutos" el trigo está ubicado en el primer trío, exactamente en la misma posición donde se encuentran los higos (del *árbol del conocimiento*) en el segundo trío; de este modo, el pan recibió su significado especial, tal como está expresado en el nombre *Bet Lejem*.

Nuevamente, el *árbol del conocimiento* es ofrecido al hombre, aquello que le está prohibido, por ello la Biblia relata que sólo el *pan* fue reservado a su señor. El pan reservado para el amo, es entonces este *árbol del conocimiento*, el árbol que hace frutos, que aquí está expresado en la mujer que quiere alejarse de su hombre, que quiere tener muchos amos, que busca lo múltiple. Por ello, la elección de las palabras en cuanto al pan y a la mujer, ambos reservados al amo, es la misma en ambos casos. Es la fuerza del desarrollo que está reservada a Dios por razones de la creación.

José no acepta el "pan". La Tradición[85] cuenta que en el momento crítico el veía la imagen de su padre, del padre

294

que había vencido a Esaú (la fuerza de la evolución). La fuerza se torna en contra de él. Ella invierte la situación, acusa a José, lo llama *ibrí*, "el hombre del otro lado". Es un extraño en este mundo (de Egipto) donde es visto como normal por todos seguir la fuerza de la evolución.

Nuevamente José entra en una nueva fase. La ropa abandonada es la forma de manifestación de José, que él había dejado atrás como la fuerza del desarrollo. No quiso aceptar esa fuerza que se le ofrecía. Nuevamente tiene que abandonar un mundo, entrando al mundo de la prisión. En este nuevo mundo está atado, sin libertad. En este nuevo mundo él encuentra al copero y al panadero (Gén. 40).

El copero y el panadero simbolizan dos extremos. El copero se encuentra del lado del agua, y el panadero del lado del fuego, tal como existe en el sistema de la creación un lado izquierdo y otro derecho, un lado de agua y otro de fuego. Cuando la nueva vida se acerca al final de la atadura en Egipto, José está confrontado con estos dos extremos. También estos dos han descendido de su vida anterior a la esclavitud de la atadura.

Aparte de simbolizar ellos los extremos de derecha e izquierda, fuego y agua, el panadero tiene que ver con el primer fruto: el trigo; en cambio el copero, con el tercer fruto: la vid. Ya hemos conocido el trigo y el camino hasta el pan terminado como *árbol del conocimiento*.

José les interpreta sus sueños prediciéndole al copero que volverá a encontrar la gracia del faraón, mientras que el panadero será colgado en la horca. José ve que aquel que ofrece el *árbol del conocimiento* es rechazado y extirpado de la tierra. También ve que el mundo será colocado al lado izquierdo, lento; y ve su relación con el tercer lugar, el tercer fruto.

Siguiendo un viejo saber, el copero y el panadero siempre están presentes cuando una comida comienza. En su esencia, la comida es el suceder en la esfera de lo cotidiano, en la esfera de la casa.

En las comidas, el hombre reúne todo consigo mismo dentro de su casa, dentro de su mundo. En este acto se da una santificación. El sentido de toda acción en una vida orientada hacia una meta, es llevar de vuelta al origen aquello que ha incorporado.

La casa del hombre es su "dos". La letra "dos", *Bet*, significa 'casa'. El hombre, en su casa, es el mundo. Todo lo hecho dentro de su casa es determinante para su existencia en la tierra. La comida casera dentro de la familia, y todo lo que lleva de preparación, es una manera con la que el hombre sigue su camino hacia el origen. En su casa él recibe experiencias, en ellas tiene encuentros. La mesa es algo como un Altar, donde se ilumina el sentido de la vida.

Las comidas, y lo que se habla durante ellas, no tienen nada que ver con vitaminas y calorías; tampoco son solamente un goce para el paladar y para el estómago; la comida es un símbolo de un caminar de un mundo a otro. Una acción en este mundo transforma algo esencial. Ya que el hombre vive en dos mundos, sus actos conectan un extremo corpóreo con otro extremo: el Origen. Por eso sus actos tienen tanto significado.

Las comidas comienzan con curiosas preparaciones en cuanto al pan y al vino. Mientras el pan está cubierto aún, se hace la bendición sobre el vino. Mantenerlo cubierto significa que no se deja participar abiertamente al "pan", *árbol del conocimiento*, con la apertura de la comida a través del vino. Recién después de haber bebido del vino, este vino que cubre la alternativa embriaguez-satisfacción, después de haberlo santificado, se descubre el pan, se bendice y se come. El comienzo del mundo es con vino, por ello el copero vuelve al faraón, mientras que el panadero ya no vuelve a ver el mundo. La dualidad copero-panadero es dividida, llegando el copero a manifestarse como "primero". Pero a través de la comida se hace claro que también al pan llega su turno después de haber sido cubierto. La comida queda cumplida con vino y pan.

En el éxodo de Egipto, o sea en el pasaje de un mundo a otro, también tuvo lugar una comida; el que la observa sale vivo de Egipto; quien no la cumple encuentra su muerte por Dios en Egipto. "Quedar con vida" se expresa en este contexto por la voz *PeSaJ*: 80-60-8, cuyo valor total es 148. La palabra "Pesaj" significa 'saltear'. Dios había salteado aquellas casas en las que se observaba la comida. La voz hebrea que denota "vino" es *'IaIN'*, valor total 70; y de "pan" es *'LeJeM'*, 30-8-40, valor total 78. La comida en la cual se toma vino y pan tiene como característica entonces el valor de 70 + 78 = 148, que concuerda exactamente con el valor de la palabra *PeSaJ* = 148. Aquella comida fue tomada en Egipto antes del éxodo, junto con el corderito, el sacrificio de Pesaj. La ofrenda de Pesaj fue una santificación del mundo, una necesidad del hombre a fin de salir vivo del mundo de la dualidad, y poder pasar por el éxodo con sus milagros.

IX. LA APARICION DE LA VIDA

José entra en una nueva fase de la vida después de haber interpretado el sueño del faraón. Es la cuarta fase de su vida: La primera se extendió hasta su venta a Egipto; la segunda fue su servicio en la casa de Potifar; la tercera, en la cárcel.

Los sueños del faraón se dan a la orilla, y dentro del agua del río. Siete vacas gordas y siete espigas llenas vienen a ser devoradas por siete vacas magras y por siete espigas flacas. Nítidamente se distingue acá dos dualidades, ya que estamos en la dualidad de Egipto, de *Mitzraim*. El sueño del faraón descubre lo que en realidad es Egipto.

La forma *FaR* tiene una estructura especial. El título del rey es "*far*aón". El primer amo de José es Poti*far*. José, finalmente, recibe una mujer, Osnat, hija de Poti*fera*, sacerdote de On (Gén. 41:45). También las vacas, que juegan un papel principal en el sueño del faraón, se denominan, en hebreo, *far*. La voz "*far*" está emparentada con "*pri*" (fruto), y con "*pru*" (fértil, multiplicarse). También en el nombre del hijo de José, *Efr*aín, nacido en Egipto, este *far* forma la raíz de la palabra.

Far (vaca), es el segundo signo del Zodíaco (toro, buey). Es la fertilidad en el mundo de la izquierda. El rey de este mundo de la realidad es el "*far*-aón", un nombre que lleva en sí fertilidad y crecimiento.

Entonces las vacas, en el sueño del faraón, expresan aquello que es la esencia del desarrollo egipcio. Egipto no puede superar los opuestos, lo magro devora lo gordo, la muerte devora la vida. ¿Para qué todo esto?, ¿Cuál es el sentido de la vida, de lo gordo?, ¿Cómo superar esta contradicción, esta dualidad?

Por fin, con la inercia del curso del tiempo, el copero se acuerda de José, se acuerda de este hombre "del otro lado", del *ibrí*, del hebreo. A pesar de ser un extraño, o sea un individuo de otro mundo, quizás podrá dar una respuesta a los problemas, ya que José había dado testimonio de su saber antes de la liberación del copero. Así llega José, el *ibrí*, ante el faraón. El une los dos mundos opuestos y muestra que el tiempo magro —la muerte— no debe ser magra, siempre y cuando uno lo considere ya durante su vida.

La vida debe ser orientada siempre hacia lo venidero, hacia los años magros que con toda seguridad vendrán. Frente a la vida del séptimo día está la muerte del séptimo día, como sentido del mundo de la dualidad.

José presenta la solución al faraón: Por medio de una determinada actitud en la vida se pueden suavizar los años magros. De todos los "años gordos" del futuro, un quinto de la cosecha debe conservarse como reserva (Gén. 41:34). Nuevamente es el 1 frente al 4, un quinto frente a los cuatro quintos restantes. No se trata aquí de un veinte por ciento terrenal, sino de la unidad frente a la multiplicidad.

Sólo un *ibrí*, individuo procedente del "otro lado", que viene de otro mundo, puede demostrar semejante sentido de la vida. El conoce a Dios y puede mostrar cómo se hace la unión de lo múltiple, el "cuatro", con la unidad del "uno". En el mundo egipcio nunca hubiera podido surgir tal proyecto: sólo quien conoce las medidas de Dios puede unir vida y muerte.

El faraón encarga a José el plan de abastecimiento. *Faraón* es la fuerza del desarrollo, es la fuente vital de Egipto, casi su dios. Pero siendo la fuerza del desarrollo, estando en el lado de *far*, entra finalmente en rebelión contra Dios. Sobre esto nos habla más ampliamente el relato del éxodo.

José obtiene el más alto cargo en el país, al lado del faraón, quien le manifiesta: "Sólo por la silla real estaré más alto que tú", y lo nombró consejero secreto y le dio una mujer, Osnat, la hija de Potifera, del sacerdote de On (Gén. 41:40 y 45). El título "consejero secreto", en hebreo, es: *"TZaFNaT PANeaJ"*: 90-80-50-400, 80-70-50-8, cuyo valor total es 620 + 208 = 828.

Esta cifra (828), la habíamos encontrado justamente como el medio tiempo del 1656-1657-1658, como período en el cual el 10-5 debe ser unido al 6-5, terminando en el mundo prometido, en el octavo día. Esta es justamente la tarea de José, llevar al mundo que se encuentra en la dualidad, en el cual uno de los 5 está separado del otro 5, a la unidad que incluye a ambos. Este "llevar de vuelta" es medido en la Biblia con los 828-829 años que se enfrentan con el tiempo total, o sea con el 1656-1658 años, el 1 al 2.

De Osnat, su mujer, nos cuenta la Tradición que era la misma que lo quiso seducir como mujer de Potifar. Su inclinación por poseer a José se explica de su intuición que le decía que algún día estará unida a José. Las fuerzas del desarrollo, del crecimiento, llegan finalmente al hombre justamente porque las había rechazado en el momento en el cual tenía que caminar hacia la unificación.

Si el hombre va a través del rechazo hacia el 1, encuentra allí el *Arbol de la Vida*, el árbol que es fruto y hace frutos. Este árbol, unidad, también contiene el desarrollo, pero ya no apartado, sino como parte de la maravillosa armonía.

X. EL MUNDO COMO CENTRO DEL UNIVERSO

Después de los "años gordos" tienen lugar los "años magros". La reserva para la vida, aquel "quinto" (Gén. 41:34), el "uno" del 1-4, ha sido recolectado. La vida se ha asegurado; el mismo faraón ha reconocido la ley del 1-4.

De todas partes del mundo vienen ahora a Egipto, aquel mundo de la dualidad que no tenía respuesta para los opuestos. Este mundo siguió el camino del *ibrí*. Así llegó a ser centro de todos los mundos. A su vez, los otros mundos necesitaban de este mundo, que llevó la dualidad a la armonía para poder vivir. Si este mundo es capaz de superar los opuestos, es el mundo que cierra el ciclo. El ciclo cerrado contiene todo, desde el principio hasta el fin.

No es la masa de la tierra ni la inteligencia del hombre que hacen de nuestro mundo un centro del universo, sino la posición del hombre que le es conferida por la Biblia. Con esta posición el hombre puede unir el 1 con el 4, puede unirlo todo con el origen y llevarlo todo al origen. Esto hace de este mundo un centro, un punto central.

Es por ello que finalmente también los hijos de Jacob tienen que llegar a Egipto para recibir los alimentos para los años magros del mundo transformado en "uno" por José.

Ya sabemos que "hambre", en hebreo, es *'RaAB'*: 200-70-2; y que "satisfacción" es *'SoBA'*, la misma palabra que para "siete", 300-2-70. Obtenemos así los valores totales de 272 y 372, lo que significa que para pasar del "hambre" a la "satisfacción" es necesario atravesar el 100, el 10 x 10.

Este 10 completo es el camino a través de este mundo, el mundo en el que gobierna la vida y la muerte, pero que también enseña cómo lograr la unión entre ambos. Recién esta unión crea la armonía entre vida y muerte, entre justicia e injusticia, entre bien y mal. Es la misma armonía que da sentido a la vida.

XI. EL JUEGO

Por los "años magros" que tocaron también a Canaan, los hermanos de José se vieron obligados a trasladarse a Egipto. No reconocen a su hermano, sólo ven a un señor extraño de comportamiento severo. Sienten que son tratados a propósito severa e incorrectamente. Es entonces que recuerdan su propia severidad y trato incorrecto para con su propio hermano José. Muestran entre sí arrepentimiento.

José, sabiendo bien a quien tiene frente a sí, juega severamente con ellos. Acusa a sus hermanos de ser espías y no gente pobre. Los hace controlar. Posteriormente, uno de ellos deberá quedarse, mientras los otros tendrán que ir a buscar al hermano menor, Benjamín (Gén. 42:5-20). Benjamín es el único hermano de José de la misma madre. José quiere ver que es lo que harán sus hermanos cuando Benjamín entre en dificultades.

De esta manera, los hermanos traen a Benjamín en su segundo viaje. Al padre, Jacob (Israel), le cuesta mucho permitir que se vaya su hijo menor (Gén. 43:1-14). También quieren devolver al severo señor José las sumas de dinero que éste hizo colocar secretamente en sus bolsas de trigo. José los agasaja a todos con abundancia, pero prefiere, obviamente, a Benjamín. Al despedirse, hace esconder su copa de plata en las bolsas de Benjamín para acusarlo luego de robo. Son perseguidos en su camino de vuelta, y Benjamín es obligado a permanecer como esclavo en Egipto (Gén. 43:15, 44:17).

Ahora aparece Judá. Fue quien tuvo el papel principal en la venta de José. Del primer grupo de hijos, es decir de los primeros cuatro hijos de Lea, él es el cuarto. El principio del Alma, de lo primogénito, se cristaliza en Judá. Como segundo grupo, como manifestación del cuerpo, vienen José y Benjamín. Pero Judá se había comprometido ante su padre a volver con Benjamín. Ahora que Benjamín debe permanecer como esclavo en Egipto, Judá se ofrece a sí mismo en su lugar. Sólo al encontrarse los hermanos en su máxima desesperación, José se hace conocer por ellos. Del más grande duelo y angustia surgen júbilo y alegría. No sólo se encuentran libres, sino que ese señor de Egipto es José, su hermano (Gén. 44:18; 45:15).

Por supuesto, la historia de José y sus hermanos es un relato didáctico de por sí, pero la Biblia quiere decir aún mucho más. Desde la primogenitura de Jacob, lo que aparece primero es expresión del Alma; y lo que viene después, del cuerpo. Pero ya no están separados, sino unificados. También los hijos de Lea, como "primeros" están en la misma relación con los hijos de Raquel, los "segundos".

Por eso el amor de Jacob por Raquel era tan profundo, porque incluía el cuerpo que se siente "uno" con el Alma. Es el nuevo cuerpo, la nueva materia, la materia santificada por la primogenitura de Jacob. La túnica multicolor que Jacob regaló a José fue signo de este amor.

Raquel era la menor de las hermanas, y recibió de manos de Lea los *dudaim*, las "manzanas de amor", porque se encontraba, como hermana menor, en una relación especial con Jacob; ya que ella dio a luz al séptimo y octavo hijo directos; o bien, sumando los hijos de ambas mujeres y de sus criadas, al primero y al segundo después de haberse cumplido el número 10 (decimoprimero y decimosegundo hijos).

Judá, como hermano mayor, no puede comprender cómo el "cuerpo", la apariencia, puede ser rey por más que se encuentre atado al Alma. El vende ese "cuerpo" a Egipto, tierra de dualidad, mundo del desarrollo, del *far*. También desgarra la túnica jubilosa, el *ketonet pasim* que Jacob regaló a José, quien había logrado la armonía.

Son las reflexiones de un hombre que está cerca del Alma y no quiere comprender que también el cuerpo posee un gran significado. Son las mismas reflexiones de los Angeles, las primeras criaturas que no pudieron creer que el hombre terrenal, con su cuerpo, podría ser el objeto de la creación.

Esta forma de reflexión es típica de la fuerza del desarrollo; en ella se manifiesta lo contradictorio. En el origen todo es bueno, todo es sagrado, pero lo que surge desarrollándose a partir de allí está poseído por la soberbia del desarrollo. Así es su pensamiento, y por ello José fue entregado al mundo de la dualidad desnudo, sin vestimenta lujosa, para servir allí como esclavo. ¡Cómo será posible que el cuerpo ocupe el primer lugar! Labán fue quien estableció el fundamento para estas reflexiones, y con ello para la esclavitud en Egipto.

Esta concepción se prolonga hasta el momento en que Judá, con su convicción del valor exclusivo del Alma, tiene que descender él mismo a ese mundo. El hambre lo obliga a ir hacia aquel mundo y pedir ayuda en él.

De repente, sus criterios que parecían tan seguros, no valen más. El se había basado exclusivamente en el mundo del origen con la convicción de que eso era positivo. Satisfizo todos sus requerimientos en esta vida: fue honrado; cumplió con su palabra; pagó por lo que compró... y sin embargo, todo eso parecía haber perdido su valor en el momento de su descenso a Egipto, frente a ese señor extraño quien deformaba todo, acusándolo a él y a los suyos. En tales circunstancias el hombre está asaltado por la duda, cree en la injusticia y siente por otro lado que a lo mejor había errado en algo. ¿No había acaso destinado un lugar inferior a aquel cuerpo, que provino del mismo padre pero de una madre diferente, para que viva como esclavo en el mundo de la dualidad? ¡Allí pudo hacer lo suyo, servir al *far*, o sea a la fuerza del desarrollo! ¿Qué significaba para la esencia lo que comía el cuerpo; dónde estaba parado o acostado, arrodillado o caminando? ¿No era suficiente para el esclavo tener su pan y sus juegos? Por supuesto, el cuerpo demanda su goce, ¿Pero qué tenía que ver el alma con éste? El cuerpo es sólo polvo; es portador del Alma. Esa es su tarea, no tiene otro sentido. Por ello su lugar es Egipto, pero el Alma está y se queda en Canaan... así pensaba el hombre Judá.

Ahora está en Egipto, en el mundo que expresa también la muerte; donde ese señor incorrecto le pregunta también por Benjamín, que proviene de la misma madre que José.

La Tradición[86] cuenta que Benjamín era casi igual a José, sólo que en otro nivel. Ella también señala los nombres de los diez hijo de Benjamín, que están relacionados con los diez importantes acontecimientos en la vida de José. Benjamín es la parte que todavía queda de la originaria totalidad del "cuerpo", lo último que Jacob posee aún de su amada Raquel, y justo ese remanente es lo que debe ser entregado ahora.

Los hermanos reconocen su error frente a José, a quien habían vendido al mundo del dualismo justo en el momento en que toman conciencia de que en este mundo todo obedece a leyes extrañas y desconocidas. Ahora también

Judá intuye que el cuerpo tiene su valor, y es por eso que él se ofrece como rehén en reemplazo de Benjamín.

José trata al hermano menor con máxima benevolencia. Lo prefiere visiblemente. Benjamín recibe cinco partes, mientras que los otros se tienen que conformar con una (Gén. 43:34). Al recibir los hermanos una túnica festiva, a Benjamín se le regalan cinco de ellas, además de trescientas monedas de plata (Gén. 45:22). Benjamín no recibe "una" parte ni "cuatro" partes, sino las cinco partes, 1 + 4. Está claro que a los otros hermanos no se les debe dar el "cuatro", aquella parte del cuerpo que *hace frutos*, sino la parte que *es fruto*. En cambio, Benjamín recibe el regalo de las "cinco partes", el *árbol que es fruto y hace frutos*, el "uno" y el "cuatro".

Después de parecer todo en orden, nuevamente viene el golpe duro. El "gobernador del mundo" exige lo máximo: retener a Benjamín como esclavo. Deberá compartir la suerte de José cuando éste fue llevado capturado a Egipto. Ahora Judá se resiste. Prefiere quedarse él en el lugar del hermano, para que Benjamín pudiera volver al lado del padre. El cambio en Judá es total. El comprende ahora el valor que puede tener el *cuerpo*; quiere devolver al padre por lo menos aquello que quedó del *cuerpo*.

Al ver José el cambio, se hace conocer a los hermanos. Ellos deben saber que él también es un *ibrí*, su propio hermano, y que no pertenece al mundo de la dualidad.

La Tradición manifiesta al respecto que los hermanos no habían reconocido a José porque partieron de una falsa actitud; quien cree que el cuerpo humano no es más que producto del desarrollo no comprende las fuerzas motivantes del mundo de la dualidad. Recién después de entender que cuerpo y Alma deben llegar a ser "uno" se tomará conciencia de la existencia de José en el mundo de la dualidad.

El cuerpo, al unirse al desarrollo material, había causado la muerte. Tomó el camino de la serpiente. Pero este estado llega a ser base de la existencia humana; de ella puede surgir la convicción de que todo es bueno a pesar de la muerte y del visible perecer de toda materialidad. El hombre toma conciencia de que está atravesando diferentes fases. Sus actitudes pueden variar —dependiendo de su visión de la vida— desde comprometerse con las fuerzas del desarrollo, hasta tomar finalmente el camino que conduzca al origen —ello en el caso de que se interese verdaderamente por el sentido de las cosas y la relación entre las fuerzas opuestas.

La tendencia a menospreciar el cuerpo significa también menospreciar el sentido de la creación. Sería como reprocharle a Dios haberse equivocado en la creación.

No sólo duerme el hombre para descansar, también para reconocer que el dormirse y el despertar, en su esencia, es lo mismo que el irse y venir de este mundo. Cada respiro es expresión del camino de la creación 1-2-1. Por eso, todos nuestros actos deben orientarse siempre, nuevamente, hacia la conexión con el Origen. José es el hijo especialmente amado de Jacob, hermoso y de bello semblante, tal como es hermoso el cuerpo (Gén. 39:6). Por ello no es indiferente de qué manera el cuerpo está sentado o parado; también la postura corporal puede alejar de Dios o llevar a El.

La Tradición[87] cuenta que Jacob perdió su integridad cuando José fue vendido a Egipto. Su nombre Israel se perdió, y fue recuperado recién cuando supo que José estaba con vida aún. Sin José, su padre Jacob también está quebrado, no es más unidad.

310

Dios creó la multitud de las formas manifiestas. Y el hombre, con la revelación de la Biblia a su lado, sabe cómo unir estas formas manifiestas con su núcleo, con su esencia. Con este saber, el hombre puede enfrentar lo multitudinario de las formas fenoménicas después de haber reconocido en ellas el sello y el modelo de Dios. Recién entonces puede orientar sus actos, en medio de estas formas múltiples, de manera tal que estén dirigidos hacia Dios. Así fue reglamentada la vida judía cotidiana. Recién cuando el hombre se dirige a Dios con todo su corazón se da cuenta del sentido de sus actos, y entonces "ve" por qué cada una de sus acciones son tan importantes.

El significado de lo corporal y de sus actos correspondientes se muestra especialmente en la función del sacrificio. La Biblia prescribe en todo detalle las instalaciones del Tabernáculo así como del Templo, idéntico a aquel.

Según la Tradición[88] la instalación del Tabernáculo es considerada como expresión de la creación en el nivel del mundo.

El Templo consiste de cuatro partes; el camino a través del Templo, es a la vez camino a través de toda la creación. Su entrada se encuentra hacia el oriente. El hombre se traslada, por lo tanto, de oriente a occidente, en dirección del tiempo, o sea del curso solar.

La parte más externa del Templo es el *Atrio de las mujeres*. porque primeramente uno se encuentra en la creación con lo corporal, con lo femenino. En este Atrio, se encontraba también un Tribunal de Justicia. El derecho, *din*, se encuentra a la izquierda, en el lado de la "envoltura".

La segunda parte es el *Atrio de Israel*. El estado siguiente de lo corporal está caracterizado por la entrega de la primogenitura a Jacob para que éste efectúe la unión entre

Alma (2) y cuerpo (1), por lo cual recibirá el nombre de Israel.

La tercera parte es el *Atrio de los Sacerdotes*. En éste se ofrendan los sacrificios. Allí se encuentra el Altar para los sacrificios animales.

La cuarta parte es "lo sagrado". Allí está la Casa, la parte cubierta. Esta parte está dividida en dos; dualidad en armonía en el núcleo mismo de lo sagrado. La parte externa contiene tres elementos.

> al norte, la mesa de los panes
> al sur, el candelabro de siete brazos, la Menorah
> al este, el altar para los sacrificios humeantes
> El oeste está cerrado por la "cortina" (el "Parojet")

La parte interna, detrás de la cortina, es "lo Santísimo" *(Sanctasanctórum)*. Contiene sólo el Arca, el Arca de la Alianza, con sus dos Querubines, los que a partir de la imagen en espejo que forman uno del otro, constituyen una unidad; tal como los dos *Iod* en el *Alef*, los que también forman la unidad partiendo de una imagen especular recíproca. Dentro del Arca de la Alianza se encuentran las dos Tablas de la Ley, las que siendo "dos", también conforman una unidad.

El hombre no va al Templo con las manos vacías. Trae consigo su sacrificio, su *Korbán*. Tal como lo dice la voz *"korbán"*, él quiere *acercar* algo a Dios. Quien viene sin nada no puede atravesar el Templo. Se debe acercar a Dios algo material. El "hacer con el cuerpo" debe orientarse hacia Dios. El animal es sustraído de la esfera del desarrollo y es llevado de vuelta al origen. El animal, el *cuerpo*, debe ser liberado por el hombre a fin de no perderse en el desarrollo. Por el acto del sacrificio el hombre lleva a la Unidad dos energías: cuerpo y alma.

Quien quiere ofrendar su sacrificio, su *"Korbán"*, 100-200-2-50, debe hacerlo con alegría y plena conciencia. Un sacrificio forzado no es un sacrificio. No es posible llegar a Dios forzadamente.

Por razones de simplificación hablamos aquí sólo del sacrificio animal. Con él, el hombre lleva a Dios su existencia corpórea, sus actos corporales. El animal se encuentra en el lugar del cuerpo. Vimos en el sacrificio de Abraham en el monte Moriá, que Isaac lo acompaño como "animal" de sacrificio. Recién ahí, donde será construido el Templo de Jerusalem, se presenta el animal a ser sacrificado como sustituto de Isaac. El animal es liberado de su camino del desarrollo, que lo aleja del origen, y llega a Dios; mientras que el hombre (Isaac) ha visto el Paraíso en vida.

El animal de sacrificio debe ser sano, bueno y valioso. Cuando un hombre enfermo, un hombre quebrado, busca a Dios, no es un sacrificio, ya que él desea algo de Dios, por ejemplo la salud. No trae nada, pero quiere recibir. Después de no haber podido ser ayudado por los médicos, hace un intento aún con Dios, quizás El lo podrá ayudar. Quizás al enfermo, al *quebrado*, lo ha tocado la enfermedad, el sufrimiento, para que se acuerde de Dios, para que piense en el sentido de la vida, a fin de volver a encontrar el camino justo. También es posible que Dios tenga un propósito especial para con él, pero el *Korbán* debe ser bueno y bello. Se debe querer unir con Dios lo más precioso, no algo sin valor, o algo de lo cual se está ya saturado.

Llevando al animal de la mano el hombre se siente contento, dispuesto a entregar lo mejor a Dios. Lleva al animal hasta el tercer Atrio, el Atrio de los Sacerdotes. Los Sacerdotes son de la tribu de *LeVÍ*: 30-6-10. El nombre

"Leví" está emparentado con el concepto de 'acompañar', 'atarse a algo' y 'acompañarlo': *"LaVéH"*, 30-6-5. Así, la tribu de Leví llegó a ser 'acompañante', líder de la marcha a través del desierto.

Moisés está ubicado, dentro del sistema, a la derecha por debajo de Abraham, como cuarto; y Aharón, a la izquierda por debajo de Isaac, como quinto. Leví aparece como aquel que hace posible el camino a Canaan, camino que va de la dualidad a la unidad, al Mundo Venidero.

Según la Tradición[89], el Leviatán lleva el mundo entero hacia lo venidero.

En la tercera de las tres Festividades bíblicas —Pascuas, Pentecostés y Festividad de las Tiendas— la cosecha del tiempo entre Pascua y Pentecostés es trillada. Se libera núcleo de envoltura para que encuentre su destinación en el pan (Lev. 23:33-36, y 23:39-44; Núm. 29:12-38). En este "tiempo de las tiendas", se reside durante siete días en una cabaña. Debido al hecho de que se trata de una construcción temporaria, ella no posee un techo fijo, sólo ramas se colocan auxiliarmente sobre ella. Estas ramas deben estar tan sueltas que a través de ellas se pueda ver el cielo y las estrellas[90]. Durante siete días se reside en esta casa, no del todo sólida, tal como el hombre no encuentra en la tierra, hasta el séptimo día, una casa sólida.

La Festividad de las Tiendas es la única que concluye con un octavo día. La tienda, la *SuCáH*, 60-20-5, es un domicilio temporario. La Festividad, con su octavo día, es la expresión de un final y de un llegar a un nuevo mundo. Nuestro mundo deja de existir con el séptimo día. Durante la Festividad se derrama agua; se lleva agua al Templo y se la derrama sobre el Altar. Es símbolo del derrame del tiempo-agua, allí donde esencia e imagen llegan a ser "uno".

314

Tal como el cuerpo concluye por efecto del tiempo, entrando en otro mundo, también el tiempo concluye. Por eso la alegría en aquel lugar del Templo. Durante este acto del derrame de agua los levitas están parados sobre los quince escalones que llevan del Atrio de las mujeres al Atrio de Israel. Música los acompaña mientras bajan por los quince escalones. El número "quince" y los "escalones" están vinculados con los Salmos 120-134. También lo conocemos como el 10-5 del nombre Señor, que debe ser unido al 6-5. Por eso los levitas bajan primero cinco escalones, y luego los diez. Posteriormente se dirigen al portón de entrada, desde donde comunican al pueblo que ya los padres arcaicos "conocían el *tiempo*". Están parados hacia el Este, en la dirección del origen del tiempo. El tiempo ha pasado, ahora se ve de vuelta completamente, ahora se mira hacia Dios.

El octavo día de la Festividad de las Tiendas es entonces una nueva Festividad. El anuncia que los siete días han pasado, y que ha llegado el octavo día, día en el que se abandona la Tienda y se entra a la casa. Después de los siete días de Pascua se necesitan siete semanas para acceder a la octava semana, en la cual tendrá lugar la Revelación. En el gran curso de los tiempos hemos visto que transcurre un ciclo de 7 x 7 hasta el año de jubileo del octavo día. En cambio ahora, en la Festividad de las Tiendas, el octavo día sigue inmediatamente a los siete días anteriores. La Festividad de las *Siete Semanas* después de Pascua es Pentecostés.

Pero ahora, el grano ha sido trillado y está preparado para su destinación. Es el séptimo mes después de Pascua. Pascua cae en el primer mes, Pentecostés en el tercer mes, y la Festividad de las Tiendas en el séptimo mes. La Tradición hace entrar, por lo tanto, el tiempo de la Festividad de las Tiendas, en el *tiempo del final*. Posteriormente tienen

315

lugar las guerras de Gog y Magog[91], que son las guerras de todos contra todos, la lucha por la posesión del mundo. Este, sin embargo, no será de ninguno de los dos. Las palabras *GOG Y MaGOG*, 30-6-3, 6-3-6-3, arrojan un valor total de 70. La lucha de los setenta pueblos señala todos los pueblos. En el sacrificio de la Festividad de las Tiendas, se sacrifican también setenta toros (Núm. 29:12-38); el primer día 13, el segundo día 12, etc. (siempre uno menos), hasta que quedan 7 en el séptimo día. En total son sacrificados, entonces, $13 + 12 + 11 + 10 + 9 + 8 + 7 = 70$ toros.

Otros sacrificios, por ejemplo carneros y corderos, quedan iguales en número; sólo el número de los novillos disminuye. El toro es el segundo signo en el Zodíaco, está colocado entonces a la izquierda, donde se encuentra el *far*, la vaca de Egipto como expresión de la fuerza terrenal del desarrollo hacia lo múltiple.

Los nombres *Gog y Magog* están emparentados con la voz *"GaG"*, 3-3. La lucha en el tiempo de la Festividad de las Tiendas dice que justamente aquellos que edifican ya en este mundo la casa sólida y creen estar seguros, se encontrarán en lucha consigo mismo y con los demás; pero sus fuerzas disminuyen y vuelven nuevamente al origen. Los pueblos que habitan bajo un "techo seguro" (no un techo suelto como el de la tienda) son los que se aniquilan mutuamente: Gog y Magog.

También el Leviatán, el "pez" aquel que lleva el mundo, es expresión del séptimo día y del mundo acuoso. Ese mundo del agua es la garantía de vida del pez hasta el tiempo en que vuelva la sequedad, cuando el agua se haya agotado. El mundo, con su fundamento en el mar, está hecho sobre el carácter del agua (Salmos 24:2), esta hecho con el carácter de la izquierda.

"Mar", en hebreo, es *TaM*: 10-40. El mundo fue construido sobre ese 10-40, sobre el principio 1-4; pero en el momento de dibujar al Leviatán como "pez" en el mar, se había perdido ya el concepto para lo esencial. Porque el Leviatán no es un pez en el sentido literal; más bien, él lleva la vida a través del agua del séptimo día hasta la aparición de un nuevo mundo, aquel del octavo día.

También en el concepto *Leví* siempre está aquello que acompaña al hombre en el camino. El Sacerdote es entonces un Leví. Su tarea es la de preparar el mundo de tal manera que el hombre pueda entregar su *Korbán*. El acompaña al hombre en este camino.

"Sacerdote", en hebreo, es *KoHéN*: 20-5-50. En su estructura vemos la relación 4-1 —que está dada por el 20-5, que se puede desglosar en (4 x 5) y (1 x 5)— con la desinencia del 50 (ya conocido).

Es tarea también del Sacerdote llevar este 4-1 a la vitalidad. Conocemos ya la bendición sacerdotal con su relación de 4-1 en las 60 letras y las 15 palabras.

En el tercer Atrio, en el Atrio de los Sacerdotes, el hombre se encuentra en la frontera del origen, delante de él se encuentra la Casa, y dentro de ella, lo todavía oculto, el misterio de la Esencia. El Sacerdote debe ejercer su función en el pasaje del 2 al 1. El hombre ha venido con el animal, ha atravesado el camino con él hasta llegar al Atrio. Aquí, el animal viene a ser atado, el "cuatro" es unido al "uno". No es el Sacerdote quien debe cortar la circulación de la sangre, sino el sacrificante. El circuito en el cual la vida ha pulsado tiene que ser interrumpido. Esto equivale a cortar la aorta del cuello del animal. De este modo, el hombre entra con su cuerpo en el nivel de estar libre de la fuerza del desarrollo. La serpiente está rechazada, está muerta. Todo esto debe ser efectuado por el hombre mismo quien se está acercando. El Sacerdote sólo lo puede instruir, pero no lo puede hacer por él. La sangre saliente, que representa el *Nefesh*, el alma corporal, entra ahora en contacto con el Altar situado al Sur del Atrio de los Sacerdotes. En el Norte, el animal es sacrificado. La sangre es llevada al lado Sur y se salpica contra las esquinas del Altar. En casos excepcionales la sangre es llevada a la Casa, al Santuario; o a veces, incluso, al Sanctasanctórum, lugar donde se encuentra el Arca de la Alianza.

¿Cuál es el significado del sitio aquel donde la sangre del animal es vertida para su liberación —o sea del Altar de los sacrificios?

Pos supuesto, la división de Canaan entre los hijos de Jacob tiene un significado mucho más profundo que sólo una división de áreas del campo desértico. Contemplaremos un solo aspecto: Jerusalem (la ciudad del Moriá) está emplazada en la zona de Benjamín. Aquí se encuentra también el Templo. Benjamín, como octavo hijo de las dos mujeres de Jacob, Lea y Raquel, tiene su lugar allí donde el mundo del octavo día vuelve a reunirse con su origen. De la zona de Judá, que se encuentra al Sur del área de Benjamín, una angosta franja atraviesa esta última área[92] hasta el lugar del Altar humeante, cuyo rincón extremo del SO. pertenece al área de Judá. En ese Altar se encuentran, por lo tanto las zonas de Judá y Benjamín.

Cuando la sangre del animal, el alma corporal, entra en contacto con los bordes del Altar, ella entra en contacto con Judá y con Benjamín y los reúne en la línea demarcatoria.

En el momento en que Judá estaba dispuesto a sacrificarse en reemplazo de Benjamín como esclavo del gobernador desconocido, en ese momento, en que la lógica estaba amenazada por el más grande caos, la más grande desesperación, en aquel momento tuvo lugar la increíble sorpresa: En lugar de un enemigo duro... ¡frente a uno el propio hermano!

Cuando se haya comprendido en la vida el significado del *cuerpo*, y no se deje fuera del Templo lo mejor de la vida material (ya que el cuerpo es justamente la condición para entrar al Templo); entonces, al cortar el circuito y al romperse las propias medidas, se llega a aquel lugar donde Judá se une a Benjamín. Entonces se reconocerá a José como el que da la vida —el mundo de la dualidad— y se verá que es un propio hermano, y que también es un *ibrí*.

Así, el hombre camina a través de su vida, y llega a aquel punto donde la vida es tomada de él, donde se abandona el mundo de la dualidad. El hombre que desconoce el significado del *Korbán* en su vida, que no sabe entregar el sacrificio con alegría, no puede entrar en el Templo, va por el camino que *hace frutos*, no sabe adónde lleva este camino, ni cuál va a ser el fruto.

Pero aquel que sabe entregar su sacrificio, atraviesa todo como *árbol que es fruto y hace fruto*. El llega a conocer el significado de lo corporal, él experimenta la dicha del camino maravilloso a través del Templo, llevando consigo su "animal". La cuarta parte del camino en el Templo se abre; él ha entregado su sacrificio en el lugar de la unión de Judá y Benjamín, y entra en la Casa. Entonces el Sacerdote, su acompañante, sigue; tal como Moisés, quien en el Sinaí se acercó solo a Dios. En aquel lugar, en el que la esencia encuentra su expresión, el Sacerdote representa al hombre; el hombre accede al concepto "sacerdote". En esta cuarta parte del Templo está el Origen. Allí, en el Sanctasactórum, está la piedra *Shetiá*, el origen del mundo material, "ombligo" del mundo.

En la primera parte de la Casa, ante la cortina *(Parojet)* se encuentran tres objetos: Al Norte, la mesa con los panes, la cristalización en la forma manifiesta, forma que expresa el fin del camino del desarrollo. El pan es punto final de un largo camino, punto final del trigo. En el N. del Atrio de los Sacerdotes se sacrifica al animal. Al Sur del Santuario se encuentra el candelabro de siete brazos, la *Menoráh*, en la cual arde un óleo especialmente elaborado. El candelabro consiste de dos veces tres luces, y en el centro una séptima luz. El lado S. es el lado del Alma, el lado N. es el lado del cuerpo. También, al S. está situado el Altar de los holocaustos en cuyos rincones es vertida la sangre de los animales de sacrificio. Quiere decir, entonces, que la sangre se traslada del N. (cuerpo) al S. (Alma). El aceite del candelabro es aceite de oliva, aceite extraído del sexto fruto, que indica en la estructura de la voz *shemen* directamente el "ocho" *(shmona)*. Lo que mantiene ardiente al Alma es la fuerza del octavo día, del Mundo Venidero, nutrida por el fruto del sexto día, del mundo anterior. El candelabro, que representa el séptimo día, arde entonces por la fuerza de lo pasado y de lo futuro, o sea une a ambos.

En el centro del trío, está el Altar humeante, frente al Arca de la Alianza en el Sanctasanctórum, pero separado por la "cortina". No se entregan sacrificios en el Altar humeante. Sólo se incineran allí algunas hierbas aromáticas. El agradable aroma es el resultado de la unión de cuerpo y Alma, de la izquierda con la derecha. Es el agradable aroma de la unificación.

Las luces de la *Menoráh* arden sólo de noche. El Altar humeante es empleado de mañana y de noche, cuando las luminarias del candelabro se extinguen o se encienden; así que sólo durante la noche el Alma, en el S., está opuesta al cuerpo, en el N. Durante el día, el lugar del centro, donde Alma y cuerpo son uno, es el lugar del Altar humeante donde suben los aromas. Por ello, el sitio de ese Altar está exactamente enfrente del Arca de la Alianza: De este lugar, y mientras ascendían los aromas, Dios determinaba sus reuniones con Moisés. Es el lugar de la unión en el mundo del día.

La última parte del Templo y de la Casa es el Sanctasanctórum con el Arca de la Alianza. El Sanctasanctórum es el lugar de la parte superior del *Alef*, del "uno". El hombre puede entrar a ese lugar sólo una vez por año en la figura del Sacerdote. Sólo en un momento de reunión, o sea en el Día del Perdón *(Iom Kipur)*, el Sumo Sacerdote puede ingresar a dicho lugar. Es el décimo día del séptimo mes; el hombre se encuentra en la frontera entre éste y otro mundo. Esto significa que él ha entrado en otro estado, ha llegado a ser Sumo Sacerdote, único de su comunidad, mayor de todos los acompañantes en el camino que lleva del mundo del "dos" al mundo del "uno". El traspasa la frontera entre 2 y 1, y sin embargo permanece con vida.

El hombre se traslada con su *Korbán* desde el extremo del Atrio exterior hasta el Atrio de los Sacerdotes. Con la ayuda del Sacerdote, él puede llegar hasta el Origen, hasta allí donde el sentido de todo se le hace claro, hasta el Sanctasanctórum, cerrado para el resto del mundo. Es el único lugar adonde sólo un hombre puede llegar. En este lugar todo se contiene en la armonía del "uno". La zona del Templo mide 500 x 500: Es entonces también el lugar donde otro mundo se expresa aquí en la tierra. La tierra, que tiene las medidas de 400 x 400 —tal como es indicado en cuanto a la tierra de Canaan— expresa este mundo.

Detrás del Sanctasanctórum, en el extremo Oeste del Templo, no hay nada más. El O. no tiene puerta. En el O. está el origen. De allí, el mundo se ha desarrollado hacia afuera, hacia abajo si se quiere. Allí, en el O. existe otro mundo, el mundo del Edén. Allí se ha superado el mundo del "cuatro" y se lo ha unido al "uno".

Cuando el hombre fue expulsado del Paraíso, Dios colocó a los Querubines con la espada desnuda, cortante, para cuidar el camino hacia el *Arbol de la Vida* (Gén. 3:24). Estaban en el E. del Jardín; o sea en el extremo O. en cuanto al hombre que tiene que pasar por todo el camino del círculo humano. Los dos Querubines, sobre el Arca de la Alianza, están colocados en este límite.

Cuando el hombre se aleja del origen, toma la dirección hacia el E., el camino de la Casa, atravesando los tres Atrios. Por ello Caín, después de haber matado a Abel, "se alejó" de la Cara de Dios y habitó en la tierra de Nod, más allá del Edén hacia el E. (Gén. 4:16). El tomó el camino hacia "afuera", hacia "abajo", alejándose del origen. Allí, en el E., comenzó la cultura caínica. Cuando la gente de aquella generación que edificó la torre de Babel, la generación de la *Haflagá* (de la división), fueron hacia el oriente, encontraron una tierra plana en el país de Shinar, y habitaron allí (Gén. 11:1). Se dirigieron hacia el E., hacia afuera, alejándose del origen. Pero el camino hacia el origen va como el camino a través del Templo, hacia el O. También la tierra de Canaan fue conquistada de E. a O. Sólo se puede atravesar el camino por el Templo con el propio cuerpo. *Acercar* el cuerpo, o sea ofrendarlo, es la única posibilidad de llegar al Sanctasanctórum y conocer el misterio. El cuerpo debe ser devuelto al origen.

Existe entonces una relación muy especial entre Judá y José. Después de la venta de José, la Biblia relata que Judá bajó alejándose de sus hermanos, uniéndose a un hombre en Adulam, cuyo nombre era Hirá (Gén. 38:1). Lo que le aconteció a josé con una mujer, en una etapa decisiva de su vida, de la cual él primero se sustrajo, pero con la que, sin embrago, más tarde se relacionó, es lo mismo que le aconteció a Judá con Tamar (Gén. 38:6-26).

José tiene dos hijos en Egipto: Efraím y Menasés. También Judá recibe dos hijos de Tamar, los mellizos Peretz y Seraj. A pesar de que Menasés es el mayor, Jacob otorga el primer lugar a Efraím. Seraj, que debía aparecer como primero en el parto, es repulsado por Peretz (Gén. 38:29-30). Por ello, "Peretz" significa 'corte', 'ruptura'.

De los emisarios que fueron enviados a Canaan durante la marcha por el desierto, Caleb, un descendiente de Judá; y Josué, descendiente de José (Núm. 13:14) son los únicos que no quisieron medir esta tierra con medidas terrenales. Según el criterio de los demás, no se podía vivir en la Tierra Prometida. Sólo Caleb y Josué tenían confianza en Dios, y suponían que aquí, los criterios de los sentidos no eran los válidos. Son por lo tanto, también, los únicos que habiendo nacido en Egipto llegan hasta Canaan.

El primer rey es Saúl, de la tribu de Benjamín, o sea del lado de José. A pesar de la pelea, que dura largo tiempo, entre Saúl y David —de Judá— finalmente llegan a la amistad todavía oculta para el mundo, que se revela más tarde a través de Jonatán —precisamente hijo de Saúl— quien dice a David: "Vete en paz. Por lo que hemos jurado en Nombre del Señor, y por lo que hemos dicho: 'El Señor esté entre ti y yo, entre tu semilla y la mía', que ello dure eternamente" (Samuel 1 20:42).

La Tradición, sobre la base del versículo "Mira, mañana es luna nueva" (Samuel 1 20:5), considera el conflicto Judá-José como un acontecimiento, una condición que tiene lugar inmediatamente antes de que se manifieste la luna nueva, la que representa el mundo en una nueva forma de manifestación.

David temía a la muerte. Jonatán se unió a él para mantenerlo en vida justamente en el cambio lunar, en el tiempo de luna nueva.

El conflicto entre Judá y José, en Egipto, también es expresado por el estado inmediatamente anterior a la luna nueva; el mundo parecía destruirse para Judá, y justamente todo se arregló al reconocer en José a su propio hermano.

La luna, en la Biblia, es expresión de lo esencial en cuanto a crecimiento del cuerpo, desarrollo y tiempo. La luna astronómica sólo es un símbolo, sustituye lo esencial, da la imagen correspondiente. Sólo en esta relación se puede hablar de luna y luna nueva.

Más tarde nos encontramos nuevamente con Judá y José, cuando se trata de la división del país. De la casa de David, Salomón es el octavo después de veintiséis generaciones. El está ubicado en un mundo del futuro. Con él termina el reino, se divide en dos reinos, entra en el estado de dualidad. Así surgen los reinos de Judá y de Israel; el último, procedente de Efraím, o sea de José.

El reino de Judá sólo tiene una dinastía, aquella de la casa de David. Los reyes proceden siempre de la misma tribu. El reino de Israel no conoce una dinastía firme. Siempre aparecen nuevas familias; todos sus reyes, para decirlo brevemente, eran mediocres. Por supuesto, todo ello se dio también históricamente, pero no se debe ignorar la estructura esencial.

Primero sucumbe el reino de Israel. Su población es llevada a Asiria (Reyes 2 cap. 17). Nadie sabe dónde han quedado estas tribus; son las Diez Tribus perdidas de Israel. Un tiempo después, también el reino de Judá es conquistado, y su población es llevada a la esclavitud babilónica (Reyes 2 24 y 25). Pero Judá, a pesar de encontrarse fuera del propio país, fuera del mundo anterior, sobrevive y permanece visible. Se ve la diferencia. Israel ha desapareci-do con toda su población; el reino de Judá dejó de existir, pero la población judía se ha mantenido. La desaparición de Israel es como la desaparición del cuerpo que se separa del Alma. El cuerpo desaparece, se desvanece dentro de la materia circundante.

El reino de Judá se va como el Alma, abandona su lugar de siempre, pero permanece en otro mundo, visible y perceptible. La vuelta se asemeja a la creación. Primero se da la creación del cuerpo, aún sin Alma; en una fase poste-rior el Alma entra al cuerpo. Así relata la Biblia (Ezequiel 37) como Ezequiel fue colocado por Dios en un valle de esque-letos. Los esqueletos comenzaron a moverse por la palabra de Dios, volvieron a juntarse músculos, venas y piel que cubría los huesos. Pero todavía no hubo espíritu, no hubo Alma en ellos, sólo en una segunda fase apareció el espíritu, el *RUaJ*: 200-6-8. Ya sabemos que existen diferentes concep-tos del Alma. *Nefesh* es empleado para designar el alma corpórea. *Neshamá* para el Alma divina, Aliento vivo. A ello se agrega una tercera expresión: *Ruaj*, quizás mejor tradu-cible por 'espíritu'. La misma voz es empleada por la Biblia donde dice: "El Espíritu Divino se cernía sobre la haz de las aguas". *"Ruaj"* significa también 'viento' y 'aliento'. Es ese espíritu entonces el que da vida al todo. El *Ruaj* une *Nefesh* con *Neshamá*. Une tres partes.

Esta calidad de unificación se manifiesta en su movimien-to, que es un ir y venir. Tal como el viento se mueve, así los huesos vuelven a pararse, resucitan, los muertos vuelven a la vida. En esa resurrección se forma primero una base material, después la vida penetra desde las cuatro direccio-nes en ella. Así, primero resucita el lado de José, el reino de Israel; después el Alma, como reino de Judá, para formar la unidad viva.

Aun si no se hubiera dado a los huesos el nombre de José, y el nombre de Judá al Alma, ello surgiría claramente de la continuación de la visión.

Dios dice a Ezequiel que debe tomar dos trozos de madera, escribir sobre cada uno de ellos las palabras "Judá" y "José", y juntarlos formando una sola madera (Ezequiel 37:15-17). El fin del capítulo muestra que esa unificación significa *vida eterna*. Tal como la unificación entre Judá y José en Egipto llevó a una vida nueva, también en Ezequiel está contenido el principio de la resurrección después de la muerte: la nueva vida eterna, la vida del "octavo día".

La Tradición conoce entonces dos Salvadores: uno es hijo de José; el otro, hijo de David. El primero, el de la casa de José, participa en las guerras entre "Gog y Magog". El es el salvador de lo corpóreo.

El segundo, es el Mesías de la casa de Judá, proveniente de David.

Josué es el primero en Canaan. El proviene de Efraím, o sea de José. El forma la base en la Tierra Prometida. El primer rey es Saúl, de la tribu de Benjamín, o sea también de José. Pero la culminación viene recién con David, de la tribu de Judá, señor del Reino Unido, que unifica la casa de José con la de Judá. Esa unidad es gobernada por aquel que es expresión del Alma.

Siempre, nuevamente, surge el siguiente interrogante. ¿Dónde han permanecido las Diez Tribus del Reino de Israel? La Tradición[94] tiene la respuesta. Acorde a ella, estas tribus aún existen y se encuentran del otro lado del río Sambatión, o río Sabático. Allí llevan su propia vida en un gran reino con un poderoso rey; pero no se puede atravesar el río. Sin embargo, estas tribus deberán librar una guerra para construir la base de la salvación. Entonces vendrá el Mesías y todo se tornará para el bien. El río Sambatión forma la frontera de este mundo del séptimo día, del día sabático, con el reinado de los hijos de José. Pero cuando haya transcurrido el séptimo día, también se habrá atravesado el Sambatión, el río sabático. Entonces la unificación con los hijos perdidos de José se habrá realizado. Habrá luna nueva otra vez. Después de la oscuridad vuelve a comenzar un nuevo ciclo.

En el octavo día se formará también la unión entre el sol y la luna. Entonces la luna, siempre cambiante, será aquella parte que *hace frutos*; mientras que el sol, la forma constante, la que *es fruto*. El sol y la luna brillarán simultáneamente, se habrán superado los opuestos día y noche, vida y muerte, desárrollo y meta. Estará dado el estado de *Arbol de la Vida*, el que *es fruto y hace frutos*, la armonía de los opuestos. La tribus perdidas, los hijos de José, no pueden ser encontrados en nuestro mundo, como no se pueden encontrar los muertos que se han ido de este mundo. No se debe buscar el Sambatión meramente en tierra; él es el límite de este mundo del séptimo día, está más allá de esta frontera[94a].

PARTE IV

LA VUELTA

I. EL UMBRAL ANTE LO OCTAVO

Con el relato sobre José finaliza el primero de los cinco Libros de Moisés. Estos cinco libros forman una unidad: el Pentateuco. En su esencia, el primer libro (Génesis) contiene todo lo que en los restantes será desarrollado. Así también, el Pentateuco muestra la estructura 1-4.

La muerte de Jacob sucede en Egipto, pero él es enterrado en Canaan, en la cueva de Majpelá. Moisés, el guía a través del desierto, no alcanza la Tierra Prometida de Canaan, fallece en la frontera oriental. El ve el porvenir desde un extremo al otro, pero él, personalmente, no lo alcanza. El futuro está más allá del Pentateuco, el que describe lo esencial del mundo del séptimo día.

La Tradición[95] comenta que Moisés falleció al atardecer del séptimo día, brevemente antes del octavo día. Desde el mundo del séptimo día no se puede pasar con vida al día siguiente. Este pasaje sólo puede lograrse a través de la muerte. Por ello, Moisés debe morir al final del séptimo día. También el rey David falleció al final de un séptimo día. El también fue *séptimo*. Todo hombre desea poder pasar, sin muerte de por medio, al mundo futuro, pero su existencia humana corpórea es la causa de la muerte en este mundo.

El comer del *árbol del conocimiento*, con el cual sobrevino la muerte, es parte de la creación. El hombre no puede comprender esta paradoja con su pensar causal, o sea que por un lado el hombre tenía que comer del *árbol del conocimiento* para que la vida surja en esta tierra, y por el otro lado eso mismo provocó la muerte.

Nuestro pensar en el mundo de la dualidad es siempre o una cosa o la otra, bien o mal, vida o muerte, etc.; nunca pueden unirse en armonía bien y mal. Por ello, la armonía no es de orden terrestre, es de otro orden. Pero el hombre tiene que comprender que puede existir en otro mundo. Lo mismo es válido para la cuestión de la predestinación y el libre albedrío, que son dos lados de la misma manifestación, tal como los dos *Iods* forman el "uno" de la letra *Alef*.

La muerte se encuentra diametralmente opuesta a la vida mientras que uno está muy alejado del punto de su unificación. La muerte es el contrapeso del mundo percibido con el cuerpo vivo. El mundo sólo muestra un lado de la totalidad; al que podríamos llamar causalidad material. En ella gobiernan causa y efecto; el pensar de la causalidad requiere lógicamente un principio de premiación: lo bueno es premiado; lo malo, castigado. Esta manera de pensar es llevada por el hombre, sin más, hasta Dios; pero la muerte deja en claro que el pensar de la causalidad ya no tiene vigencia. Debería manifestarse algo nuevo, la confianza, la fe, la disposición al sacrificio sin esperar obtener ninguna ventaja a cambio. Estos principios son de orden psíquico, son principios de Dios.

En cambio, la causalidad se basa en leyes de mecánica que iluminan las cosas unilateralmente, por lo tanto son insuficientes y en realidad incorrectos. Dios no ha hecho la creación para Su beneficio. La ha hecho con el objeto de que el hombre experimente la dicha más grande, aquella que Dios mismo conoce en la armonía de la totalidad. La creación es un regalo. La muerte es entonces el contrapeso del mundo del séptimo día y de la causalidad material. Ella coloca al hombre en una esfera de otra causalidad, donde

332

no hay ni muerte ni vida, pero donde vida y muerte existen en una armonía incomprensible para la percepción terrestre.

La buena acción sólo es buena a base de la confianza y de la voluntad hacia el bien, sin pensar en ningún premio. Tiene que ser parte misma del amor y de la bondad con los que Dios ha hecho su creación, para que el hombre pueda experimentar la dicha de la reunificación en sí mismo. Nuestra existencia terrenal no debe ser un comercio. "Cananeo", en hebreo *'canaani'*, significa 'comerciante'. El *ibrí*, el 'hombre del otro lado', lo debe desplazar. Con la muerte surge algo nuevo. Por ello, el Génesis culmina con la muerte de Jacob y de José, y el Pentateuco con la muerte de Moisés.

Jacob fallece en Egipto con el deseo de ser enterrado en Canaan, en el arcaico lugar de entierro de Efrón, el hitita, frente a Mamré, donde Abraham había adquirido la "doble cueva" (Gén. 50:13).

Allí, había enterrado también a Sará. *Mearat baMajpelá* significa "*doble* cueva"; y es el lugar donde los patriarcas y las matriarcas están reunidos, donde la separación no existe más. Abraham había adquirido ese lugar a Efrón el hitita.

EFRON es 70-80-200-6-50. La raíz de la palabra es 70-80-200, cuyo significado es *polvo*. La desinencia *Nun*, el 50, muestra que el lugar del entierro de este Efrón, el *polvo*, está vinculado con el mundo del futuro.

Lo "doble" del nombre *Majpelá* muestra que los opuestos han sido unidos, tal como los patriarcas y las matriarcas están unidos en esta tumba, como el estado del octavo día.

Efrón es hitita, un *JiTT*: 8-400-10, de Jet. Ya conocemos la letra *Jet* como el *octavo*, el 8; Efrón, que viene de lo *octavo*, indica el "octavo día". Según la Tradición[96], en esta cueva doble, ocho personas fueron enterradas: Adán y Eva, Abraham y Sara, Isaac y Rebeca, Jacob y Lea. Fue siempre la mujer quien llegó primera a este lugar, por ser ella quien falleció en primer término. También hemos visto como el Reino de José, Israel, perece primero, antes del Reino de Judá, el Alma. Jacob llega en el octavo lugar a la *Majpelá*. Con ese "ocho" el destino está cumplido. Así culmina el primer Libro de la Biblia.

También el entierro está destinado para el octavo día. Como precio de compra, Efrón pide 400 *lots* de plata, y según la Biblia hebrea, 400 *Shekel* de plata. *SheKeL* es 300-100-30, cuyo valor total es 430. Conocemos esta cifra como expresión de la esclavitud en Egipto y como valor del *Nefesh*, del alma corporal. Efrón pide, entonces, 400 y 430, aquellas dos cifras que fueron índices de la duración de la esclavitud en Egipto. También la *plata* de los 400 *Shekel* muestra una relación con este lugar.

La plata se encuentra, en el sistema de los metales, en el segundo lugar. El oro es el primer metal; la plata, el segundo. Se encuentra en el lado izquierdo, está vinculada a la luna, a la mujer, al cuerpo, a la envoltura. Entonces lo que se ha pagado por este entierro es la totalidad de esta vida, o sea el 400 y el 430, aquello que dura "el máximo tiempo posible", y que es nuestro alma corporal. Así vemos por ejemplo también, en Exodo 30:11-16: "El rico no debe dar más y el pobre no debe dar menos que un medio *Shekel* de plata", el que es entregado al Señor para hacer posible la reconciliación de sus almas (vers. 15).

El texto habla de *plata*, de reconciliación para el *Nefesh*, habla de un "medio *shekel*". El *SheKeL* (430) está en lugar de *NeFeSh*. Es un medio *Shekel*, porque de la forma de la manifestación sólo aparece la mitad.

En el mundo del "dos" existe también la contraforma, tal como todo tiene aquí su "opuesto". Jacob es llevado a esta tumba, la cueva de *Majpelá*. También José desea expresamente que su cadáver sea trasladado fuera de Egipto, para que nada permanezca en Egipto. El sentido de la vida no es Egipto, el mundo de la dualidad, sino el irse de este mundo.

II. LOS DOLORES DE PARTO DE LA EVOLUCION

Los cuatro libros que siguen al Génesis (el primer Libro del Pentateuco, llamado así por sus palabras iniciales "En el comienzo") tratan del éxodo de Egipto. Estos cuatro libros pueden ser vistos también como un mundo predeterminado ya por los acontecimientos del Génesis.

Los Hijos de Israel llegan a Egipto como personas honradas. Allí son subyugados, debiendo sufrir bajo un duro peso de trabajo. El nombre hebreo para designar a Egipto, *Mitzraim*, ya expresa un 'sufrir en la dualidad', dado que no es una dualidad en armonía o quietud, sino una dualidad de opuestos. También son opuestos pasado y futuro, falta de tranquilidad. El constante cambio es llamado 'evolución'. Por ello, evolución, dualidad, multiplicidad, forman un conjunto. Las fuerzas de la evolución han destruido la armonía por obra de la serpiente. Poco antes que los Hijos de Israel hayan entrado a Egipto, José había superado los opuestos, uniendo los "años magros" con los "años de abundancia". Esta armonía, sin embargo, fue destruida otra vez en el tiempo del "cuatro", que se encuentra frente al tiempo del "uno". "Se alzó sobre Egipto un nuevo rey que no conocía a José" (Ex. 1:8). El estado de Egipto volvió a cambiar, pero los Hijos de Israel permanecieron invariables. La Tradición[97] apunta al hecho de que Gén. 49:3-28 finaliza con la enumeración de las tribus, y que al comienzo del segundo Libro (Exodo 1:1-5) vuelven a ser mencionadas. De ese modo se forma un nexo para el *ibrí* entre el primer

Libro y los otros cuatro, en contraste al Faraón, quien "no conoció más a José".

"Levantóse entretanto un nuevo rey sobre Egipto que no conocía a José. (Ex. 1:8); "Mirad el pueblo de los Hijos de Israel, es más que nosotros". "Entonces lucharemos con argucia contra ellos para que no se multipliquen" (Ex. 1:9-10). Egipto está asustado por la gran fuerza que ha adquirido el Alma (Israel), que incluso ha llegado a ser más poderosa que la fuerza del cuerpo (Egipto). El faraón decide aniquilar esa fuerza e integrarla al servicio del mundo. Se construyen ciudades, se hacen depósitos. Israel tiene que participar en la construcción del futuro de la tierra. Es integrado a esta evolución en esclavitud, no en libertad. No es el trabajo corporal que somete al *ibrí*, sino la distracción hacia el servicio del mundo aparente. Fueron capturados por el desarrollo material. No fue mero trabajo forzado de esclavos en el sentido como se lo imagina sociológicamente: la Tradición[98] cuenta que los hijos de Israel llenaban los "circos y teatros" de Egipto, y que buscaban olvido en los placeres. Es una esclavitud en una circunstancia que no quiere saber de nada de la vuelta al origen. Muchos de los israelitas no sentían la esclavitud y permanecieron en Egipto en el momento del éxodo. La traducción de Ex. 13:18 dice: "Por ello él llevó el pueblo por el desierto, en el Mar de Juncos, y los Hijos de Israel abandonaron Egipto armados para la lucha".

La expresión hebrea equivalente a "armados" es *'jamus-bim'*, cuya traducción literal es: "con cinco", o "un quinto". Otros traductores dicen: "En filas de cinco"; pero la Tradición manifiesta, en cambio, que se trata de un quinto de israelitas que abandonó Egipto, sólo uno de cada cinco Hijos de Israel. Los otros cuatro quedaron atrás. Sólo un quinto ha sufrido bajo la esclavitud, sólo un quinto abandonó en forma armada el país, dispuesto a la lucha contra la atadura al "cuatro".

La relación 1-4 no debe ser vista matemáticamente. Significa en el fondo que todo aquel que se pliega al *Arbol de la Vida*, al "uno", es salvado. La identificación con el *árbol del conocimiento*, en cambio, significa quedarse en Egipto. Según la Tradición[99], la tribu de Levi era libre; no estaba comprometida para el servicio en Egipto. Se ocupaba de la Palabra de Dios; se había propuesto estudiar el sentido de la vida y de difundir los conocimientos logrados. En ocasión de un plebiscito entre los Hijos de Israel, Levi estaba eximido. El cuenta por sí. Los que realmente se ocupan de tareas espirituales, están libres del servicio al mundo.

Pero, ¿En que consistía el sufrimiento en Egipto? También sobre ello cuenta algo la Tradición[100]. Egipto había comenzado pagando un sueldo a los Hijos de Israel; pero cuando el hombre, ocupando el lugar del Alma en la historia, acepta un premio, dicho premio sirve meramente para la satisfacción de deseos de goce. Es una provocación para "cazar premios". El hombre estaba distraído de las tareas espirituales; pero paralelamente, poco a poco, casi imperceptiblemente, el sueldo-premio, fue disminuyendo.

El principio "premio" ofrece una perspectiva de solución a los misterios de la vida, un dominio de ella y del cosmos. Las primeras experiencias en el trabajo evocan esperanzas, pero con el tiempo la esperanza disminuye; el sueldo se restringe. En Egipto, finalmente el sueldo dejó de existir totalmente. El pueblo estaba capturado en el servicio al trabajo, el Alma capturada al servicio de la materia. Israel se encontró totalmente dominada por la vorágine del trabajo, sencillamente ya no podía dejar de trabajar, y temía que el mundo, sin ese trabajo exagerado, se derrumbara.

Sólo el "quinto" había reconocido el peligro. El Alma sufriente se quejaba y buscaba a su salvador. Pero Egipto temía al salvador[101]. Lo quiso excluir y se dirigió a las parteras (las "madres del dolor") Sifra y Pua. Curiosamente, tenían que servir dos parteras para miles y miles de israelitas. Según la Tradición[102], esas dos mujeres, Iojeved y Miriam, fueron madre y hermana de Moisés. Ellas dos recibieron la instrucción de matar a todo varón recién nacido (Ex. 1:15-17). Pero las dos mujeres temían a Dios, y dejaban vivir a los niños. Dios las premió "Y por haber las parteras temido a Dios, El les hizo casas" (Ex. 1:21). Así dice la traducción, lo que apenas se comprende.

El premio era el "dos", que significa, en su forma de letra, 'la casa' (el *Bet*). El premio para los varones salvados —para el "uno" — era el *Bet*, o sea este mundo, el mundo "del acá". Dos versículos más adelante (Ex. 2:1) la Biblia dice: "Y un hombre de la casa de Levi fue y tomó por esposa a una hija de Levi". La Tradición complementa que ésta fue Iojeved, una de las parteras, la que después de haberse separado de su marido, Amram, volvió a él. Después de este "retorno" nació Moisés. Fue así que el salvador Moisés llegó al mundo de Egipto, en el "dos" de Iojeved, en "la casa".

La otra "casa", aquella de Miriam, era según la Tradición[103], aquella que provenía de Kaleb.

Kaleb, de la casa de Judá; y Josué, fueron los únicos adultos que salieron de Egipto y lograron entrar a Canaan.

Al darse cuenta el faraón que en los *ibrí* existía una unión con el "Uno", dio la instrucción de arrojar al agua a los varones recién nacidos, y dejar con vida a las niñas. Las niñas, la mujer, el cuerpo, eran amadas en Egipto. Servían para el goce. Egipto, mundo de la dualidad[104], daba un lugar especial a la mujer y a la fuerza del desarrollo. En cambio, el Alma tuvo que estar esclavizada; incluso "muerta". Se cuidaba tanto más el cuerpo; es la esencia de la impudicia. Tirar a los varones al agua significaba sumergir su cualidad en el lado de la izquierda, en el lado del agua, hacerlos desaparecer en la "gran cantidad", ya que ellos son la expresión de lo cualitativo-esencial en el mundo. Dentro de la masa sin forma no habrá más ninguna individualidad.

Pero los hombres se quejaron y encontraron el contacto con Dios, que había visto ese sufrimiento. El que sufre bajo el abuso del hombre, bajo la humillación del Alma divina, es salvado. Sólo es escuchado el que verdaderamente sufre también en su *Alma*.

III. LAS LEYES DEL RETORNO

La Tradición[105] cuenta extensamente sobre el nacimiento de Moisés. Amram y Iojeved, los futuros padres de Moisés, habían decidido, en aquellos tiempos oscuros, renunciar a tener más hijos. Pero su hija Miriam les había reprochado al respecto. Les dijo que no correspondía a ellos tomar semejante decisión. Aun cuando el Alma no podía llegar a su desarrollo, ellos no tenían derecho de quitar al cuerpo posibilidades de vida. El hombre debe hacer lo que es su deber, y Dios mostrará después el sentido de todo. Sigue diciendo la Tradición que lo mismo ya había ocurrido en tiempos de Adán y Eva, cuando Caín había matado a su hermano Abel. En aquellos tiempos, y a partir de ese momento, Adán había convivido con Lilit[106], la "mujer de la noche" y de la esfera de los demonios. "Lilit", y la voz hebrea *LaILaH* (noche): 30-10-30-5 tienen en común la raíz de la palabra. La conexión de Adán con Lilit fue consecuencia de su dolor no elaborado. No pudo superar la muerte de Abel y el crimen de Caín. Por eso está dicho también que un sufrimiento profundo, no entendido, puede llevar al hombre a una perversión, a una desviación sexual, a una conexión con "Lilit".

De esta convivencia no nacieron hijos, sino demonios[107]. Todo aquello que no está orientado hacia la unificación crea demonios. En su apariencia, son semejantes al hombre, pero sus raíces no se encuentran en lo humano. Tal como lo comunica la Tradición, Adán ha vivido ciento treinta años con Lilit. Cuando vuelve de ese camino, le nace Set, en hebreo *SheT*: 300-400. Los 300 y los 400 de Shet se cumplen en el 500. Set aparece en el lugar de Abel (Gén. 4:25). De esta generación viene el 500, el *Arbol de la Vida* que comienza con Abraham, y finaliza con la Revelación del Sinaí. El tiempo entre el descenso de Jacob a Egipto (2238) y el reto de Miriam (2368) es también de 130 años. También, la palabra *SINaI*: 60-10-50-10 tiene el valor total de 130. En ambos casos la cifra significa el fin de una convivencia no correcta entre hombre y mujer. En el caso de *Sinaí* significa que el tiempo de una revelación, de un camino de 500 años desde Abraham, y del quincuagésimo día desde el éxodo, se ha cumplido.

Dios desciende al Sinaí y revela el sentido del vivir. Aquí y allá los opuestos se unen de la manera justa, hombre y mujer llegan a ser uno, de tal manera que de ellos nace el salvador, el hijo, con los número 5, 50 y 500. El nombre Sinaí tiene que ver con *Sin*, con la luna, o sea con la forma, con el cuerpo, con el mundo de la izquierda. Dios llega a este mundo; ésta es la Revelación, se forma el "uno".

La escalera de Jacob, cuyo pie estaba en la tierra mientras que el otro extremo tocaba el Cielo, esa escalera que unificaba tierra y cielo, tiene el valor de 130. "Escalera", en hebreo, es *'SuLaM'*: 60-30-40. La imagen de la escalera muestra el principio de unificación entre "abajo" y "arriba". También la estructura de la palabra "uno" *(EJaD)*, cuyo valor es 13, puede ser nombrada al respecto. Alcanzando el 130 acontece la vuelta, el salvador nace. Iojeved, la madre de Moisés, es una hija de Levi (Ex. 6:13-26). Según la Tradición[108] ella nace en el camino entre Canaan y Egipto, o sea en el 2238. El éxodo acontece en el año 2448, *210 años después* del descenso. En aquel momento Moisés tiene 80 años. Ello quiere decir que Moisés nació en el año

2368. Iojeved tenía entonces 130 años. Aharón y Miriam nacieron 3 y 6 años respectivamente antes que Moisés, o sea cuando Iojeved tenía 127 y 124 años respectivamente. Ello demuestra la necesidad de ser muy cautelosos con las imágenes de la Biblia. Tienen otro significado y expresan otro mundo que el nuestro.

Y así llega la formidable decisión de Amram y de Iojeved de seguir, a pesar de todo, el camino indicado por Dios; aquel del "Sed fértiles y multiplicaos". Como ya hemos dicho, en hebreo, *PRU URBU* tiene el valor de 500 (Gén. 1:28). Demuestra entonces el camino corpóreo para alcanzar el 500, que es el Mundo Venidero. Dios entregó el principio del *prú urbú* a todo ser vivo de la creación, porque este camino de la culminación corporal lleva a la salvación. El hombre puede, según su voluntad, tomar ese camino o no tomarlo. Puede llegar a la idea de que a los hijos espera solamente la aniquilación, y siguiendo esa idea, no seguir el principio anteriormente mencionado. Pero entonces él necesita criterios propios. Amram y Iojeved hacen de todas maneras lo que es pedido al hombre. Dejan que Dios guíe el mundo según sus criterios. Aquí tenemos un paralelo con Abraham y el sacrificio que le fue exigido.

Amram y Iojeved no siguen los criterios del *árbol del conocimiento*. Entregan los criterios a Dios y viven según el *Arbol de la Vida*. Su actitud significa "130" a pesar de todo lo que esperan. Justamente, gracias a esa actitud, viene el salvador Moisés.

"Salvador", en hebreo, es *'GoEL'*: 3-1-30. La voz que denota "cuerpo sin alma", "algo que vive sin alma"; es *'GoLeM'*: 3-30-40. La raíz *GaL*, 3-30, indica una vida en la cual aún falta el *alma* del salvador. También la palabra "exilio", en hebreo *'GaLuT'*: 3-30-400, indica una vida sin alma, sin sentido. Por ello, la voz hebrea para "salvador" tiene el 1 en su raíz, o sea: 3-1-30. Recién el '1' crea la vida psíquica en la forma.

Nace el niño Moisés. Este niño no se hunde en el agua como los otros niños. Es colocado en un canasto, en una *tebáh*. Su significado nos es conocido del relato del diluvio. En la *tebáh* la vida es mantenida. En ella, los hombres sobreviven.

La *tebáh* que contiene a Moisés es encontrada cerca de la orilla por la hija del faraón. Repentinamente se manifiesta otra causalidad, porque el faraón, quien teme al salvador, lo hace educar en su propia corte. Uno puede preguntarse porque otros padres no han colocado a sus hijos en tales canastos. La respuesta es sencilla: *"Tebáh"* significa 'palabra'. Cuando padres, en esos momentos de chatura, de infinita multiplicidad, entregan *la Palabra* a sus hijos, éstos permanecen en vida, e incluso de ellos nace el salvador.

Amram y Iojeved, gracias a su manera de vivir, son capaces de hacer la *tebáh* y de preparar el camino para el salvador.

La *tebáh* condiciona también el nombre de Moisés, *Mosbé* en hebreo, que significa "el que fue sacado del agua". El salvador es sacado del agua, no se hunde en la multiplicidad, el agua no lo ha tapado. El hecho de que haya llegado con "la palabra", el hecho de que haya entrado con "la palabra" en lo múltiple, lo hace distinto. Por eso llama la atención; él fue un verdadero *ibrí*, "el que proviene del otro lado". La hija del faraón lo llama entonces "Moisés", 'el sacado del agua'. El nombre revela su significado: El no se ha hundido en lo múltiple; para él vale otra ley natural. La hija del "principio tierra" lo salva y lo educa, cualquiera que sea el significado de Moisés en lengua egipcia, para la Biblia él es el "sacado del agua". Se educa en la corte del faraón y aprende allí la esencia del mundo de la dualidad.

346

La Tradición sabe contar muchos detalles sobre Moisés, del tiempo entre su decimoséptimo año, cuando su ser fue reconocido teniendo que huir, hasta su octogésimo año, cuando Dios se le reveló. Mencionemos algunas de estas cosas. El arbusto ardiente (Ex. 3:2), el que ardía y sin embargo no se quemaba, tiene en hebreo el nombre de 'SNéH': 60-50-5, la misma raíz que la voz *Sinaí*, el lugar de la Revelación, 60-50. "Quemarse" y "no quemarse" se nos hacen entendibles como un acontecer en el cual los opuestos son superados. Es inmanente a la Revelación de Dios. La lógica de nuestra percepción explica que lo que arde se quema: pero no es válido en otro mundo, ahí donde reina la armonía. Ese otro mundo es el *Arbol de la Vida*, del "árbol que es fruto y hace frutos". En él los opuestos están unidos, tal como en el arbusto que arde y sin embargo no se quema.

La Tradición[109] manifiesta que Moisés había llegado a aquel lugar persiguiendo a un corderito perdido. Como en el caso de Jacob en el Iabok, es la preocupación por lo aparentemente insignificante lo que lleva al hombre al lugar de la unificación. No es lo masivo lo que cuenta aquí, sino lo pequeño en el mundo. Es allí donde Moisés recibe la orden de tomar el liderazgo de los israelitas. Moisés se opone a esta orden (Ex. 4:1-17). La Tradición[110] dice que se trata de la resistencia y la angustia del hombre de llegar a éste, nuestro mundo, y tener que abandonarlo. Es también el temor de Jacob al buscar la bendición de su padre Isaac, sabiendo que es Esaú el que debería obtener esa bendición.

Para hacerle posible a Moisés la existencia en este mundo, Dios lo viste de una forma especial, tal como Rebeca había vestido a Jacob con la piel de un cabrito. Dios le dice a Moisés que su hermano Aharón se le acercará, "El será tu boca y tú serás como Dios" (Ex. 4:16). La relación de Moisés y Aharón será como la relación entre Alma y cuerpo. Aharón será "lo externo" de Moisés, quedando Moisés como "lo interior", la esencia, el núcleo, y guiará como Dios lo externo. Por ello Moisés se encuentra en el lado derecho del sistema, y Aharón en el lado izquierdo; por ello a Aharón se le confía el *Korbán*, el sacrificio, la entrega del cuerpo, y es él quien presenciará la construcción del becerro de oro (Ex. 32). El miedo de Moisés, ese temor, su casi pedir no tener que ir, es aquel temor que se ha manifestado desde el comienzo de la creación con respecto al exilio, y significa tener que ir hacia la tierra a pesar de saber que será liberado nuevamente de ella. La vuelta de Moisés es como un nacer nuevamente en Egipto. Pero él sabe que deberá abandonar otra vez su país natal. Uno proviene de un lugar y retorna a ese lugar, como el bastón de Moisés que se transformó en serpiente y que volvió a transformarse en bastón; o como la mano, que se hizo "leprosa" y que luego volvió a su estado original. De mala gana uno abandona el estado en el que se encuentra, se sufre de inercia. Moisés no quiso abandonar el estado de la unidad en ese *snéh*, al lado de ese arbusto, para exponerse a los peligros del mundo de la dualidad.

Es que al abandonar el lugar, yéndose, uno se coloca en la misma situación que Dios ha formado para Sí cuando creó el mundo y a los hombres para situarse como Señor en el exilio junto a este mundo. En la Tradición, ello recibe la denominación de "exilio de la *Shejináh*". Se puede circunscribir el concepto de la *Shejináh* a la inmanencia divina en este mundo. Sólo el acto divino de entrar en exilio junto con el mundo le hace posible al hombre llegar a la unificación. Así fue que Dios dijo también a Jacob, cuando éste tenía que ir a Egipto, que irá con él y que volverá con él: "Descenderé contigo a Egipto y te traeré de vuelta" (Gén. 46:4). Es la expresión del Nombre Señor en la estructura del

348

10-5-6-5, de las veintiséis generaciones hasta la Revelación. Para crear ese mundo Dios asumió el camino del exilio; va con el mundo hasta el punto extremo y vuelve desde allí junto con él.

Por esta razón tiene lugar la larga conversación entre Moisés y Dios junto al arbusto espinoso, que es el lugar de la unidad; porque el camino al exilio es un camino duro.

Aharón, que le viene enfrente, representa el cuerpo que lo recibe (Ex. 4:27-31). Ellos, como unidad, serán los líderes que llevarán la liberación fuera de Egipto, hasta el Sinaí y hasta las fronteras de Canaan.

Una escena sorprendente del viaje de Moisés se encuentra en la Biblia, en Exodo 4:24: "Y mientras él se encontraba en el camino dentro del refugio, el Señor se le acercó y procuró matarlo". Moisés se encuentra en camino hacia Egipto junto con su mujer y sus hijos. Dios le dice a Moisés que Egipto mantiene al Alma en la prisión de la materia del cuerpo. Ese Alma debe servir allí al mundo temporal. Israel, como expresión del Alma, es para Dios el primogénito, cuya salvación significa la liberación del Alma. Si el señor de Egipto, faraón, no querrá ver libre el Alma, deberá perecer, se le quitará la fuerza de la evolución. Pero ello significa, como ya mencionamos anteriormente, la circuncisión. En ella, el cuerpo retrocede, retrocede aquello que rodea el núcleo. El núcleo es liberado. Sucede entonces lo mismo que con Moisés en su camino a Egipto. Ello sucede en el mundo nocturno, donde el hombre se encuentra antes de tomar conciencia del "lado diurno". En ese refugio de la noche, en ese albergue, Moisés se encuentra dentro del cuerpo que lo rodea, su mujer, sus hijos y su burro. El salvador llega con su cuerpo. Su entorno le podría provocar la muerte, tal como al faraón, quien reprime el núcleo. La liberación significa liberar ese núcleo para superar la muer-

349

te. Es necesario entonces que Moisés deje en libertad al núcleo y retrograde la envoltura. Su mujer Tzipora entiende de qué se trata ya que ella representa el cuerpo.

La Tradición[111] expresa que Moisés fue atacado en el refugio, durante la noche, por una serpiente. Tzipora lo salva a través de la circuncisión de su hijo Eliezer. Tzipora había comprendido la causa de la muerte. A través de la circuncisión ella hizo más débil la envoltura del núcleo.

También comenta la Tradición que un Angel de Dios se transformó en serpiente y que fue esa serpiente la que atacó a Moisés. Allí donde las fuerzas del desarrollo están aún en su pleno poder, el Señor se manifiesta como "agresor", parece ser "aniquilador de la vida". Pero sólo aniquila aquello que amenaza asfixiar la verdadera vida. La serpiente sólo puede ser peligrosa para el cuerpo que se entrega a las fuerzas del desarrollo. Aquí se puede pensar también en la serpiente férrea (Núm. 21:4-9). El pueblo estaba impaciente, quiso volver a Egipto. En esta situación aparece la serpiente con su veneno mortal para impedirlo. Sólo es mortal la serpiente cuando se pretende ir por el camino equivocado. Este es el sentido más profundo del hecho de que el valor total de las palabras "serpiente" y "Mesías" sea el mismo; y que el Señor, Quien envió a Moisés a Egipto para emancipar a Israel, desee matarlo con una serpiente cuando aparece con su hijo Eliezer aún no circuncidado, con el núcleo envuelto aún en "las fronteras de Egipto".

La serpiente férrea (o de cobre) también tiene su significado. En el sistema de los metales, el oro ocupa el primer lugar, siguiéndole la plata. El cobre se encuentra en el sexto lugar. Durante la creación, la serpiente aparece también en el sexto día. Ella, en realidad, es la causa del pasaje al séptimo día: Ella trae la muerte. Se entiende entonces por qué Moisés hizo una serpiente de cobre. Pero aún más:

"serpiente" es 'NaJaSh': 50-8-300. "Cobre", en hebreo, es 'NeJoSheT': 50-8-300-400, teniendo la última letra el carácter de desinencia. Entonces, tanto "cobre" como "serpiente" tienen la estructura 50-8-300. De ese modo se torna más claro aún por qué Moisés hizo una serpiente de cobre, una 50-8-300, 50-8-300-400.

La serpiente provoca la muerte al final del sexto día. Ella forma, entonces, un pasaje entre vida y muerte. Pero la serpiente de cobre que hizo Moisés forma un pasaje entre muerte y vida. Su valor de 358 es el valor de la palabra *"Mesías"*. En aquel contexto bíblico se habla también de *serpientes de fuego* (Núm. 21:6). La expresión hebrea para "serpiente de fuego" es 'SaRaF': 300-200-80, valor total 580. Ya conocemos la cifra 58 como final del mundo del séptimo día.

Moisés se encuentra con su familia en un albergue, en un refugio para la noche. "Refugio", "hotel", en hebreo es 'MaLON': 40-30-6-50. Allí tiene lugar la circuncisión, cuya raíz en hebreo es *"MuL"*, 40-30. Es característico para el estado nocturno la disminución de la envoltura. Recién entonces la liberación del lado diurno aparece. Tzipora llama al hombre, que es su hijo, "novio de sangre". La voz "novio" muestra una relación con el octavo día. "Novio", es en hebreo 'JaTáN', 8-400-50, con la raíz *"JeT"*, 8-400. Se ve la relación existente entre la serpiente y la circuncisión en el octavo día, y el saber del significado de la serpiente por parte de Tzipora. En cada pasaje aparece la serpiente, en el pasaje del sexto al séptimo día, y en el pasaje del séptimo al octavo día. En ese momento de los acontecimientos Moisés tiene 80 años, o sea 2 veces 40 años, frente a los aún restantes 40 años de su vida. El se encuentra en el pasaje del "dos" de Egipto al "uno" del camino hacia Canaan, hacia la armonía de los opuestos.

IV. COMO SE ABANDONAN LOS OPUESTOS

El faraón no deja salir a los Hijos de Israel. Al contrario, les hace difícil su yugo, desde el momento de notar que su salvación no es imposible. Comienza entonces una lucha, y un cambio en la evolución parece inminente. Los Hijos de Israel son obligados a juntar paja. Para ello tienen que dispersarse por todo el país de Egipto. La paja dará el elemento unificante entre los ladrillos, material de construcción de los trabajos forzados.

La paja sólo es ya la envoltura magra del fruto del *árbol del conocimiento*. Esta envoltura vacía deberá dar unión al agua y al barro, mantener unidos los edificios construidos, los ideales del mundo de la dualidad.

Antes, esa paja fue suministrada por el faraón. No era problema encontrar paja. El ser del faraón daba la unión. Pero esta unificación se daba por una envoltura muerta. El núcleo, lo esencial, siempre faltaba en Egipto. Al final de los tiempos era necesario buscar esa aparente unificación, y con gran esfuerzo. Forma parte de lo esencial del faraón que al final de los tiempos se deba dar una dispersión por toda la tierra para buscar aquello que da la unión en todas las construcciones. Surge una gran inquietud, el impulso de cambiar constantemente, de cambiar una casa, de un país a otro, siempre buscando, siempre mirando, sólo para encontrar la unión que para el mundo de Egipto no es otra cosa que paja vacía y muerta. Todo el buscar no daba más que

353

aquello que ya se había tenido antes, en los momentos cuando todavía no había que buscar la paja de unificación.

Si antes todavía existía un poco de tranquilidad en cuanto a ese material de unificación, ahora ésta se pierde. Surge una inquietud héctica por encontrar en algún lugar la unión. La tierra sigue construyendo; pero empuja al hombre a una inquietud sin fin, a una constante búsqueda, a un creciente sufrimiento; porque la sequedad y el vacío de la paja se le han hecho conscientes. La turbulencia dispersa sobre toda la tierra deja entrever el final de un tiempo. Delante del faraón, Moisés define el sacrificio para Dios como objetivo para el éxodo al desierto. Sacrificar en Egipto, tal como el faraón se lo sugiere a Moisés (Ex. 8:21), es rechazado por aquel como imposible. El pueblo de Egipto no lo soportaría, le sería horroroso; ya el sólo cuidar los animales les es un horror (Gén. 46:34).

La meta del sacrificio es acercar el cuerpo a Dios. Este sentido del sacrificio no puede cumplirse en el mundo de la dualidad. Por ello sólo se pudo sacrificar en el Templo de Jerusalem, allí donde uno se encontraba en la unidad, en la medida del 500, allí donde la dualidad había sido superada.

Moisés explica al faraón que los sacrificios sólo pueden ser ofrendados a tres días de distancia de Egipto (Ex. 8:24). Dentro del Templo, éste lugar se encuentra detrás de los dos Atrios, en el tercer Atrio, ya no en el mundo de la medida 400. Pero en Egipto, el sacrificio es imposible para Moisés, porque allí todavía se da vida o muerte, y no vida y muerte. Este abandono del mundo, el solo acercamiento a otro, despierta en Egipto resistencia y miedo. Para Egipto, el faraón, la vaca o el cordero son divinidades. El centro es el cuerpo con su fuerza de desarrollo. En Egipto todo se mide con las medidas de la fuerza del desarrollo, con el progreso. El pastor que guía el animal-cuerpo es un horror

354

para Egipto, donde es el animal —o sea la "divinidad"— quien guía al hombre, y no el hombre al animal. Por eso los Hijos de Israel no viven en realidad dentro de Egipto, sino dentro del país de Gosen, en hebreo *"GoSheN"*: 3-300-50, lo que significa 'cerca de' (Gén. 47:1). Viven en este mundo, pero no totalmente, sólo en su cercanía. Los patriarcas les habían transmitido el saber de que el animal puede ser guiado, cuidado, y finalmente llevado al *Korbán* (Gén. 46:34).

Cuando el faraón preguntó a Moisés sobre el significado del sacrificio, y si acaso podían salir sólo los hombres, éste le respondió que literalmente *todo* debía salir (Ex. 10:8-10). No sólo el Alma (los hombres), sino *todo* en este mundo tiene que ser llevado a Dios. Nada debe quedarse atrás. Quiere decir que también lo material, lo corporal, debe unirse con el origen.

El faraón no comprende esta conclusión. Según los criterios egipcios todo lo vivo termina, indefectiblemente, en la muerte. Pero eso no puede ser el sentido del vivir. Entonces el sentido tiene que encontrarse dentro del mundo de la dualidad, dentro del mundo en el cual uno vive, dentro del desarrollo de este mundo. Después de esto se entiende que el faraón diga: "Mirad si no planificáis el mal" (Ex. 10:10). La voz "mal", en hebreo, es *'RAáH'*: 200-70-5, "maldad", "desgracia". Significa también "algo malo": 200-70; pero *"Raáh"*, también, es el signo zodiacal que, siguiendo la Tradición[112], indica la constelación gobernante del momento: el éxodo terminará con una muerte en el desierto. Según los criterios de la tierra no es posible que el hombre que sufre un éxodo pueda seguir viviendo en el desierto. Esto significaría pensar en contra de las leyes naturales, en contra de la experiencia.

Que el éxodo de Egipto constituye una salida a la libertad, lejos de la presión del desarrollo, no puede ser demostrado con medidas terrenales. De acuerdo a las mismas, salir de Egipto —que es el mundo de la dualidad en su máximo grado de desenvolvimiento— equivale a la muerte. Sin embargo, la salida de Egipto, de *Mitzraim* —cuyo valor total es 380— a *Canaan* —valor total 190— es una transición del "dos" al "uno", o sea del *2* x 190 al *1* x 190.

V. EL PRINCIPIO DE LA MITAD

Todo parece indicar que un nuevo mundo comienza, que el mundo existente culmina. Dios dice a Moisés y Aharón: "Que este mes sea el primer mes para vosotros, y a partir de allí debéis contar los meses del año" (Ex. 12:2). El nuevo mundo comenzará con el mes de *Nisan*, el séptimo después de la creación. Lo que ahora comienza es la historia de "lo séptimo", tal como la Biblia contiene el relato del séptimo día, del día después de los seis días de la creación.

El séptimo mes llega a ser el comienzo del calendario. Se deberá contar a partir de ese mes. En el calendario judío los años se cuentan a partir del mes de la creación, de Tishrei; pero los meses se cuentan a partir del mes de *Nisan*.

En este séptimo, y ahora primer mes, *Nisan*, debe suceder el éxodo en la noche del decimoquinto día, o sea exactamente en la mitad del mes. Es en la mitad cuando se da el pasaje al nuevo mundo. También, debe ser justo medianoche, o sea la mitad de la noche. Dios divide los doce meses en dos mitades; la segunda mitad es un nuevo comienzo. El séptimo mes también es dividido en dos mitades. Allí donde comienza la segunda mitad, allí mismo comienza el éxodo. La noche también se divide. Su primera parte sirve para la preparación, mientras que al comenzar la segunda mitad, el éxodo, comienza la nueva vida.

Ya hemos visto el principio de la división en el "diez", que se dividía en los dos "cincos". También hemos visto la división del tiempo de 1656-1657-1658, coincidiendo la mitad justamente con el momento del ingreso a Canaan. También la letra (o cifra) "uno", el *Alef*, consiste de dos mitades, los dos *Iod*. Esta división se encuentra también en la fórmula básica 10-5-6-5. Ahora el 10-5 está cumplido, y los siguientes 6-5 significan el camino de vuelta hacia el origen.

En el ciclo del año, la mitad se encuentra al comienzo del séptimo mes; en el ciclo del mes, la mitad está en la noche del decimoquinto día; y en el ciclo de la noche, la mitad coresponde a la medianoche. Lo podemos observar en el siguiente esquema.

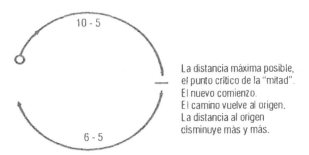

La distancia máxima posible, el punto crítico de la "mitad". El nuevo comienzo. El camino vuelve al origen. La distancia al origen disminuye más y más.

El 10-5 del nombre Señor corresponde a la primera mitad, y el 6-5 corresponde a la segunda mitad.

Por tal motivo, el mundo fue dividido conjuntamente con el período total del Pentateuco. Este indica el 10-5 en el tiempo, o sea el mundo como lo vemos en el punto del máximo desarrollo. Y en realidad es el estado en el que se encuentra constantemente el hombre. Siempre se encuentra en el punto medio. Cada momento de la vida es ese punto, y por ello en cada momento se puede comenzar el camino de vuelta al origen.

358

El 10-5 siempre está presente para nosotros, y quiere ser unido al 6-5 para que surja la armonía del origen. Los "cinco" Libros tienen, por lo tanto, también su sello temporal en el 10-5.

El estar continuamente en el "punto medio", en el "punto de la medianoche", implica la ley de la creación: que después del 10-5 debe seguir el 6-5. La línea circular se redobla. Siempre vivimos en ese punto, cada día vivimos el "éxodo de Egipto".

Según la Tradición, los Hijos de Israel fueron presos de la fuerza egipcia hasta el punto que existía el peligro de que ellos se perdieran definitivamente. Ya habían atravesado cuarenta y nueve pórticos de impureza. Si hubiesen pasado por el quincuagésimo no hubiera existido entonces camino de retorno. Conocemos ya el significado del 49 y del 50.

También el período del mes de la decisión se divide En el décimo día del mes se prepara el cordero para sacrificarlo el 14. El 15 del mes, antes de medianoche, será comido (Ex. 12:3-11).

El décimo día representa algo especial. Cinco días después, en el decimoquinto día del mes, el cordero es comido. Por lo tanto, los quince días están divididos en 10 y 5. Estos preceden la llegada de lo nuevo. Lo nuevo es el 6-5. Vemos nuevamente el 10-5 como expresión de la división y como principio del 2-1, condición básica para todo lo demás. El 5, en este 10-5, ya es el cordero visible del cual se sabe que su ofrenda significará el pasaje al Mundo Venidero. Por lo tanto, es como los 828-829 años, que son la mitad de los 1656-1658 años, o sea la mitad de los dos primeros *ele toldot*, los que llegan hasta el año 1658. Por ello, el tiempo entre 1658 y 2487 (2487 − 1658 = 829) es el espacio temporal en el cual el cordero viene a ser preparado. Es el 5 frente al tiempo total del Pentateuco: el 10-5.

Un cordero "entero" se encuentra en cada una de las casas de los Hijos de Israel; no debe ser repartido en trozos entre distintas casas. Está *atado* a la casa. En el sistema del zodíaco, el cordero ocupa el primer lugar, allí donde está Aries; o bien está en la décima casa, en el lugar de Capricornio. Este cordero-sacrifico une la casa en una unidad, porque permanece entero, "uno". La casa es el "dos", *Bet*. A través del cordero del sacrificio, este "dos" es unido al "uno" en el final de los cinco días. En cada casa, el "dos" llega a ser "uno", y en cada "dos" se encuentra ahora el "uno". Dios mismo, no el hombre, es causa del éxodo. El desarrollo toma un giro, vuelve hacia atrás. No es que el hombre realice la liberación, al contrario, él tiene que permanecer en casa, en "lo oculto", entregarse a su tarea en familia.

Aquel en cuya puerta, *Dalet*, 4, se encuentra la sangre del cordero, éste "no se va", no sigue el curso del desarrollo. No se debe salir a través de la puerta, a través del 4, hacia afuera. Todo lo que está afuera es eliminado por Dios.

El cordero debe ser comido, terminado, antes de llegar "la mitad", o sea antes de medianoche. Cuando llegue la medianoche, ya será tarde. La Tradición[113] dice que los Hijos de Israel se habían circuncidado para hacer posible el éxodo, empujando hacia atrás la fuerza del desarrollo. Con la circuncisión sucede lo mismo que con el sacrificio del cordero. El cordero es el cuerpo, es la manifestación en el mundo, y será entregado a Dios.

También, Dios dio la instrucción de sacar fuera de la casa la masa de pan con levadura, cuando haya llegado el tiempo del éxodo. La levadura fermenta la masa del pan, crea lo múltiple, hace "crecer" el pan. Está colmada de fuerza de desarrollo, se adueña del cuerpo haciéndolo crecer. El trigo, expresión del *árbol del conocimiento*, es la base del pan. Cuando el trigo entra en contacto con la masa de levadura, sucede con él lo que ha sucedido con el cuerpo cuando entró en contacto con la serpiente; llegó a la multiplicidad explosiva. Por lo tanto, Egipto es abandonado sin pan leudado; el pan que se lleva no ha pasado por la múltiple fermentación, lo múltiple es dejado atrás.

La comida de la noche del éxodo expresa la vida en transición. Una vez finalizada, el 10-5 se ha cumplido. Cada comida es unificación.

Cuando uno es de aquellos que han sacado la masa con levadura fuera de sus casas y no se dejan tentar de salir afuera, porque afuera está Dios realizando su obra, entonces está preparado para la vuelta. "Así ved a comer, ceñidas vuestras cinturas, calzados vuestros pies y el bastón en vuestras manos, y lo comeréis de prisa, porque es la Pascua del Señor" (Ex. 12:11). 'Saciado', 'ceñido' y 'calzado' se debe estar preparado para el peregrinaje, para el éxodo.

Tal como ha hecho Caín, también el faraón construía ciudades. Con él, el pueblo fue poseído por el trabajo, por la creación de lo múltiple.

El faraón ya no se acordaba de José, no sabía ya cómo aquel supo encontrar la unidad. El mismo se había separado del "uno".

La unión con lo esencial, es al mismo tiempo unión con el origen, con Dios. Esta unión fue cortada por el faraón. El mismo provocó las consecuencia, disociándose: El "cuatro" queda solo, sin comunicación con el "uno", lo que justamente da sentido a la vida. Así empezó un camino cortado también para el faraón, inquieto y en fuga, como en otro tiempo le tocó a Caín.

Las plagas no tocaron al pueblo de Israel que vivía en Goshen. Ya antes se había mostrado que estas plagas tienen una estructura especial. Una vez más nos referiremos a ellas.

Son las siguientes:

2. plaga 90-80-200-4-70 valor total: 444	**3.** plaga 20-50-40 valor total: 110	**1.** plaga 4-40 valor total: 44
5. plaga 4-2-200 valor total: 206	**6.** plaga forunculos valor total: 358	**4.** plaga 70-200-2 valor total: 272
8. plaga 1-200-2-5 valor total: 208	**9.** plaga 8-300-20 valor total: 328	**7.** plaga 2-200-4 valor total: 206
	10. plaga 2-20-200-10-40 valor total: 272	

Si se suman los valores totales:

44 + 444 + 110 + 272 + 206 + 358 + 206 + 208 + 328 + 272,
se obtiene 2448. Este es el año del éxodo de Egipto.

Observación en la voz "Shin", que es la plaga 6 (300,8,10,50), el 10, que es
letra vocal, falta.
También la voz "Kinim", plaga 3, se escribe en la Biblia una vez con el 10 y
otra sin el 10, que está en el lugar de la vocal.

Así, vemos asombrados que cada plaga es una parte determinada del todo. También aquí estamos frente a la estructura maravillosa de la Biblia. Su sistema, su estructura lingüística, su estructura temporal, tienen una coherencia tal que representan un milagro aun mayor que la creación del universo y de la vida.

El faraón no quiere dejar salir al pueblo de Israel, como un cuerpo materno se resiste al parto del hijo, a quien quiere retener. Pero los dolores cada vez más fuertes del parto fuerzan al cuerpo a rendirse, no continuar la lucha. Finalmente, tiene que dejar salir al hijo si no quiere perecer él mismo. Así también Egipto, tiene que expulsar finalmente a los Hijos de Israel, "parirlo" dentro de un nuevo mundo.

Cuando los que han salido quieren comenzar el camino hacia la libertad, llegan a un mar. Este, por un lado, impide la continuación del camino; por el otro lado, ellos no se han desprendido aún de Egipto. Egipto va detrás de ellos y los quiere retener. Pero tal como las aguas se derrumban al nacer un niño, también este mar se "rompe". Cuando el niño después entra en un nuevo mundo, aún permanece atado a la madre por el cordón umbilical. En la imagen, la persecución de los "huyentes" hasta el mar por parte de los egipcios. Recién cuando el cordón umbilical haya sido cortado el niño habrá nacido realmente. Sólo entonces será independiente. Era una vieja costumbre mostrarle la placenta a aquel niño "que no quería vivir" (que presentaba débiles signos de vitalidad)[114].

Recién cuando los israelitas vieron a los egipcios muertos a la orilla del mar se sintieron libres (Ex. 14:30).

Tal como el parto es equivalente a un éxodo de un "viejo mundo", también aquello que llamamos "morir" constituye un éxodo cuando llega su tiempo. También al morir se da una lucha de "no soltar". También allí un "mar" es atravesado, el que de repente se seca, mientras que antes había brindado protección. También allí persigue el cuerpo, no quiere soltar al "espantado" que huye; hasta que finalmente se ve el cuerpo muerto, como cadáver. Pero a través de ello comienza una nueva vida.

Exactamente a medianoche los Hijos de Israel abandonaron Egipto. Una mitad había terminado: el 10-5 del mes; la segunda mitad comenzaba. Llevaron consigo todas sus pertenencias: animales, plata, oro, vestimentas, etc. (Ex. 12:35-36). Con este material fue construido el Tabernáculo en el desierto, integrándose todo en la gran armonía. Aquello que fue llevado por los Hijos de Israel, ese "quinto" que salió, no fue un "botín" como dicen algunas traducciones. La voz hebrea empleada en aquel contexto significa "vaciar". El hombre debe llevar todo de este mundo a su camino de unificación, no debe abandonar nada, todo tiene que ser transformado en *Korbán*. El ha logrado todo a través de su vida acá, su destino es liberar todo de este mundo, llevarlo consigo a la salvación.

VI. EL PASAR DE LA FRONTERA

Mientras que en Egipto se encontraba un muerto en cada casa, en cada *Bet*, en cada "dos" (Ex. 12:30), en el "dos" de los Hijos de Israel se encontraba un cordero entero, el cordero de *Pesaj*. Todo estaba preparado para el éxodo. En el momento de abandonar ellos el país, Egipto siente que sin ellos la vida será imposible y se da cuenta que el Alma hace vivir el cuerpo. Todavía no estaban atravesando el mar. Este, aún era frontera con el mundo venidero.

Este mar, en la Biblia, es llamado Mar de Juncos: *IaM SUF*: 10-40, 60-6-80. *Suf* (junco), expresa, en su estructura, también "fin"; por lo que "Mar de Juncos" es también "mar final". *IaM* (mar) 10-40, tiene la misma estructura que *ED* (vapor), 1-4, sólo que en otro nivel. Esta frontera parece ser infranqueable, y lo es según medidas terrestres. A esta frontera llega también "el cuerpo", los egipcios, que vienen con el "seis". Es éxodo del sexto día. Egipto conoce solamente el "seis" como el poder máximo. Vienen con 600 coches con caballos para atrapar a los que huyen (Ex. 14:7).

"Caballo", en hebreo, es *'SUS'*: 60-6-60. Tres veces aparece el "seis" en su forma estructural, y siempre Egipto está relacionado con caballos (Deut. 17:16). La cifra de los Hijos de Israel que abandonan Egipto es de 600.000 hombres. La frontera que debe ser cruzada es la frontera entre el "seis" y el "siete". El primer censo de los que se han ido dio la cifra de 603.550 (Núm. 2:32). Los Hijos de Israel han pasado el "seis" del 600.000, son más que esto. Los 600 coches de los egipcios son destruidos. El séptimo día ha comenzado. Este séptimo día supera con 3550 el 600.000. El $3\frac{1}{2}$ siempre designa el séptimo día. Recuérdese por ejemplo el $3\frac{1}{2}$ con el cual fue designado el séptimo día de Noé.

Es muy grande la angustia en la frontera, en el final. Ya nada parece esperar, sólo la muerte. Pero de repente, Najshon, de la tribu de Judá, de la cual posteriormente surgirá David, el Salvador futuro, toma el camino indicado por Dios. Entra al mar; lógicamente debería ahogarse, pero el agua sólo le llega hasta los labios. NaJShON: 50-8-300-6-50 tiene en su nombre la raíz 50-8-300, que corresponde a la voz hebrea equivalente a "serpiente". El llega a ser líder, guía. Lo que provoca la muerte en un lado, trae nueva vida en el otro.

Najshon demuestra con su acción que no calcula con medidas propias de la experiencia, porque según éstas, la muerte era segura. Va por este camino porque Dios se lo ha mostrado como justo. No tiene temor a conducirse por él como único. Nadie se atreve a seguirlo en el camino que está en contradicción con la experiencia. A través del hecho de su acto se ve que todo lo que fue conocido por leyes científicas ya no tiene más validez; se ve que existe un camino más allá del punto final. Al mismo tiempo *se ve* por primera vez que Dios interviene; que la columna llamada "Columna de nubes y de fuego", contradicción entre la izquierda y la derecha, entre agua y fuego, es "uno" a nivel de Dios (Ex. 14). El hombre queda asombrado. Con la superación de los opuestos Dios los guía, les muestra a todos ellos el camino.

También los egipcios pisan esta frontera, pero no la pueden atravesar. Los opuestos no pueden penetrar en el terreno del "uno". Las ruedas de los coches, repentinamente, no giran más, lo redondo que caracteriza este mundo

366

pierde su validez. Egipto ve las columnas de nube y fuego simultáneamente ante sí. La superación de los opuestos los invade y confunde. El cuerpo, con la fuerza de desarrollo, conoce sólo lo fluyente, lo continuado, lo redondo que sigue moviéndose, aquello que puede existir sólo por los continuos opuestos. Pero lo redondo no funciona más. Su movimiento ha terminado. El mundo del cuerpo se está derrumbando y encuentra su fin en el "mar del fin".

El pasaje por el Mar de los Juncos está descripto detalladamente en la Tradición. En ella se encuentra la indicación de no buscar ninguna explicación de cómo se había secado el mar; porque la Biblia expresa una historia mucho más significativa, un milagro mucho mayor que un fenómeno de la naturaleza. Un mar pequeño que se había secado. Todo juega en un mundo que tiene cualidades distintas al mundo nuestro. No sólo que el mar se había secado, Dios mismo apareció *literalmente* en una columna de nube y fuego. Tampoco sobre esto no habría que hacerse imágenes. La aparición de Dios es un milagro aun mayor. El mar no se secó. Ocurrió lo que estaba en contradicción total con la naturaleza: el agua se erigió como una pared a la derecha y a la izquierda.

En aquel mundo ello es así. Es necio querer buscar aquel mar y explicar cómo se ha secado. No se encontrará, y cualquier explicación hallada no tendrá nada que ver con el suceso transmitido por la Biblia. Según la Tradición, el pasaje fue milagroso. Cada tribu tenía su propio camino. El mar se había endurecido como un cristal.

La Tradición llama a este acontecimiento "Disociación del *Iam Suf* (mar del fin)". El mar cesó su movimiento. El tiempo no tuvo más efecto. Los Hijos de Israel atravesaron vivos este mar en el séptimo día. Durante seis días habían estado atados a Egipto; recién el séptimo día trajo la separación. En el octavo día tomaron conciencia de estar libres de Egipto y de encontrarse en otro mundo. El octavo día trajo la liberación. Es el día de la alabanza de Moisés (Ex. 15:1-19). Es la liberación de la fuerza del desarrollo. Por eso la circuncisión se hace en el octavo día: En ese día se recita la Canción de Moisés por parte del circuncidador. El cántico comienza con la voz AZ: 1-7, o sea con el 8.

La Biblia manifiesta que poco después del éxodo los Hijos de Israel se trasladaron de Ramsés a Sucot (Ex. 12:37). Son las únicas indicaciones geográficas del comienzo del éxodo; pero... ¿con qué finalidad? El nombre de RAMSéS: 200-70-40-60-60, tiene el valor total de 430. Es el tiempo de los 430 años, y del concepto 'Nefesh'. Esta ciudad, Ramsés, tuvo que ser construida, según la Biblia, por los Hijos de Israel (Ex. 1:11). La marcha siguió hacia SuCoT: 60-20-400, valor total 480; se trasladaron, entonces del 430 al 480; o sea, un trayecto de "50". Ese es el significado de la indicación del nombre del lugar. El éxodo significa "camino del 50", camino incomprensible para el mundo, camino que va más allá del 40, hacia un mundo distinto, hacia una vida diferente. Es el camino del séptimo día que lleva al octavo día. Es la esencia del éxodo de Egipto.

La voz "Sucot" se puede ver también en el nombre de la Fiesta de las Cabañas. Es decir, se recorrió entonces el trayecto desde el lugar del sufrimiento hasta aquel donde se veía el cielo a través del techo, se veía más allá de los opuestos. El camino medido por un "50" es camino de un mundo a otro.

VII. LA CONDICION: CREAR ORDEN

Entre Ramsés y Sucot la distancia es de "50". Desde el éxodo hasta la Revelación en el Sinaí transcurre un período de siete semanas. En el quincuagésimo día Dios desciende al Sinaí. Cielo y tierra se unen en el quincuagésimo día, en la octava semana. El "octavo" es un fin, la coronación de un suceder.

Poco tiempo antes de la Revelación, Jetro, el suegro de Moisés, se le acerca. Moisés tenía siempre un exceso de actividad; ejercía la función de juez sobre el pueblo; muchos se acercaban a él con cuestiones de trascendencia. Jetro le muestra a Moisés la necesidad de dividir el trabajo, crear una jerarquía (Ex. 18:14-24), le indica una organización. ¿Qué significan estos datos sobre Moisés?, ¿Se tratará acá de una mera cuestión de organización?

La acción de Jetro tiene un significado más profundo. El es sacerdote en Midián. *"Midián"* está emparentado con *"midáh"*, que significa 'calidad' y 'medida'. "MiDIáN", 40-4-10-50, y "MiDáH: 40-4-5 tienen la misma raíz.

La Tradición[115] comenta que JeTRO: 10-400-200-6, tenía siete nombres que se manifestaban de siete formas diferentes, como los siete días de la semana. Los siete días (y siete semanas) llegan a una culminación con el acontecimiento del Sinaí en el quincuagésimo día. Por ello, Jetro llega como manifestación del siete, y da la medida al sucesor en el mundo. Durante el "siete" todo está conmensurado, gobiernan medidas y proporciones.

Para poder recibir la revelación del Secreto; medida, estructura y orden son necesarios. Por ello, Jetro hace dividir a Moisés lo múltiple, de lo cual se quiere salir, y ordenarlo en grupos de 1000, de 100, de 50 y de 10 (Ex. 18:21) para que el pueblo esté siempre guiado (Ibíd. 18:22).

El orden judicial siempre es una superación de los opuestos, una creación de armonía; por ello aparece aquí la imagen de la función de juicio. Jetro establece orden y estructura. Todo se esclarece y está en condiciones de recibir el *octavo día*. El es el padre de la mujer de Moisés, de la manifestación corporal, y viene con las medidas del mundo.

¿Cuáles son esas medidas? Jetro establece cuatro grupos, aquel del 1000, del 100, del 50 y del 10. Moisés está como el "uno" frente a ellos. Los une con Dios. El camino pasa por los "cuatro"; comienza con la declaración sencilla del primero, el más periférico, penetrando más profundamente en los grupos siguientes. Cuando los "cuatro" no pueden dar respuesta al cómo y al por qué, entonces la cuestión es llevada ante Moisés, ante el "uno". Por su unión con el "Uno", Dios, él siempre es capaz de dar la respuesta y de restablecer la armonía. La condición para la revelación del secreto es la estructura del 1-4. Recién al ser creada ésta, puede existir justicia. Entonces puede concluir el séptimo día, puede retirarse Jetro. En el *octavo día*, día de la Revelación, el milagro de la Toráh es entregado al hombre. El relato bíblico se revela, puede ser visto, porque Jetro ha indicado la medida, la estructura. En la Biblia, la sección que trata de la Revelación es designada con el nombre de Jetro. El ha colocado la base para la entrada al nuevo mundo; según la medida 1-4, la base de aquel mundo que posee carácter de un gran secreto para quien está fuera de él.

VIII. LA ESTRUCTURA DEL HOMBRE

El camino que pasa por las veintiséis generaciones concluye en el Sinai. Entonces se *ve* lo que antes sólo se ha podido *creer*. Dios desciende a la tierra. Se revela en la Palabra, muestra lo que es El, lo que es el hombre y el mundo. La Revelación se expresa en la forma del séptimo día, que es para nosotros la realidad. El lugar del hombre en el mundo está expresado en la Revelación con las llamadas "Diez Palabras" escritas por Dios en las tablas de piedra. Se habla de los Diez Mandamientos, o la Ley, pero éstas denominaciones son erróneas. Nunca se habla en la Tradición de los *Diez Mandamientos*, siempre de las *Diez Palabras*.

Los Mandamientos no tienen en la Tradición el carácter de "deber hacer", más bien son indicaciones para el camino justo. Las Diez Palabras determinan el lugar del hombre en el mundo. Ellas expresan lo que el hombre es y cómo llega a su meta. Dios mismo las ha escrito sobre las tablas de piedra. Sólo El, desde Su mundo, puede indicar cuál es la estructura del hombre. Sus normas provienen de otro mundo, porque si fueran sólo de éste mundo no serían válidas más allá de la muerte.

Las Palabras están grabadas en tablas de piedra. Hemos visto que "piedra", en hebreo, es *'eben'*; que contiene, eternamente, lo inmodificable. Todo aquello que tiene que ver con el hombre, contiene la forma de lo incambiable. Aquello que hace del hombre un ser divino frente a Dios y frente al mundo, está determinado por Dios en su forma inmodificable.

"Dos" tablas se entregan. A pesar de formar una unidad, son dos. Son como la letra *Alef*, dividida y unificada; el "cinco" superior se refleja armónicamente en el "cinco" inferior.

La Tradición[116] comenta que las letras estaban grabadas atravesando diagonalmente las dos tablas, sin manifestarse del lado opuesto como escritura en espejo. En ambos lados se veía la misma imagen escrita. Aquello que tiene que mostrarse en el mundo como bilateral, es unilateral en su esencia. Los dos lados mostraban una unidad incomprensible para nosotros.

¿Cuál es el sentido de estas Diez Palabras, de estos "dos 5"? Ellas muestran al hombre en su esencia. No son leyes morales higiénicas o sociales. Estas son sólo sus imágenes. Cuando la sexta Palabra dice "No debes matar" ella significa literalmente "no deber matar a otro ser humano", pero el principio "no deber matar" abarca la vida humana en la totalidad de sus expresiones, en todos los niveles. Por ejemplo, la Tradición indica que no se debe avergonzar al prójimo. Retar a alguien en presencia de terceros cae bajo el principio de "derramar sangre". Ello puede, por lo tanto, suceder en distintos niveles.

La sexta Palabra se encuentra en la segunda tabla frente a la primera Palabra de la primera tabla, de aquella tabla en la cual Dios estableció en cinco Palabras lo que El es. Uno tiene que relacionarse con el hombre, imagen de Dios en la tierra, de la misma manera que con Dios mismo. El hombre no es sólo una tuerca en la gran sociedad, dentro del gran aparato; lo fue en Egipto, donde se lo ha tratado sólo estadísticamente, donde fue un "número más en la ficha".

La primera Palabra expresa que Dios llevó al pueblo fuera de Egipto. Toda la creación descansa en el volver de Egipto, del mundo de la dualidad. El concepto "dualidad" abarca la creación, creación de la dualidad. La vuelta del camino $1-2$ al camino $2-1$. Es el milagro expresado en el éxodo de Egipto. Esta "vuelta" sólo puede venir de Dios, de la fuerza del "Uno", de Dios en su origen, de Dios manifestándose en el mundo. El hombre, como imagen de Dios, lleva dentro de sí también el deseo por esta vuelta. La busca en todos los terrenos; tiene la necesidad de llevar la creación de vuelta a su descanso.

Cada hombre tiene que ser visto entonces como una imagen-espejo, como una imagen de Dios. Respecto de *humillar a un ser humano* o matar en él esta conciencia, la Tradición[117] manifiesta que tal situación es como si toda la creación fuese aniquilada.

La misma Tradición apunta al hecho de que las Diez Palabras de la creación comienzan con el "dos", con el *Bet* de la palabra *Bereshit* (En el comienzo); mientras que las Diez Palabras, al final de las veintiséis generaciones, sin embargo, comienzan con el "uno", con el *Alef* de la voz *"ANoJI"*, 'Yo', del versículo "Yo soy el Señor tu Dios" (Ex. 20:2). Precisamente, *ANoJI* se escribe como 1-50-20-10, porque aquí termina el mundo de la dualidad. Dios mismo ha terminado en este octavo ciclo la liberación de las veintiséis generaciones de la dualidad. Esta Revelación comienza con el "uno" tal como la creación había comenzado con el "dos".

En este momento el largo camino a través de los cuatro *ele toldot*, a través de las cuatro historias generacionales, ha encontrado su fin. El hombre está libre de las fuerzas del desarrollo, del veneno de la mordedura de la serpiente[118].

El ve nuevamente el "uno", con el cual comienzan las Diez Palabras de las *tablas eternas*.

La segunda Palabra (Ex. 20:4) habla de la prohibición de hacer imágenes. Una vez más, no se trata aquí de imágenes externas. Si solo se tratara de que los hombres creen —o no— de que imágenes pueden ser dioses, el principio dependería de una fase histórica. La humanidad, al desarrollarse, llegaría a la conclusión de que sus imágenes autocreadas de ninguna manera pueden ser dioses. La Palabra estaría superada y sin sentido.

La imágenes quedan, mientras el hombre está atado a las formas de un mundo limitado por lo fenoménico y no ve que imagen y Esencia tienen que ser unidas. La forma pertenece a la esencia como la mujer al hombre. Sólo juntos forman una unidad, la que al romperse da lugar a una ruptura de "matrimonio"; y mientras esto suceda durará el culto a los ídolos (el servicio a las imágenes).

A la segunda Palabra de una de las tablas corresponde la séptima Palabra (en la otra tabla). Esta dice: no debes cometer adulterio (Ex. 20:14). La destrucción de la unidad hombre-mujer es cometer adulterio; destruye la armonía tal como la separación entre esencia e imagen. La séptima Palabra se refiere entonces a la destrucción de la armonía, también aquella que existe entre Esencia y manifestación (imagen).

La tercera Palabra, "no debes abusar del Nombre del Señor, tu Dios" (Ex. 20:7), o "emplearlo innecesariamente", se encuentra frente a la octava Palabra: "no debes robar" (Ibíd. 20:13).

El abuso del nombre de Dios, el nombrarLo sin necesidad, rompe la unidad de este Nombre que representa justamente la armonía de la unidad. Al robar surge una disarmonía, se crean mentira y no-verdad. Por lo tanto, la

374

Tradición extiende el concepto de "robar" a todas las esferas de la vida humana. Así, por ejemplo, está prohibido despertar una impresión falsa ya que de ese modo se oculta la verdad.

Tampoco se debería robar el tiempo regalado por Dios para las cosas del mundo. En todo lo que se hace, ya sea con uno mismo o con terceros, debería darse la tendencia hacia la unión con el Origen. El uso vano del nombre de Dios en situaciones que nada tienen que ver con la meta de unificación, cae bajo la tercera palabra.

La cuarta Palabra, "Recuerda el día Sábado para santificarlo", poco tiene que ver con un día de descanso merecido para poder reintegrarse con nuevas fuerzas en el proceso del trabajo. El séptimo día ocupa un lugar especial, porque cada "séptimo día" corta la línea del *séptimo día* en el núcleo, en la historia de la creación. El séptimo día, el día posterior a los seis días de la creación, el día de *descanso* de Dios de todas las obras que ha hecho (Gén. 2:2), anuncia que la creación, el desarrollo, ha llegado a su fin. Es ahora tarea del hombre unificar, en su calidad de "uno" frente a lo múltiple, los opuestos que han surgido del desarrollo y que están frente a él. Haciéndolo, él cumple el sentido de su existencia, participando de la alegría para la cual fue creado el mundo. Se trata de intentar la unificación de los opuestos en todas las esferas; por ejemplo, hacer el bien para equilibrar el sufrimiento. Cada hecho, cada pensamiento, puede superar opuestos o crearlos. Superado el dualismo, el desarrollo queda limitado. El hombre debe internalizar la idea de que la creación de Dios ha finalizado, que todo está bien y concluido; no puede ser el sentido de su vida completarla. Pero si el hombre, en el séptimo día, aún quisiera seguir desarrollando el mundo y dedicar sus

375

energías a la continuación, daría un falso testimonio sobre el sentido del mundo.

Por ello, la novena Palabra, que dice: "No debes hablar falso testimonio" (Ex. 20:16), se enfrenta con la cuarta Palabra de la santificación del Sábado. Cada testimonio que niega la armonía rompe el descanso (del Sábado). La no-verdad crea lo múltiple en oposición al "uno" de la verdad.

En la quinta Palabra "Debes honrar a tu padre y a tu madre" (Ibíd. 12), que se encuentra en la serie de las primeras cinco Palabras, se indica la actitud frente a Dios. Con la quinta Palabra el hombre debe orientar su mirada hacia su origen. La estima de "lo antiguo" debe extenderse a abuelos y a bisabuelos, de manera ascendente, hasta el primer hombre, quien ha enfrentado como "uno" a lo múltiple. La Palabra quiere decir más que mera estimación a los padres a fin de conservar la paz del hogar. Quien honra a sus padres y antepasados, honra a Dios.

Pero siguiendo este principio, no se puede reprochar al hebreo bíblico sus repetidas rebeliones contra Dios; o re-prochar a Adán, quien causó la desgracia de la humanidad por su pecado. Esto y lo otro fue inevitable. La creación está hecha por Dios de esta manera, y la Biblia lo expresa y lo menciona: El mundo es así, y las cosas no pudieron suceder de otra manera. Adán e Israel estaban más cerca de Dios que nosotros. Según las palabras de la Biblia, El había hablado con ellos. Nosotros estamos muy alejados del Ori-gen; "endiosamos" la evolución, y como extraños frente al origen somos incapaces de comprender lo ocurrido en aquel entonces.

La décima Palabra: "No debes desear..." (o "que no te tientes") se refiere a la actitud del hombre frente al mundo; requiere que se aparte de la expansión en lo material, de la ambición por rangos sociales, del récord en la producción.

El hombre debe orientarse hacia otras cosas, no sólo ambicionar un standard de vida más elevado. Todas las culminaciones del desarrollo apuntan hacia un fin catastrófico, ya sea el diluvio, la *haflagá* babilónica (la torre de Babel), o la catástrofe egipcia. El paraíso no surge por desarrollo material. La décima Palabra realza, tal como la quinta, el valor de lo anterior, la estima por el pasado. Ambas Palabras concuerdan en la advertencia de no endiosar el desarrollo.

Estas diez Palabras contienen una alternativa para este mundo. El hombre está frente a una dualidad. El puede preferir el camino de las imágenes, seguir el desarrollo, o elegir otro camino, el camino de la vuelta de la dualidad a la unidad. Este principio de la alternativa se expresa por el número de vocablos en estas Diez Palabras: 172, que es el valor total de la voz *"EKeV"*: 70-100-2, que significa 'si' (condicional. El hombre está libre, está en el límite, tiene la posibilidad de elegir. Todo está dado por Dios; sólo la actitud del hombre frente a El está abierta, para que en su retorno se deje guiar por amor, confianza y bondad, sin expectativas de premios, y sin tasar mecánicamente. El hombre puede lograr la unidad en esta vida *si* vive según la estructura divina; pero también puede no querer seguir este camino. Puede permanecer en la corriente del desarrollo material continuo, pero entonces no encontrará la unificación en esta vida, sino sólo después del largo camino lleno de angustias, de muerte, después del camino inestable y fugitivo de Caín.

El número de letras de las diez Palabras es 620. Estas 620 letras forman para siempre la estructura del camino del hombre para su unificación. El número 620 es el valor total de la voz *KeTeR* (corona): 20-400-200, con la cual es indicada la unidad de Dios en la primera *Sefirá*. En esta *Sefirá* se encuentra el primer comienzo, el estado de unidad del cual Dios hizo surgir la creación.

Las distintas letras no dan una imagen, pero su combinación forma palabras. Las 620 letras, juntas, construyen el concepto contenido en la palabra *Keter*. Esta *Sefirá* superior es la parte que *es fruto*. Cuando Dios, en el quincuagésimo día comunica esta estructura eterna del hombre, en las dos tablas de piedra escritas por Él para este mundo material, el estado que reina en ese día es el estado del mundo futuro, el estado del octavo día.

Moisés se encuentra en este estado en el Sinaí durante 40 días y 40 noches, estando con Dios, uniendo el mundo con Dios. La Tradición comenta que Dios le reveló en el Sinaí la forma cómo se expresa lo esencial en la vida, cómo se ven las cosas desde lo esencial, cuál es el sentido de la vida. Esta Revelación de Dios está expresada en la estructura sólida de las palabras, que en su conjunto, forman los cinco Libros de la Toráh, el núcleo, 1-4. La Revelación contenida en la Tradición que Moisés recibió en el Sinaí, señala la forma de manifestación de lo esencial en los distintos mundos, también en el que vivimos nosotros ahora.

Tal como el cuerpo surge renovado en cada generación, prácticamente la misma forma pero con rasgos propios, estas comunicaciones de la Tradición deben ser transmitidas a cada generación por la precedente. Es por ello que esta parte de la Revelación lleva el nombre de "Tradición". La Tradición fue entregada en los 40 días y 40 noches, o sea durante la vida, el tiempo entero. Primeramente Dios da esta parte corpórea de la Revelación a Moisés. Tal como los hijos provienen de la voluntad de los padres, esta parte corpórea de la Revelación ha permanecido vigente porque Moisés la comunicó a su discípulo Josué, quien a su vez la transmitió a sus discípulos.

De esta manera se continuó la línea de la transmisión hasta hace más o menos dos mil años atrás. Justamente porque la parte corporal tiene que reaparecer en cada generación, nunca se habían escrito estas comunicaciones. Sólo por boca se siguió transmitiéndola como aliento, como vida. En tiempos de gran confusión existía la amenaza de que se perdiera el conocimiento de la transmisión oral. Por ello se comenzó a dejar constancia escrita, proceso que se prolongó durante siglos. A pesar de ello, y con derecho, se llama a este proceso *Toráh oral*, porque sigue en pie la validez de que debe ser transmitida de maestros a discípulos. Es comprendida solamente si es constantemente llevada al vivir mismo, a ser revivida en cada tiempo según su forma y sus necesidades. El nombre *Toráh oral* significa que está en un vínculo más directo con este mundo que la *Toráh escrita*. Nuestro mundo se encuentra en el lado izquierdo del sistema, en el lado del "oír", de lo oral. En cambio, la Biblia, la *Toráh escrita*, es "vista"; o sea, se encuentra junto con la luz en el lado derecho. Ambas, la Toráh Escrita y la Toráh Oral, en conjunto, forman un complejo indivisible, una armonía de esencia y fenómeno, de alma y de cuerpo. Juntas, son el *árbol* que *es* fruto y *hace* frutos. Quien entra en el *octavo día*, tal como Moisés en el Sinaí, recibe la Revelación. Sobre el Sinaí, en el mundo de la forma, Moisés se encuentra con el Señor, Quien se le revela. Allá, los opuestos día-noche, despertar-dormir están superados. Moisés no come ni bebe, porque allá todo está cumplido (Ex. 34:28).

La meta del camino que ha comenzado con la creación, es lograda en la vigesimosexta generación. En el núcleo, ello se expresa con el ciclo completo del 10-5-6-5. A continuación, se demuestra cómo es formado el tiempo por el núcleo.

IX. EL CIRCULO Y LAS TRIZAS

¿Por qué motivo continúa el relato bíblico, si en el Sinaí la meta ya había sido lograda y el camino de las veintiséis generaciones había sido cumplido? El relato continúa porque también la vida continúa. Ahora se ve cómo la vida sigue después de esta revelación del *Arbol de la Vida* y de su sentido. Se ve que aquel que está liberado de Egipto se conduce según la ley de la creación por el camino hacia la Revelación, y ya no puede volver al mundo de la dualidad. Para él, este camino se ha cumplido. Quien pertenece al "uno", que en oposición al "cuatro" está liberado de Egipto, llega al mundo de Canaan, al mundo del "octavo día". Los niños llegan vivos a Canaan, mientras que los padres, a consecuencia de otros sucesos, permanecen en el desierto, pero no pueden volver a Egipto.

Aquello que en Egipto se expresaba como tiempo infinitamente largo en los 400 años (con la cifra máxima 400), ahora está abreviado. La marcha por el desierto también está caracterizada por el "cuatro", pero ya son sólo 40 años. Ello quiere decir que para aquellos que se encuentran en el camino del "dos" al "uno", la vivencia del tiempo es más breve. Horas y tiempos de alegría parecen ser más breves que tiempos difíciles, malos, en los que uno suspira: "Ojalá fuese noche ya..., ojalá llegue la mañana" (Deut. 28:67).

Horas de alegría "vuelan", por eso el tiempo de Moisés en el Sinaí es expresado con un "cuatro" aún más breve, o sea 40 días. La Tradición[119] comenta que el zodíaco comen-

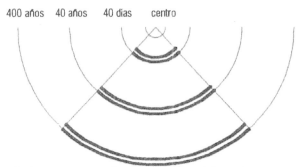

400 años 40 años 40 días centro

El mismo evento se manifiesta en diferentes periodos de tiempo, o sea en diferentes círculos:

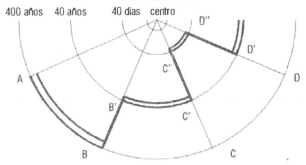

400 años 40 años 40 días centro

zó a girar más lentamente después de haber comido del *árbol del conocimiento*. La medida temporal "se alargó". Es como si la vida pasara a otro nivel, a otra órbita, a una órbita más alejada del núcleo. Por eso las experiencias en las distintas órbitas son tan diferentes. Aquello que no fue posible en Egipto ocurre en el desierto, pero en el Sinaí las experiencias cambian otra vez, y son como no han podido ser en el desierto.

Esquemáticamente ello puede ser representado en la figura respectiva. El sector AB es experiencia dual, que se expresa en 400 años. B'C' es el camino del "dos" al "uno", tiempo de los 40 años. En la órbita más extrema, los acontecimientos de la órbita BC no pueden ser comprendidos o vividos; por ejemplo, un Angel es irreal en la órbita B'C'; el Tabernáculo es imposible en Egipto; el suceso de los 40 días (C"D") es incomprensible en la órbita C'D' de los 40 años. Siempre un suceso tiene que ser traducido de una órbita a otra.

El éxodo de Egipto contiene un cambio de órbitas de B a B'. La subsistencia en el Sinaí implica un salto de C' a C". Después del acontecimiento de los emisarios, que fueron enviados a Canaan, la experiencia vuelve a la órbita más próxima, vuelve a los 40 años, o sea de D" a D'.

La Biblia expresa una realidad que nosotros denominamos "las formas del séptimo día", el mundo después del éxodo de la dualidad egipcia. En el esquema, ésta es la órbita de los cuarenta años; el rayo del octavo día del Sinaí cae en estos cuarenta años.

Aquello que acontece en una órbita interna es totalmente irreal para quien se encuentra en una órbita externa. No lo vive, sólo ve imágenes. Al hacerlo uno asume el estado de "éxodo" en el camino del 2 al 1, se libera de la esclavitud, gira del camino $1-2$ al $2-1$. El primer encuentro en el camino del 2-1 es el encuentro del Sinaí. Quien se conduce por este camino pronto encontrará la Revelación. Ella jamás podrá ser anulada, es característica de la actitud del hombre que va en camino del octavo día.

Como primer acontecimiento, Moisés permaneció durante 40 días en el monte Sinaí, separado del pueblo. Ya anteriormente Moisés había pasado un día en el Sinaí, pero en aquel entonces todavía estaba comunicado con el pueblo (Ex. 19:3-6). Al volver, les presentó todas estas Palabras que el Señor le había dado (Ex. 19:7); y luego ascendió nuevamente entre relámpagos, truenos y la montaña humeante (Ex. 19:16-25). Luego, al subir la próxima vez permaneció allí durante 40 días y 40 noches (Ex. 24:1-18).

El '40' de los días expresa que la separación del pueblo parecía infinitamente larga. Sin embargo, la duración fue más breve, porque en el Sinaí se está próximo al núcleo. Pero los 40 días también significan "espera hasta un extremo máximo". Durante este tiempo de espera se da una crisis, un alejamiento del origen, surge la duda acerca de si Moisés regresará, y se da la historia con el becerro de oro. El pueblo pide dirección, quiere tener un guía. El resultado es que las dos tablas de piedra se rompen; tristeza y deterioro irrumpen (Ex. 32).

Después de la gran experiencia del descenso de Dios al Sinaí, en la cual, como nos relata la Tradición[120], se podía ver desde un extremo del espacio y del tiempo hasta el otro, abriéndose el sentido de cada uno hacia todo, uniéndose Cielo y tierra, nuevamente se da la separación. Aquel quien había unido se torna invisible. El debe estar arriba, pero el "arriba" está totalmente separado del "abajo". Nuevamente surge una dualidad según el modelo de la creación. Su sentido es la vuelta del unificador. Moisés vuelve con las dos Tablas, la estructura eterna del hombre, con el conocimiento de cuerpo y alma; vuelve con la Revelación. El hace surgir nuevamente la unidad, comprendida ahora más profundamente. Esta unidad, después de la separación en dualidad, es expresada en la unidad de las dos Tablas. Durante el tiempo de la separación, "arriba" se preparaba el gran Regalo, y "abajo" se lo esperaba con mucha confianza. Por lo tanto se da una división para crear la alegría de la unificación.

La Tradición cuenta que Moisés había dicho que iba a permanecer afuera durante 40 días, o sea que la separación duraría "todo el tiempo". En el cuadragésimo día, él volvería y entregaría al mundo el Regalo de la gran armonía.

En el tiempo de la separación se da el desarrollo de lo múltiple; se acerca al punto extremo que es el punto medio. Es el punto que en el tiempo se expresa como *hoy*, como *este* momento, *esta* vida, en *este* tiempo, en *este* mundo. Es el punto en el cual nos enfrentamos con el 10-5, allí donde tiene que comenzar el 6-5. Por lo tanto es también el punto en el cual aparece la serpiente para indicar toda la belleza y el esplendor del desarrollo; la juventud como símbolo de desarrollo, poniendo la alternativa. En este sentido, la Tradición[121] también comenta que hacia el final del tiempo de separación entre Moisés y el pueblo, cuando el 40 finalizaba, apareció el Satán llamando la atención de los hombres a la falta de la liberación prometida.

Satán les señaló que el último día había llegado a su fin sin que Moisés apareciera. En los tiempos finales, las fuerzas del desarrollo son máximas, la tentación también. Totalmente envuelto en las fases evolutivas, no se ve más el significado del origen. ¡Está tan lejos! ¿Dónde comenzó la evolución? ¿Cómo se había llegado a ser un ser humano liberado de la materia? ¿Qué sería aquello que lo llevaría hacia un mundo del bien? ¿No sería quizás una leyenda el hombre Moisés? En cuanto al Cielo, siendo que había dado a la tierra un desarrollo propio y leyes propias, ¿Para qué existía?

Cuando el tiempo está maduro surge la serpiente. Siempre aparece hacia el final de un viejo estado, en la frontera con algo nuevo. El cuadragésimo día llegó a su fin y Moisés no venía. Satán parecía tener razón. Ahora se quería ver a los dioses, y el pueblo se dirigió a Aharón.

En el sistema, Moisés se encuentra a la derecha, y Aharón a la izquierda. El lado de la izquierda, el lado del cuerpo, es el único que permanece durante los 40 días. El otro lado no se ve, está en el cielo. Se pide a Aharón, como guía del mundo, que confeccione dioses, dioses visibles y perceptibles. Aharón pide como sacrificio aquello que embellece al cuerpo, a las mujeres, que da brillo a lo externo. La Tradición[122] dice que Aharón esperaba que no estén dispuestos a ofrecer este sacrificio, y por lo tanto se seguiría esperando a Moisés; pero los hombres sí aportan el sacrificio, están dispuestos a entregar todo a fin de encontrar la fuerza que los lleve a la Tierra Prometida. Aharón trata de postergar la confección de este dios. "Mañana es la fiesta del Señor" (Ex. 32:5), son las palabras que dice al pueblo, siempre esperando la vuelta de Moisés, a pesar de haber transcurrido el cuadragésimo día.

Al día siguiente, el cuadragésimo primer día, se entregaron los sacrificios para el dios auto-creado. La postergación de Aharón no había dado resultado.

¿Y el becerro?, ¿Por qué se había hecho un dios del becerro? ¿No estará en contradicción lo primitivo de un culto a un becerro de oro con lo sublime que le precedía? ¿No se trataba quizás de un baile alrededor del "becerro de oro", o sea alrededor del oro? El suceso de la imagen llevó a estas interpretaciones, justamente porque se vive y se piensa en un mundo de imágenes. Pero la estructura de la Palabra que revela la esencia es la única que puede informar, y no la imagen.

"Becerro", en hebreo, es 'EGueL': 70-3-30; y "Redondo" es 'AGoL': 70-3-30. Consisten de las mismas letras. Por lo tanto el becerro tiene que ver con lo redondo, y lo redondo con el becerro. Además, el becerro es el animal que se encuentra en el segundo lugar, y en lado izquierdo del sistema. En el zodíaco se manifiesta como "toro". El lado izquierdo es también aquel de la vestimenta, de la envoltura, de la cubierta que oculta el núcleo. El lado izquierdo siempre aparece como un ciclo, como un ir y venir (pensemos en la luna que se encuentra también en este lado) como rueda giratoria.

En la traducción, por supuesto, se ha perdido esa relación entre "becerro", "redondo" o "círculo", pero en su esencia son idénticos, tal como lo demuestra la estructura de las palabras.

Para introducirnos aun más profundamente en esta identidad, dirijámonos, por ahora, al becerro. La Tradición[123] manifiesta que Jacob recién supo con certeza que José estaba con vida "cuando vio el carro que José le había enviado" (Gén. 45:27). El último tema sobre el cual Jacob conversó con José antes de su "desaparición", fue aquel de Deut. 21:1-9. Allí, se habla de un difunto hallado en un campo abierto, cuyo asesino se desconoce. Cuando ello ocurre los ancianos de la ciudad tienen que tomar una novilla (o sea un becerro), y quebrarle la nuca.

En hebreo, la voz que indica "novilla" es la misma que "becerro", sólo que aquella lleva una desinencia femenina. Por lo tanto, "becerro de oro" es 'EGueL' (70-3-30), y "novilla" es 'EGLáH' (70-3-30-5). Se establece en el relato una relación entre "carro', ' 'AGaLáH', y "becerro": 70-3-30-5, sin que esta relación se viera fuera de la estructura lingüística.

En hebreo, la voz "carro", derivada de "rueda", de lo redondo, de lo circular, 'IGuL': 70-3-30, aparentemente no tiene relación con el becerro. Para Jacob se dio inmediatamente la relación entre el carro y la última conversación con José sobre el asesino desconocido y el becerro.

Quizás el lector se formulará cómo era posible que Jacob conversaba con José sobre algo que recién cientos de años más tarde aparecería en la Biblia. Pero a esta altura el lector habrá comprendido que la Biblia no es un libro de historia, sino una forma de expresión de lo esencial en espacio y tiempo. Los hombres que mantenían una unión conocían los principios de la creación y de la vida. La Tradición[124] relata que Lot dio pan sin fermentar a los Angeles cuando éstos fueron a visitarlo a Sodoma, ya que era *Pesaj*, el día del éxodo de Egipto. Esto no es casualidad. También la destrucción de Sodoma fue una intervención de Dios en el punto más extremo del desarrollo. La "elevación" a causa de la "levadura" había legado a su clímax. Pero Lot comía pan sin fermentar, y daba de él a sus huéspedes, que provenían de otro mundo.

Lot, que comía pan si fermentar, fue salvado; Sodoma, destruida en Pesaj. Un paralelo con la destrucción de Egipto en Pesaj.

Lo esencial del concepto "salvación en el punto extremo" siempre se da en Pesaj. El principio del "muerto sin asesino conocido" es muy importante para el mundo. Significa que el hombre muere y no se sabe por qué. Debe haber una causa más allá de enfermedad o accidente, una causa para la muerte en sí. No se comprende esta causa, no se sabe donde buscarla. Como mucho, se puede buscar en la cadena de la causalidad un eslabón hacia atrás, hasta la "próxima ciudad", pero de allí no se sabe cómo seguir.

Esta ignorancia general de la causa está ligada con el hecho de vivir en el mundo de la izquierda, en el mundo de la forma, del cuerpo. Casi irreconocible en su esencia subyacente. Tampoco Isaac reconoció a Jacob bajo la vestimenta de Esaú a pesar de sentir su voz muy rara. Tal como el cuerpo rodea al Alma, la mujer rodea el mundo; es la envoltura alrededor del núcleo. La envoltura es lo redondo, es el *AGoL*, 70-3-30, que se cristaliza en aquello que llamamos becerro, o sea también 70-3-30. El becerro se encuentra en el sistema de los animales como "toro", en el segundo lugar, lado de la izquierda. En este lado, lo esencial queda oculto.

Los más ancianos, los guías, eran los responsables de esta ignorancia. Deberían haber hecho algo para la unificación entre derecha e izquierda, entre cuerpo y Alma, entre fenómeno y esencia. Entonces podrían haber revelado qué es la muerte y por qué existe. Los más ancianos de la tribu deberían haber traído el *Arbol de la Vida* a su mundo, explicándolo, aclarando las causas de la muerte; entonces no hubiera habido humillación para la ciudad. Por eso ahora se necesita el becerro, romperle la nuca que da constantemente vida a lo redondo, al círculo. La nuca une la cabeza con el tronco, el "uno" con el "cuatro". Esta diferencia no debe ser ocultada por la unión. El "uno" tiene que permanecer "uno", y dar justamente con ello su sentido al "cuatro". Por ello, la nuca es una parte móvil que une y separa al "uno" del "cuatro". Sólo así existe la armonía de los opuestos. Pero cuando la nuca está dura significa que no hay diferencia entre cabeza y tronco, que hay una continuidad allí donde debería haber armonía de opuestos.

"Duro", en hebreo, tiene como raíz las letras 100-300, con el valor total de 400. Pero 400 significa aquella continuidad en la cual está abolida la oposición entre cabeza y tronco.

En el mismo sentido se habla de un pueblo de "nuca dura", de testarudez, que tampoco quiere hacer una unidad, una armonía de opuestos. Quiere seguir llevando la continuidad a una meta aparente, pero que no es una meta final porque el círculo gira constantemente. "Nuca", en hebreo, es 'OReF': 70-200-80, con el valor total de 350. Estos 350 son el $3\frac{1}{2}$ que indica de qué manera lo esencial se une, se comunica con la extensión en el tiempo. Allí donde existe una unión de nuca dura, un "duro" 3√₂ y un 400, allí tiene que ser rota la nuca. Por ello, los más ancianos, los Sabios, los guías, tienen que romper la nuca. Tienen que hacer visible cuál es la causa del no-saber: vivir en un circuito de desarrollo. Ahora pueden testimoniar que no son culpables.

Cuando se rompe con el viejo camino, no hay culpa. El hecho de que se haya encontrado el muerto en un campo abierto se atribuía a aquella circulación existente; por eso públicamente tiene que ser interrumpida. De ese principio habían hablado en su última conversación Jacob y José, antes de ser vendido José a Egipto. Jacob tampoco conocía a los malhechores, y pensaba que José había muerto.

La Tradición comenta que Jacob no fue llamado más Israel después de la venta de José, porque había perdido la sensación de unidad. El nombre "Israel" contiene la armonía de los opuestos. El lado izquierdo se había separado del nombre de "Israel" y llevaba una existencia propia. Por lo tanto, Jacob no pudo comprender el sentido del suceso, y sufría terriblemente bajo la pérdida de José; pero cuando Jacob vio el carro y lo "redondo" de las "ruedas" comprendió inmediatamente lo que había sucedido. En Gén. 37:13 fue llamado por última vez Israel. Ahora, En Gén. 45:27-28 leemos: "Y cuando él vio los carros que José le había mandado para llevarlo hacia él, el espíritu de Jacob, su padre, entró en vida, y dijo Israel: Es suficiente para mí que mi hijo José aún vive. Quiero ir allí y verlo antes de morir". Nuevamente se llama Israel. Su visión penetra los sucesos, la armonía vuelve a él.

Ocupémonos una vez más de la historia del becerro de oro. A fines del cuadragésimo día, habiendo perdido la fe en un salvador, el pueblo entregó los sacrificios. El becerro de oro surgió solo[125], no fue Aharón quien lo formó. Cuando se va por ese camino la consecuencia es una cosmovisión de lo redondo; todo parece estar cerrado en sí. El mismo Aharón veía, según la Tradición, como el becerro vivía y comía.

Según la misma Tradición, El Satán, la fuerza del desarrollo, aceleraba todo en esta fase. Todo parecía justo y andar bien. Los hombres descubrían los misterios de la materia; ya los mismos chicos reconocían tales cosas. Se había esperado un desarrollo tranquilo, continuo, pero de repente se daba muy rápidamente, todo encajaba en sí. Uno llega a ser ciego respecto de cualquier posibilidad fuera del desarrollo, e incluso se niega a verla ya que sólo perturbaría la embriaguez de ese desarrollo.

Hur, hijo de Miriam y de Caleb[126], quiso señalar el error de adorar lo redondo como Dios. Fue matado, no se permitía ninguna perturbación. Lo redondo, la causalidad terrenal, fue proclamada dios. Se demostró que la salvación de Egipto fue consecuencia del desarrollo. "Dijeron: Estos son tus dioses Israel, que te han llevado fuera del país de Egipto" (Ex. 32:4). Se sacrificaba a este dios ya que el salvador permanecía en el cielo y no aparecía.

Los 40 días habían pasado. El cuadragésimo primer día había comenzado. Aparentemente, se había seguido a un *fantasma*. Finalmente, el pueblo se entregó a comer y beber en el servicio al dios de la redondez, y gozaban. Se daba cumplimiento al sentido de la existencia comiendo, bebiendo y gozando de la vida. Un comentario de la Tradición[127] dice que se incluía, en ese gozar, lascivia y matanza. La expresión traducida como "gozar" no es la voz común *'TzaJeK'*, 90-8-100, que significa "risa burlona" como consecuencia de que uno mismo no cree en lo que debe acontecer. De esta misma raíz proviene el nombre de Isaac, cuya madre Sara rió sin fe cuando le fue anunciado que le nacerá un hijo. Por lo tanto, en última instancia, es una alegría que no es verdadera alegría, más bien una burla cínica, acompañada por un sonido relajante de risa.

En el momento de la culminación del desarrollo, repentinamente el mundo ve venir al salvador. Moisés había vuelto; rompe las Tablas de piedra que deberían haber fundado al hombre eterno, rompe lo "redondo", el becerro, con el cual un mundo fue fingido. De esta manera también está roto el hombre que ha comido de *árbol del conocimiento*. El hombre, "uno", se rompe en lo múltiple de millares. Su mundo "uno" se transforma en mundo de infinita multiplicidad.

Después del becerro, otro mundo distinto surge. El Tabernáculo que hasta ahora había estado dentro del campamento es llevado fuera de él (Ex. 33:7-11). El núcleo, lo esencial, se alejó, y dejó de verse. Uno mismo tenía que salir ahora de su mundo para ver lo esencial.

Todas las joyas fueron quitadas (Ex. 33:5). "Joya", *'EDéN'* en hebreo, escrito como 70-4-50, tiene la raíz 70-4. Aquel 70 y aquel 4 que son expresión de lo múltiple en su posibilidad extrema. La voz *'EDéN'*: 70-4-50 tiene la misma raíz.

La Tradición[128] sabe que las joyas consistían de las coronas que se habían recibido de la Revelación en el Sinaí.

Estas coronas ayudaban a sus portadores a mirar más profundamente a través de lo múltiple.

Nuevamente nos encontramos con la situación de un pasaje de un mundo a otro, emparentado a aquel abandono del jardín de Edén, cuando el hombre tenía que despojarse de sus *joyas*, con cuya ayuda había podido ver de un extremo del mundo al otro, para ser enviado a un mundo inferior. El día en que Moisés vio el becerro de oro fue el decimoséptimo del cuarto mes. Otra vez el 17 indica el fin de una fase evolutiva. En otro nivel, el día 17 del cuarto mes es también el fin de la Jerusalem bíblica. Tampoco allá la evolución había continuado porque había logrado su máxima distancia del origen. Se siguió creyendo en Dios, pero se buscaba un salvador en la esfera terrenal. Lo que siguió en ambos momentos fue el exilio eterno.

En realidad el hombre siempre se encuentra en el punto del máximo desarrollo y con ello frente a una decisión. Si no ve al salvador divino se orienta por sus criterios terrenales; toda su energía, su tiempo y su pensar se atan al ideal de este mundo: las fuerzas del desarrollo. Este es el camino hacia el dios de lo "redondo". Allí surge el becerro. Sin embargo, el salvador celestial viene, el camino cambia.

Pero aquel que ni en Egipto sigue el desarrollo, como la tribu de Leví[129], recibe la salvación. Quien toma del *Arbol de la Vida* tiene el *árbol* que *es* fruto y *hace* frutos. Para él, el camino de la unificación no está amenazado por temor y desesperación, no camina en forma inquieta y fugitiva; no se le rompe la vida en trozos trayendo muerte y exilio como destino. En cada vida, en cada momento, se presenta este punto más alejado del origen; las fuerzas del desarrollo logran su punto de culminación. Este punto se expresa también en el principio 58. Entonces los criterios terrenales no son más válidos.

Tales puntos fueron la expulsión del Paraíso, el asesinato fraternal de Caín, el diluvio, la haflagá, el éxodo de Egipto y el becerro de oro.

Nosotros, con nuestros conceptos astronómicos de años y siglos contamos con medidas mecánicas. Las verdaderas medidas del tiempo son vivas, son formadas por la vida humana. Estos son los criterios vivos de la Biblia.

X. EL METODO DE CALCULAR

El motivo de por qué Moisés no había retornado el cuadragésimo día no fue respondido hasta ahora.

Si él hubiera vuelto tal como lo había prometido, la historia penosa con el becerro de oro no hubiera sucedido. La Tradición[130] indica que satán tenía metida su mano en este juego. Logró confundir los cálculos. Moisés ascendió al Sinaí el séptimo día del tercer mes (Ex. 24:9-18). Era un día de esplendor total (Ex. 24:10-11). Cuando Moisés está con Dios, para los otros comienza una nueva fase en el tiempo. Recién entonces se da la separación, el período de los 40 días. Son estos los 40 días durante los cuales Moisés está solo allí arriba con Dios; y el pueblo queda abajo sin guía.

Satán había comenzado a calcular el comienzo de los 40 días a partir del día de la ascensión, temprano a la mañana, o sea del séptimo día del tercer mes. En realidad, el tiempo de separación había comenzado recién cuando Moisés se apartó de su compañía; o sea, una hora más tarde de ese día.

Según los cálculos de satán, los cuarenta días culminaban en la noche del decimosexto día del cuarto mes, así que el 17 hubiera sido ya el cuadragésimo primer día.

La Tradición aclara que el tiempo durante el cual Moisés estaba todavía acompañado no podía entrar en la cuenta de estos cuarenta días, los que significan un estado completamente nuevo. El pueblo está separado del "arriba", y no puede hacer otra cosa que esperar. El síntoma "tiempo" se manifiesta también en este caso en el cuarenta de los "cuarenta días". Reina el estado del "uno" cuando Moisés junto con Aharón, Nadab, Abiú y los setenta ancianos ven a Dios y viven el milagro de la unificación.

Pero el estado "cuarenta" comenzó recién cuando Moisés se tornó "invisible", cuando quedó a solas con Dios, y los otros apartados de él, esperándolo.

El error en el cálculo de los cuarenta días estaba en la unión de las dos fases y en verlas como continuidad. Dos estados totalmente diferentes entre sí, el "uno" y el "cuatro", fueron unificados y colocados en el mismo nivel sin haber considerado previamente su disimilitud; el pueblo tenía la "nuca dura". Faltaba la comprensión de la verdadera armonía entre el "uno" y el "cuatro"; faltaba también la comprensión de que los criterios en los diferentes niveles no eran los mismos. Entre estos niveles opuestos se formó un pasaje fluido, pero empleando medidas y colores usuales, utilizados y pensados por nosotros, lo que es peor que un error de cálculo; acá comienza el pecado. Es la consecuencia de una actitud determinada frente a Dios y frente al mundo, una muy determinada actitud.

Esto explica que la Tradición hable aquí del satán. Las fuerzas del desarrollo no conocen otra cosa que la continuidad fluyente. Si uno se aferra a ellas, queda capturado en el círculo de estas fuerzas sirviendo entonces al "becerro"; está inclinado a medir lo sagrado, que está en un nivel totalmente distinto que los criterios del mundo y de lo múltiple.

Algo parecido había sucedido en el éxodo de los hijos de Efraím de Egipto. La Tradición[131] comenta que esta tribu fuerte sabía que Dios predijo a Abraham en el año 2018 una esclavitud de 400 años en Egipto (Gén. 15:13). Por eso, ellos emprendieron ya el camino en el año 2418 para ocupar Canaan, 30 años antes del verdadero éxodo. No tomaron el largo camino de E. a O., sino que salieron de Egipto para entrar por el O. a Canaan. A pesar de provenir ellos del lado corporal, de la unidad Judá-José, fueron combatidos por los habitantes de Canaan. Los esqueletos vistos por Ezequiel pertenecían, se dice, a estos hijos ávidos y apurados de Efraím. También ellos habían cometido un error de cálculo. De hecho, Abraham supo ya en el año 2018 acerca de los 400 años de esclavitud o exilio y de la salvación siguiente.

Durante 30 años Abraham había vivido en la confianza firme que Dios le regalaría un hijo, un futuro en otro mundo. A pesar de que todo parecía indicar que esto era una cosa imposible, inverosímil, Abraham confiaba en que todo se tornaría hacia el bien. Después de 30 años aconteció lo increíble, nació Isaac. Cuando ello tuvo lugar ya no era tan difícil creer en la continuación del camino del milagro, del exilio y de la liberación, de la división y de la unificación. Estos 30 años, llenos de confianza, configuran una medida especial frente a los siguientes 400 años. Estos 30 años están en otro nivel; por lo tanto el error de los hijos de Efraím consistió en no reconocer diferencia entre lo sagrado y lo múltiple. Exitoso fue el éxodo, pero la entrada llevó a la muerte.

Al volver Moisés a Egipto, Seraj —hija del octavo hijo, Asher— fue consultada. Ella, perteneciendo al octavo, reconocerá las señas del verdadero salvador. Al oír Seraj que las palabras de Moisés (Ex. 4:31) eran las mismas que aquellas con las que José había predicho al salvador (Gén. 50:25), dijo: "Esta vez es el verdadero salvador"[132].

Estas palabras, que literalmente son las mismas en ambos pasajes de la Biblia hebrea, expresan que Dios se acordará del pueblo y que lo hará. La verdadera liberación es algo

397

totalmente fuera de la línea de evolución. Es una intervención de otro mundo. En la creación, se encuentra al principio de la liberación que proviene de otro mundo, del origen. No es un resultado del desarrollo.

Ya hemos visto que 190 años de los 400 fueron vividos en Canaan. El exilio comienza para Abraham con el nacimiento de Isaac en el año 2048, pero Jacob va hacia Egipto recién en el año 2238, así que todavía pasan 190 años en Canaan —tierra que entonces pertenecía a los cananeos, por lo que se era "extraño" en la misma. Estos 190 años en Canaan tienen el mismo valor que la voz CaNAaN: 20-50-70-50. A continuación siguieron 210 años en Egipto, aquellos del valor de la voz *ReDU*: 200-4-6. Estos 210 años representan la verdadera permanencia en Egipto, en el mundo de la dualidad.

Los 30 años de la fe de Abraham introducen estos 210 años en Egipto. Están como el "uno" frente a la vivencia del exilio en la dualidad. Las cualidades de Abraham crearon una medida para el "tiempo".

La voz hebrea que indica "medida, criterio"; es *MiDáH*: 40-4-5; y que simultáneamente significa *calidad*. Cuando por ejemplo, en Ex. 34:6-7 Dios nombra Sus Cualidades (conocidas en la Tradición como las Trece Cualidades), éstas se pueden llamar también las Trece Medidas. Tales medidas se expresan también en relación con los mencionados 30 años respecto de los 210 años, o sea 1:7.

Los 210 forman, según las medidas de Abraham, la expresión del "siete", de los siete días de este mundo. Están determinados por el 30, el "uno" de Abraham. La relación 1:7 es un principio muy importante. Sólo a través de él se puede comprender el secreto del mundo. El mundo del "siete", expresado en el séptimo día relativo al mundo, es gobernado por el "uno". Este se encuentra fuera del "siete", pero sin embargo forma una unidad con él, tal como el "uno" está en oposición al "cuatro", y que sin embargo forma la armonía del 1-4.

Cuando el Sumo Sacerdote ingresaba al *Sanctasanctó-rum*, en un solo día del ciclo anual, en el décimo día del séptimo mes, llevaba la sangre de lo sacrificado hasta el Arca de la Alianza, lugar donde reside Dios en este mundo, y salpicaba la sangre ante Dios. Según la Tradición[133], ello sucedía con un contar simultáneo, porque la medida de lo material era la realidad de lo esencial. Se contaba así: "uno; uno y uno; uno y dos; uno y tres; uno y cuatro; uno y cinco; uno y seis; uno y siete".

Allí, en *Sanctasanctórum*, donde el secreto está revelado, se cuenta de ese modo; y no "uno; dos; tres...", sino que todo es puesto frente al "uno". Cada estado existe sólo cuando se encuentra frente al "uno" del origen como una medida especial. De esta manera, los 210 años en Egipto se encuentran como "siete" frente a los 30 años de Abraham, el "uno". También allí es válido el "uno; uno y uno; uno y dos..." hasta "uno y siete". Este es todo el secreto. También para la vida y para el mundo, el "uno" de la Biblia es el "uno" que lo guía todo. En él se encuentran las medidas de Dios con las cuales fue determinado el "siete" del mundo. Teniendo siempre presente el "uno", no importando en que situación, no importando si se cuenta "uno y cuatro" o "uno y cinco", esa situación es unida con el "uno".

Este es el contenido esencial de la unificación de los opuestos. La armonía de los opuestos, entonces, ha sido encontrada, siendo ése el sentido de la vida.

XI. EL SECRETO DE LA INVERSION DE LAS LEYES NATURALES

Para aquellos que al final de los tiempos quieren formar lo redondo, las Tablas eternas no existen más como unidad; están rotas en trozos. Se podría decir también que al final de los tiempos el concepto "unidad" está roto. Cuando se hace el círculo, la unidad se rompe en trozos. Esa es una ley de la creación. Cuando uno forma en su imaginación un dios que tiene por símbolo un círculo, la unidad se pierde. Los milagros de Dios, entonces, ya no pueden ser vistos y concebidos como unidad. Lo roto permanece hasta que surge algo nuevo, un mundo nuevo.

En su entusiasmo por los resultados del desarrollo, el hombre, en el final del tiempo cree haber encontrado lo redondo como última manifestación del desarrollo. Cree que dentro de ese círculo, de ese *eguel* (becerro), debe estar todo. Uno se siente perturbado al ser recordado que existen mundos también fuera de este círculo. Uno se forma un mundo ideal, un estado óptimo, exclusivo. Supongamos que al final del desarrollo podría vivir una generación en paz, libertad y bienestar, ¿qué ocurriría entonces con las generaciones anteriores, aquellos que habían sufrido y habían muerto en su sufrimiento?, ¿Es éste un mundo ideal en el cual todo lo anterior debe ser para siempre muerto y olvidado?, ¿Será el bienestar único resultado de todos los esfuerzos, sufrimientos y sacrificios? Este bienestar justamente excluye lo esencial: el saber, el vivir de un mundo

401

eterno. Aun ocultándose los cementerios, el hombre siempre se preguntaría sobre el sentido del vivir. Seguiría sintiéndose en la esclavitud egipcia. El consuelo dado por un Cielo con el cual nunca tiene contacto sólo aumentaría la tensión de los opuestos. Se ven sólo escombros.

Al acercarse el fin de los cuarenta días, Aharón anuncia una fiesta para el día siguiente, una fiesta para Dios. Aharón contaba con que todo giraría hacia el bien[134]. Mientras tanto hizo lo que el pueblo le pidió; pero el desarrollo, que sigue clamando por lo "redondo", no puede tener una buena salida. Según la Tradición, Aharón arrojó al fuego el oro entregado, esperando que no ocurriera nada; no se imaginaba en absoluto que de allí pudiera surgir una poderosa deidad. Pero es así, en tiempos finales ocurre lo no-imaginado.

"Arriba" culmina un tiempo; Moisés debe volver. "Abajo" todo acontece con enorme velocidad, como si ocurriera solo. Aharón lo ve con asombro, se siente impotente. El desarrollo mismo, con su divinidad, había asumido el liderazgo. El hombre apenas se atreve a ayudar un poco, tiene la esperanza que pronto vendrá un gran personaje, capaz de tornar las cosas hacia el bien. Pero este "ayudar un poco" lo subyuga totalmente, y el gran personaje no aparece. Sin embargo, el salvador viene; pero viene como enemigo del desarrollo divinizado, y lo destruye; porque la fe en el desarrollo había destruido también la unidad.

Continúan 40 nuevos días a esta desilusión. El mundo comienza nuevamente. Los nuevos seres tienen un comportamiento distinto gracias al hecho de que *una vez* se había participado de la liberación de Egipto y se había experimentado el milagro de la Revelación. La situación es paralela a aquella de la expulsión del Paraíso. El hombre del Paraíso tuvo que capitular ante la serpiente, el desarrollo estaba

402

frente a él. El hombre, después de la liberación de Egipto, no conoce más este deber de la capitulación. Ya no es el cuerpo el que dirige; lo material fue circunciso, retenido. El Alma puede regir, está liberada de la esclavitud dentro del cuerpo.

El hombre nuevo puede actuar viendo la causa de su error, conociendo el camino de la vuelta. Demuestra arrepentimiento, se deshace de sus joyas, las que contienen el 70 y el 4, con las que él pudo verlo todo, todo el espacio del principio hasta el fin. Ahora la vida se torna más modesta, más silenciosa. La excitación del desarrollo sin fin ha culminado, es "polvo". Cuarenta días Moisés permanece en la montaña. A ellos siguen cuarenta días de un nuevo estado en el cual las fuerzas del desarrollo se sienten debilitadas. Se vive en otro nivel. Ahora vienen nuevamente cuarenta días, volviendo Moisés otra vez a la montaña.

A los cuarenta de la primera vez continúan dos veces cuarenta, lo que muestra claramente la línea del desarrollo: 1—2. Es el estado de la fórmula 10-5-6-5, en la cual el 10 se divide en 2 veces "cinco", con el objetivo de volver a unirlos. La ruptura de las Tablas, del "uno", en múltiples pedazos, tiene por consecuencia nuevas Tablas; una nueva unidad.

La Tradición comunica con exactitud que estas 2 veces "cuarenta" días significan en el hombre "creciente responsabilidad", una demanda de tener a Dios de vuelta en su medio, en su centro. Están en oposición a los primeros cuarenta días de esplendor que hicieron crecer el desarrollo.

Ahora sigue el silencio, la modestia, una orientación hacia Dios, un deseo de dejarse guiar por Dios hacia la Tierra Prometida, hacia el estado del "uno". El hombre puede caer; de hecho ha caído. Sólo la tribu de Leví forma una excepción. Pero el hombre conoce ahora también el

403

camino de vuelta. Las fuerzas de la dualización no dejan de existir ahora tampoco; el hombre no deja de sentirlas, sin embargo reconoce el sentido de la unificación al mismo tiempo. Se dibuja claramente la imagen del hombre divino. Por ello las cualidades de Dios llegan a su manifestación en esta segunda parte de las 2 veces "cuarenta días" (Ex. 33:12 hasta 34:7).

Dios revela su camino en este estado de vuelta. El camino está determinado por las Trece *Midot*, las Trece Cualidades de Dios. Ellas —véase la cifra '13' como valor de '1'— se expresan como "medidas de bondad" (Ex. 33:19). Las cualidades divinas, que en general son incomprensibles, sólo se hacen entendibles a través de su traducción a esas "medidas de bondad". Dichos conceptos, como ser lo Infinito, lo Eterno, Creador, Cumplidor de los mundos, quieren significar que al conocer el hombre la bondad divina, y al intentar seguirla como modelo (ya que él está hecho a imagen de Dios), se acerca a ellas y se "eleva" del mundo.

Estas cualidades, por ejemplo "Infinito", "Eterno", etc. no son conceptos científicos, no son tampoco principios técnicos o mágicos, sino expresan en palabras las relaciones divinas de las Trece *Midot* (Ex. 34:6-7). Con estas Trece *Midot* el mundo es medido y cambiado. El cálculo del tiempo no es nada mecánico ni astronómico. El cálculo temporal es algo vivo, guiado por los conceptos de las Trece *Midot*. Ellas fijan el camino de Dios a través del mundo.

Estas Trece Medidas se encuentran relacionadas también con el número 58, que es la duración del tiempo en lo material. Moisés las recibió en la Roca: *TzUR*: 90-6-200. *"Tzur"*, también significa 'forma'. El valor total de las Trece *Midot* es 5857. Recordemos las cifras 5845 y 5848 como también el principio de 5800 vinculado con el 3½ del tiempo del 1656-1657-1658.

Aquello que se expresa en conceptos como: "Misericordia", "Gracia", "Beneficencia", "Verdad", etc. en realidad son medidas del tiempo. Se llega a ellas después de romperse el círculo. Al emprender el camino de la vuelta, el hombre pide ser guiado por Dios y aprende lo que es su responsabilidad. Entonces Dios le muestra ese camino, el que comienza con el segundo "cuarenta", aquel que lleva a la unidad.

Este camino es mostrado retrospectivamente. La persona se da cuenta que el pasado ha sido medido por estas Trece Medidas, pero que el futuro no se ve. Este no está determinado mecánicamente ni astronómicamente. El futuro es incalculable. Depende de las Trece Medidas divinas, de conceptos tales como: "Misericordia", "Gracia", "Verdad", "Beneficencia", etc. Estas son medidas vivientes, que dependen de la actitud del hombre.

En esta esfera surgen las nuevas Tablas, y el nuevo hombre viene a ser formado. El esquema es nuevamente el "uno" del final, que sigue al camino 1 — 2. Pero este "uno" del final es, como el *Alef* lo demuestra, igual al "uno" del comienzo. Son imágenes en espejo como los dos Querubines que se enfrentan. Sin embargo, el "uno" del final es distinto al "uno" del comienzo, especialmente en cuanto a su génesis. Las primeras Tablas estaban hechas por Dios y fueron entregadas a Moisés. Las segundas Tablas, en cambio, estaban hechas de material de "abajo" y fueron llevadas a Dios, Quien grabó en ellas las Diez Palabras. Las segundas Tablas reunían la materia terrenal con el alma que Dios grabó en ellas. El hombre había preparado la materia y la llevó "arriba". El hombre participa de las segundas Tablas.

El primer hombre fue creado como las primeras Tablas. Dios tomó su cuerpo de la tierra y "colocó" en él el alma. "Grabó" el Alma en el cuerpo. El hombre llegó al *árbol del conocimiento* y se quebró en lo múltiple. Sus partes, sin embargo, clamaban por unirse, por la armonía con el origen. En esta etapa Dios le muestra las Trece Medidas, el sentido de todo. Surge el nuevo hombre "abajo", aquel que forma a partir de este momento la base en la que Dios inscribe los valores eternos.

El sentido de la historia y de la vida es la formación del hombre allí abajo. Su formación significa unificación en el "abajo". Se trata del hombre quien ha superado la dualidad, se ha liberado de ella. Nuevamente este hombre recibe de Dios el Alma con la vida eterna.

Las dos nuevas Tablas son la unión de los dos "cincos", de un "cinco" de 'abajo' con un "cinco" de 'arriba'. Este hombre de "abajo" que (con 620 letras y las 10 Palabras) forma el 5-6-5, obtiene la "Corona", *Keter*, que lo hace a semejanza de Dios.

La Tradición[135] calcula con exactitud las fechas del período de cuarenta días posteriores al becerro de oro, y de los siguientes cuarenta días. Estos últimos culminan el 10 del séptimo mes, que es un día especial. Se lo nombra en Lev. 23:27-32 y se denomina *Iom Kipur*, Día del Perdón. Es el día en el cual el ciclo del "diez" se cumple en el séptimo mes. El cálculo de los años bíblicos comienza con el primer día del séptimo mes. Es el día de la creación del hombre. El año, que empieza a ser calculado a partir de la creación del hombre, comienza en Tishrei. Los meses del año judío son: 1) Nisan, 2) Iar, 3) Sivan, 4) Tamuz, 5) Av, 6) Elul, 7) Tishrei, 8) Marjeshvan, 9) Kislev, 10) Tevet, 11) Shvat, 12) Adar. El mes que tiene su punto de partida en la constitución del pueblo de la Biblia es Nisan. Contando el año a partir del mes de Nisan, Tishrei viene a ser el séptimo mes en cuanto a las festividades; pero en cuanto al cálculo anual, Tishrei es el primero.

En el décimo día de este séptimo mes de Tishrei, el primer ciclo de "diez" está concluido. Es un puente que lleva a un estado de otro mundo. En el quincuagésimo año, en este día, se pide el retorno de todos aquellos que se han apartado del origen, porque el quincuagésimo año es Año de Jubileo.

Cada año, el hombre debe pasar ese día (el décimo) como si no estuviera más en la tierra. "Este será vuestro estatuto eterno: en el décimo día del séptimo mes, purificaréis vuestro cuerpo, y no haréis ninguna obra, ni los nativos ni los extranjeros entre vosotros. Porque en ese día sucede el perdón para que seáis purificados; de todos vuestros pecados seréis purificados ante el Señor. Por ello, el día será para vosotros un Gran Shabat, y purificaréis vuestro cuerpo. Será estatuto eterno" (Lev. 16:29-31). Todo ese día debe ser orientado hacia otra vida. El hombre debe sentirse en esa jornada como si no viviera en este mundo —por ello es que en Iom Kipur no se come ni se bebe— a fin de que los fracasos de todo el año, ocasionados por el desarrollo, sean reconciliados y compensados.

En la práctica judía, ese día se lee el Libro Jonás, que también sabe del retorno después de haberse pensado la aniquilación segura. Este día se iguala con aquel en el que Moisés recibió las segundas Tablas; el último de las dos veces "cuarenta". Lo anterior viene a ser reparado y reconciliado.

La estructura bíblica explica la manera en que esta reconciliación actúa en calidad de "ley de la creación". La vuelta a Dios está determinada por estas leyes de la creación.

407

Las primeras Tablas fueron quebradas al finalizar los primeros cuarenta días, en el decimoséptimo día del cuarto mes, un día caracterizado por el '17', que tiene el significado de un cercano fin del mundo. El décimo día con el que finalizan las dos veces "cuarenta" días, también tiene un carácter especial.

Cuando Moisés fue a buscar las primeras Tablas en el monte Sinaí, hubo gran desarrollo de festividades. Subió a la montaña acompañado por muchos; el pueblo entero fue testigo; muchos milagros se presenciaron (Ex. 19:16-25). En cambio, al ascender por segunda vez, al comienzo de los segundos "cuarenta" días de las dos veces "cuarenta" días, Moisés fue solo y en silencio (Ex. 34:2-4). El solo ve los milagros, él sólo aprende el camino a Dios, el camino de las trece cualidades. En lugar del ánimo jubiloso de las Festividades, Moisés da la espalda a todo lo terrenal. La Tradición[136] no deja dudas sobre el hecho de que sólo en silencio se puede dar la ascensión al misterio. Si el hombre desea acercarse al núcleo, debe ir y volver solo y en silencio.

El umbral por el cual se accede al "nuevo mundo" es el décimo día del séptimo mes. Justamente ese día, día de decisión, viene a ser día de retiro, sin ningún interés por el mundo. Las leyes naturales se invierten. De esta forma, se obtienen también "abajo" las nuevas Tablas de piedra que no están rotas esta vez.

Un nuevo mundo tiene lugar de veras. Con el final del décimo día se comienza la construcción de la Casa de Dios en la tierra: el Tabernáculo. Las "medidas" con las que se expresa la presencia de Dios en el mundo se conocen ahora; la unión entre Cielo y tierra es visible. La dualidad se ha armonizado.

En la práctica de la vida judía, cada año después de finalizar el décimo día, comienza la construcción de la "tienda", la morada del hombre durante la marcha de Egipto a Canaan, del 'dos' al 'uno'. Esta tienda o cabaña tiene un techo translúcido a través del cual se puede ver el cielo. El decimoquinto día del séptimo mes queda terminada la cabaña. El tiempo desde el inicio de su construcción hasta que se ingresa a ella es de cinco días. Estos cinco días están en relación con los diez días anteriores como 1:2. El tiempo de la construcción tiene la medida '1' frente al '2' precedente.

Hemos visto una paralela con el décimo día del primer mes, aquel del éxodo, cuando el cordero fue preparado para ser comido el día quince, para que el 'uno' sea llevado dentro de la "casa", el 'dos'. En toda la Biblia se ve, entonces, la estructura 1-2-1. En ella, el milagro de la Biblia aparece más grande que la creación del universo. El camino del 2 al 1 es el sentido de la creación. La creación, sin la Biblia, es vacía. Recién la Biblia le da vida y contenido.

XII. LA CUARTA DIMENSION

El Tabernáculo es el lugar donde se manifiesta la Presencia de Dios en la tierra. Dios habita en él durante el séptimo día mundano, durante la marcha de Egipto a Canaan, del "dos" al "uno". El concepto "marcha" expresa el cambio continuo. Uno está en movimiento cambiando de lugares y circunstancias. Por ello la detallada descripción del Tabernáculo, sobre cómo armarlo y desarmarlo, cómo transportarlo y quienes lo deben llevar. Todo está orientado por un movimiento continuo hacia adelante. Quien se encuentra en camino hacia el 'uno', no puede detenerse en este séptimo día, día mundano.

La vida enseña al hombre muchas cosas. Siempre, nuevamente, le parece que sabe todo, y se alegra. Sin embargo, continúa acercándose en su vida más y más al 'uno' del Mundo Venidero, hasta llegar finalmente al río de la frontera, el Jordán. También en este caso se encuentra una barrera de agua, el tiempo no traspasable que lo separa del Mundo Futuro.

Quien está liberado de Egipto lleva una vida de "caminante", tiene que continuar. Pero este "continuar" está determinado para Israel de una manera específica; encima del Tabernáculo está *"la nube"* que le indica al hombre el tiempo exacto. Cuando ella está inmóvil, él sabe que nuevamente se ha logrado finalizar una etapa. En forma de *nube*, la Presencia de Dios se hace efectiva. La *nube* está flotando sobre el Tabernáculo. Su materia es apenas visible,

411

está en la frontera entre lo visible y lo invisible. No es una nube común, atmosférica, sino una nube sobre la misma tierra, siendo el Tabernáculo su raíz, y su núcleo formado por el Arca de la Alianza con los dos Querubines.

Dios quiere llegar hasta este límite de lo visible, pero al mismo tiempo ocultarse en lo invisible. Esto dice a su vez que solamente se puede percibir a Dios en el camino del 'dos' al 'uno', como Betzalel —tal como el nombre lo indica: *a la sombra de Dios*— quien tiene la sabiduría y el conocimiento de llevar a la expresión material estas relaciones (Ex. 31). Cuando se haya logrado esta sabiduría se podrá percibir a Dios en la frontera entre lo material y lo inmaterial. Esta percepción oculta lo más interno, y al mismo tiempo lo hace justamente visible.

La Tradición[137] relata otros detalles acerca de esta nube. Dice, por ejemplo, que había siete nubes presentes, y una de ellas indicaba el camino, mientras que las otras seis estaban agrupadas alrededor de las cuatro partes del pueblo. La nube que iba adelante, allanaba las colinas y rellenaba los valles. El lugar del Tabernáculo, en el centro, siempre estaba elevado.

"Nube", en hebreo 'ANáN': 70-50-50, indica la unión del 70 concreto con el 50 del otro mundo; expresa el límite de dos mundos. La unión del 70 con el 4 nos es conocida ya como lo todo abarcador del mundo, del espacio y tiempo. La voz hebrea "AM" ('pueblo'), 70-40 indica el mismo principio. También la preposición "con", que implica la inclusión de algo en un nivel más general, es 70-40, 'IM'. La voz "Tiempo", es 'ET': 70-400. Vemos entonces que la combinación 70-50 consigna un salto más allá de este mundo del '4'. El 70 de este mundo ha quedado, pero el cuarenta se ha transformado en el '50' del Mundo Venidero.

En su trayecto del 'dos' al 'uno', el hombre marcha a través del desierto. Ese no es un lugar para quedarse, hay que atravesarlo. La Tradición[138] no habla del desierto como de un lugar desértico de arena y de piedras, sino que menciona rebaños y ciudades; la meta de la marcha desértica es el arribo a otro mundo, y el cruce por este mundo. Por lo tanto, el desierto llega a ser nuestro mundo, pero no puede ser nuestra meta; el hombre tiene otro destino, y tiene que seguir atravesando el desierto, siguiendo la *nube*, que es la guía hacia la meta.

El camino a través del mundo del séptimo día ya no está gobernado por la observación de las medidas propias. Uno se deja guiar por normas contenidas en la Biblia, referidas a la marcha por ese séptimo día; dirige su mirada hacia la nube. Tampoco Noé había comenzado su camino del sexto al séptimo día en un barco dirigido por él, sino en un arca que desde el punto de vista humano no era guiable: Dios la guiaba. La marcha por el desierto sigue un plan determinado. Allí donde se establece un campamento, en su centro se encuentra el Arca de la Alianza dentro del Tabernáculo. Alrededor de él se reúnen los cuatro grupos (Núm. 2 y 3). Dentro de esos cuatro ejércitos se agrupan los levitas, también formando cuatro grupos. Nuevamente se puede ver claramente la estructura 1-4, donde el núcleo es el 'uno'.

El 'uno' da la señal para ponerse en marcha y la señal para el descanso. Se sigue al 'uno', y ya no a decisiones humanas. Se observa otro tipo de causalidad. En todo se ve la fuerza divina, y a ésta se sigue. Cuando la marcha continúa, el núcleo —colocado en su centro— también continúa. Dos grupos se mantienen adelante y dos atrás. Siempre se mantiene la estructura 1-4. Por eso, la Tradición ve en el relato sobre la composición y estructura del Tabernáculo una paralela muy detallada, similar a como Dios ha creado el universo.

El Tabernáculo, en cuanto a su estructura y su construcción, expresa la creación. Todas las acciones referidas a él llegan a ser las mismas que Dios empleó para formar el mundo. En este séptimo día se sabe que Dios ha realizado la creación, que fue como El dijo: "Buena". El hombre no necesita agregar nada.

Lo que es válido para el séptimo día de nuestro mundo, también es válido para cada séptimo día en el curso del tiempo. En el séptimo día, en *Shabat*, el hombre debe renunciar a todas sus actividades, no debe realizar ningún trabajo. Los esquemas de este trabajo radican en las actividades propias de la construcción del Tabernáculo. El séptimo día del mundo es movimiento, es seguir caminando hacia una meta que está más allá de este día.

Por ello, la "cabaña", el "Tabernáculo", está construido de manera tal que puede ser armado y desarmado fácilmente. Es una cabaña, una tienda. A propósito no es todavía una casa. Esta última será construida recién en el octavo día del mundo. Tampoco David, el séptimo a partir del ciclo de las veintiséis generaciones, pudo edificar una Casa para Dios (Samuel 2 7:12-13). Recién el "octavo", Salomón, construyó la Casa divina. Recién entonces el peregrinaje del Arca de la Alianza había culminado. El séptimo día del mundo conoce el movimiento, el cambio de lugar hacia una meta determinada. En el "octavo día" el destino se ha logrado.

En nuestro mundo, ello se expresa por el tiempo que se lleva todo. El tiempo como dimensión del desarrollo siempre quiere terminarse, cumplirse. Es aquello que hoy llamamos la Cuarta Dimensión. En el "octavo día" ello queda concluido. El Mundo Venidero es inimaginable para nuestro modo de pensar en espacio-tiempo. En nuestro mundo, tres de las dimensiones se ven cumplidas; la cuarta representa la vida misma. Por ello, el tiempo es medido como un camino de realización del '40' o del '400'.

La Cuarta Dimensión nos lleva del sexto al octavo día. El relato de la marcha por el desierto es el cumplimiento de una dimensión, dimensión que no es conocida aún durante el mundo del desierto. La Tradición[139] lo expresa diciendo que en el desierto sólo hubo tres "vientos". El cuarto, el del Norte, surgió recién al entrar en Canaan. El Norte, según la Tradición, es el lugar del elemento *Ruaj* ('viento', 'espíritu'). Aquello que se está cumpliendo en el desierto lo conocemos por la imagen de algo que se mueve: el viento. Este se encuentra como *RUaJ*: 200-6-8, entre las dos expresiones que indican "Alma": *'Nefesh'* (alma corpórea) y *'Neshamá'* (Alma divina). El espíritu que se está cumpliendo, el *Ruaj*, une en su movimiento el *Nefesh* con la *Neshamá*.

En el "octavo día" tiene lugar la boda entre lo masculino y lo femenino, preparada durante los siete días previos. Traducido al nivel humano, es la Cuarta Dimensión matemática.

XIII. PROBLEMAS ECONOMICOS

La marcha por el desierto está caracterizada por una preocupación por lo económico. Por un lado, vemos entre los israelitas liberados de Egipto una casi continua angustia y queja por la manutención; y por el otro lado vemos la manera especial de cómo el alimento llega al hombre en forma de *"man"* o 'maná', y de cómo él obtiene el agua.

La preocupación por alimento y agua lleva a motines. No se puede creer, en el camino del 'dos' al 'uno', que el aprovisionamiento de alimento y agua es cosa de Dios. Difícil es soportar la comprobación de que no es uno mismo quien tiene que preocuparse, y que la lucha por la subsistencia no tiene que existir más, ya que ella aparentemente fue el sentido de todo trabajo.

En Egipto, uno mismo se proveía de su sustento. Cada uno se veía a sí mismo, y también a otros, como a dioses, dioses a los que les edificaban palacios. En el camino del 'dos' al 'uno' ese juego se anula. Uno está bajo la dirección de Dios, la lucha por la existencia ha encontrado otras medidas.

¿Cuál es en realidad la razón por la cual el hombre, quien ha suspirado bajo la expresión de la dualidad en Egipto, vuelve a sentir nostalgia por Egipto después de la milagrosa liberación? La Tradición[140] relata que esta tendencia hacia el retorno a Egipto no existía en aquellos que habían sufrido en Egipto, sino en aquella parte del pueblo que la Biblia (Ex. 12:38) denomina *Erev Rav* (mucho pueblo extraño).

417

En realidad, al finalizar el tiempo en Egipto y al surgir los milagros de la liberación y el derrumbe del mundo de la dualidad, un gran entusiasmo surgió por adherirse a Israel. Se percibía que lo justo estaba del lado de Israel, por lo que muchos se unieron al éxodo. Pero la muchedumbre pronto extrañó la preocupación por la vida del trabajo en el mundo de la dualidad. Fueron aquellos quienes sufrían nostalgias por Egipto e hicieron el becerro.

Lo que la Tradición cuenta, hace entender que la verdadera liberación sólo llega para aquellos que creen en ella y le tienen fe a pesar de que las circunstancias externas parecen indicar lo contrario. Ellos van por el camino hacia el 'uno' con alegría; pero otros, para los cuales la liberación debe ser valorada en miras al éxito en el futuro mundo, constantemente quedan como seductores, como piedras angulares. Su motivación no es la de los que están a la imagen de Dios, "que todo lo que hacen es sin pretender recibir nada a cambio", sin la esperanza de premios. Los mercaderes, los canaanitas, han medido las ventajas y las desventajas, y ven cómo la balanza se inclina hacia el lado de las primeras. La Tradición[141] dice que Moisés estaba contento con la gran cantidad de egipcios que venían con ellos. No había pensado en que su adhesión se dio sólo con miras a la obtención de beneficios, y que sus motivos para el éxodo fueron totalmente diferentes a aquellos de los israelitas.

Cuando ese *"erev rav"* hizo el becerro de oro, Dios le reprochó a Moisés: "Tu pueblo, que tú has liberado de Egipto, se ha corrompido" (Ex. 32:7), y le señaló la veleidad de aquellos que sólo habían venido en aras de beneficios. Cuando estos beneficios no se manifestaron, y Moisés no apareció dentro del cálculo del tiempo de los cuarenta días, ellos llegaron a ser seductores tornándose en contra del sentido de la creación.

Por ello, no se justifica persuadir a la gente a seguir el camino hacia Dios, o apoyar sus intenciones, mostrándoles las ventajas de ello, ya que elegirían este camino sólo por motivos egoístas; y entonces, siempre permanecerían en su Egipto y finalmente harían sus propios dioses. Ningún motivo egoísta debe influir en la elección del camino; sólo se lo puede tomar cuando está la renuncia al premio, eligiéndolo entonces sólo por amor, desinteresadamente.

La "muchedumbre de todo tipo de pueblo", el *erev rav*, debe equipararse al desarrollo del cuerpo que rodea el Alma, y es determinante en el 'mundo de la izquierda'.

Muchas veces el pueblo protestaba. La voz 'murmurar' tiene en hebreo la raíz 30-50, que es también la raíz de la voz 'trasnochar'. "Murmurar en el desierto" es entonces un levantamiento nocturno que surge del 'lado izquierdo'. Un descontento por no poder ver la verdadera relación con el Alma. Sería falso entonces decir que el Israel bíblico ha sido ingrato, tonto o primitivo. La Tradición sabe que en esta marcha por el desierto hacia el 'uno' siempre tuvo efecto la fuerza de atracción de la tierra. En lo material hablamos de *fuerza de gravedad*, que la Biblia designa como "tendencia de volver a Egipto". Siempre, nuevamente, surge la oposición contra el camino hacia el 'uno', pero igualmente se impone la necesidad de seguirlo, ya que el camino fue determinado en el propio plano de la creación.

Habiendo sido bendecido y santificado el séptimo día por Dios, se sobrentiende que solo El lleva al 'uno'. El tiempo no se puede invertir, se desarrolla según las leyes de la creación hasta su total cumplimiento. El éxodo de Egipto ha comenzado en la "media" (mitad, medianoche).

A partir de la "media" el arco del camino comienza a girar hacia atrás. No hay otro camino hacia el 'uno'.

También se puede ver que la adhesión del *erev rav* en la marcha por el desierto tiene su buen sentido. Cada error lleva a una nueva comprensión y fomenta el arrepentimiento. El individuo se orienta más intensamente hacia Dios y se esfuerza en emprender el retorno. Recién esta conducta da sentido al error. El sentido del pecado es establecer el diálogo con Dios, y emprender el camino del retorno.

La Tradición[142] manifiesta que el Israel bíblico ha errado diez veces en el desierto, y que la causa de ello ha sido "toda esa gente". Pero a cada error continuaba un diálogo con Dios, una toma de conciencia, una vuelta, un retorno, dando así sentido a esa compañía del *erev rav*.

El acompañamiento de ellos muestra cómo Dios ha hecho el mundo. En la creación, El entregó las fuerzas del desarrollo al mundo. El hombre no puede evitar estas adhesiones, como tampoco su desarrollo corpóreo. Pero por ello mismo debe esforzarse en combatir estas fuerzas, ya que él se encuentra en el punto medio, que es punto extremo; necesita de la conciencia de retornar *ahora*, de apartarse de la fuerza evolutiva. El éxodo de Egipto exige dejar atrás la masa fermentada; exige comer pan ácimo.

Con el faraón, las diez plagas no tuvieron ese resultado. El trataba de impedir hábilmente las plagas, pero se encontraba aislado de toda posibilidad de un retorno. Tal como Caín, también el faraón tuvo que atravesar el camino, en forma inestable y fugitiva, por haber esclavizado y "matado" al Alma. Pero Israel, que suspiraba en Egipto a causa de la esclavitud, y que había experimentado el éxodo y la Revelación en el Sinaí, reaccionaba adecuadamente. El pecado se encuentra diariamente en el camino del hombre. Por ello, en el desierto, Israel erró diez veces; pero ligando cada vez su caída al origen, quedando de ese modo reparada.

Así sucedió también con el murmullo de la gente a causa de la subsistencia. No entendían de qué manera la masa del pueblo podría subsistir sin preocuparse ellos mismos por el sustento. En el camino al 'uno' todo el trabajo consistía en construir el Tabernáculo y en la ofrenda de sacrificios, el *Korbán*. ¿Qué pasa en tales circunstancias con la producción?, ¿Cómo organizar las provisiones para el pueblo? La costumbre era producir en base a reflexiones económicas; ¿Cómo abandonarlas?

La respuesta de Dios es el maná: "Y cuando la capa de rocío se alzó, allí había algo fino, escamoso...; Y los Hijos de Israel lo vieron y dijeron entre sí: *'¿Man hú?'* (¿Qué es esto?)*, porque no lo conocían. Entonces Moisés les dijo: Es el pan que el Señor os dio para comer" (Ex. 16:14-15).

La voz *MaN* es 40-50; nuevamente expresión de una frontera. Es el 40 del tiempo en este mundo, unido al 50 del Mundo Venidero. Esto significa que es el alimento en el camino del 40 al 50, camino que lleva del séptimo al octavo día. Este alimento le es dado al hombre milagrosamente por Dios en el camino del 'dos' al 'uno'. Quien se conduce por este camino es protegido por Dios. No se puede juntar de este alimento más de lo necesario para un día; el resto se echa a perder. La historia del maná implica también que el hombre debe trabajar diariamente para obtener su parte, juntarla para sí mismo y los suyos. El hombre debe tener contacto con la materia, y al mismo tiempo santificarla, ligarla con el origen.

Ese contacto no debe ser utilitario, su objetivo debe ser la liberación de la materia. Juntar el *man* no debe desviar el interés del hombre por la meta. Sólo una parte del día debe dedicarse a la subsistencia, el resto tiene que verse con otras cosas. La subsistencia no sólo depende del trabajo humano. Tiene además otras causas.

La Tradición[143] comenta que el maná tenía la virtud de tomar el gusto que se le quería dar. El standard de vida brinda la satisfacción que el hombre mismo le confiere. Para algunos, el maná tiene gusto a miel; para otros, es seco y monótono. Es un error, por lo tanto, poner el énfasis sólo en la situación económica. Fue justamente en Egipto donde la preocupación por la subsistencia pesaba y exigía un trabajo duro, y justamente allí se construyeron las ciudades de aprovisionamiento Pitóm y Ramsés (Ex. 1:11). El maná, en cambio, no permite provisiones.

En el séptimo día no se encontraba el maná; por ello, en el sexto día se juntaba también la porción del séptimo (Ex. 16:22-27). Existe aquí un paralelo con la creación: en seis días todo fue cumplido, nada tuvo que ser agregado en el séptimo día. La forma de vivir es importante para el camino del 'dos' al 'uno'. Su importancia se expresa en la instrucción que Aharón recibe de guardar un *omer* de maná en una vasija para todas las generaciones futuras (Ex. 16:32-34). El maná no sólo es un acontecimiento histórico, es también una actitud frente a la subsistencia material en el camino hacia la "Tierra Prometida", hacia el Mundo Venidero.

La existencia en ese mundo tiene su base en el principio del maná. Quien vive según ese principio, se encuentra en el camino a la "Tierra Prometida"; y viceversa, quien no vive según ese principio, no va por dicho camino. El maná es la señal; el que vive del "maná" está "señalado".

Esta fue la razón por la cual Aharón tuvo que guardar el maná y colocar la vasija que lo contenía junto a las Tablas de la Ley. El hombre eterno, quien vive en este mundo según el principio de las Diez Palabras, lo hace porque vive de "maná". Las Tablas de Piedra y el maná forman una unidad. Una actitud frente a la vida que contemple sólo una de las dos partes es imposible. La comprensión de la vida en el desierto, en el camino, es totalmente distinta a la del mundo de la dualidad. Un levantamiento en contra del cambio es por lo tanto muy comprensible desde el punto de vista egipcio. La Tradición[143a] cuenta típicos ejemplos. Uno es la falsa crítica de Coraj sobre "la forma de proceder de Moisés": "una pobre viuda que vivía en una pequeña parcela de tierra, al querer aumentar el producto del terreno fue llevada por Moisés a entregar esto y aquello, y fue informada de que no debía intentar una mejoría de la cosecha. La viuda vendió la tierra y compró dos corderos para vivir de la venta de éstos y vestirse de su lana. Pero Aharón le pidió la entrega del primero de los corderos y de la primera lana. Cuando la viuda prefirió matar a los animales, Aharón volvió a pedir una entrega no pequeña. En su desesperación, la viuda maldijo la carne de los animales y la apartó. Entonces Aharón le reclamó toda la carne bajo el argumento de que en ese caso pertenecía totalmente a Dios". Tales "sucesos" provocaron el levantamiento de Coraj. Esta manera de vivir, en la cual ninguna acción es libre y todo es dirigido a Dios, al Mundo Venidero, es insoportable para Coraj y los suyos. El se sintió falto de libertad, que no podía vivir ya según los propios criterios. La "pobre viuda" —el hombre, aquí en este mundo— no tiene posibilidad de desarrollarse según sus propios valores en el camino hacia el "uno". Si lo quiere hacer sentirá a "Moisés y Aharón" como una constante plaga, como un obstáculo. Sólo quien realmente quiere recorrer el camino hacia Canaan (al "uno"), tendrá alegría en esta actitud, actitud que significa vivenciar la Biblia en este mismo mundo.

La revuelta de Coraj es la protesta de muchos contra el camino del solitario.

En el desierto existe también la preocupación por el agua. El agua es el elemento de la vida, del mundo de la izquierda: No podía surgir la vida en este mundo sin el "vapor", *ed,* que se elevaba. Por lo tanto, el miedo a no disponer de agua es preocupación por la vida, por el tiempo vital. En el desierto, el agua está relacionada con Miriam, ya que la mujer pertenece al lado del agua. La Tradición[144] contiene muchos relatos sobre la *Fuente de Miriam*. Se entiende que la finalidad de dichos relatos no es sólo tratar acerca de la provisión de agua de una tribu nómada en el desierto, sino tratar acerca del sentido del mundo entero.

En Egipto se ha vivido según la causalidad terrestre. Egipto se veía a sí mismo como eterno. Allí, un *korbán* era imposible, porque el cuerpo significaba lo material, lo perceptible, el sentido. En cambio, en el desierto, las situaciones cambiaron totalmente. Lo corporal se unía como *korbán* con la "otra vida". Se vivía en un mundo distinto, ya no en el de la causalidad. Por eso, al comienzo de la marcha surgió la preocupación por el agua, por el elemento vital, por el tiempo dado. Se pedía una imagen del tiempo tal como Egipto la había creado (Ex. 17:1-7). Repentinamente surgió el agua. Dios mostró como ésta surgía de la roca, del *tzur* (forma). La Tradición manifiesta que aquella roca acompañó al pueblo durante su travesía, y que el agua surgía de ella en el Atrio del Tabernáculo.

El concepto "forma" es, como el de "mujer", un principio del lado izquierdo. El Atrio del Tabernáculo es el lado femenino, lado exterior. De esta manera se relaciona la fuente milagrosa del tiempo con una mujer: Miriam. Cuando Miriam falleció, la fuente se secó (Núm. 20:1-13). Se había tomado conciencia de una determinada causalidad. Al no existir más la fuente de la causa, se temía que las consecuencias también faltasen. Pero Dios quiso demostrar que la causalidad anterior no valía más, que otras medidas existían, no aquellas que el hombre suponía. El hombre quiso saber por medio del *árbol del conocimiento*, pero Dios ha hecho crecer para él, el *Arbol de la Vida*.

Por medio del Arbol de la Vida el hombre puede reconocer que las verdaderas causas son distintas a las que él comprende. Por el conocimiento de las verdaderas causas el hombre une los acontecimientos con Dios; Dios es santificado.

Moisés, perturbado por los constantes conflictos, cede al pueblo, le da una explicación lógica causal. Hace como si el agua —el tiempo— apareciera de una manera causal. Les demuestra el secreto. De ese modo ha impedido la posibilidad de un milagro, provocando la caída que siempre ocurre al final de un mundo. Surge la impresión de un desarrollo lógico y continuado con causas y efectos totalmente dentro de la esfera terrestre. Moisés deja de unir el mundo con el "uno', crea una dualidad, separa lo divino de lo terrenal. Golpea dos veces con su bastón la roca (Núm. 20:11). Desde el punto de vista humano no se puede decir que Moisés haya cometido un error. Lo que hizo estaba en concordancia con la estructura de la creación. Por haberla golpeado *dos* veces le dio a nuestro mundo la imagen del séptimo día; tal como Dios, en la creación había dado al mundo el "dos". La creación del "dos" por parte de Dios, significa que Dios mismo entró con Su *Shejiná* "en el destierro". Ella entró —tal como manifiesta la Tradición[145]— en exilio, acompañando al mundo durante el transcurso de su duración. Dios mismo se sacrificó al entrar en el exilio la *"Shejiná"*.

El acontecimiento del agua que manaba de la roca produjo a Moisés la muerte. El debe permanecer en el "séptimo día". No se sacrificó conscientemente; toda su vida llevó a este final. El no debe lograr la Tierra Prometida. Durante el trayecto del "dos" al "uno", él es el guía. La Tradición[146] indica que la voz *"Shiloh"*, 'el que trae definitivamente el Mundo Venidero' (Gén. 49:10), tiene el mismo valor numérico que el nombre "Moisés": *ShILoH* es 300-10-30-5; y *MoShéH* (Moisés) es 40-300-5. Ambas voces tienen el valor total de 345. Moisés trajo el *Arbol de la Vida* que significa dar al mundo la felicidad y la alegría de la unificación. Con su dualidad, él es el guía constante en el camino del "dos" al "uno". Ese es el secreto del hombre Moisés.

XIV. VER EL FUTURO

El relato de los doce emisarios (Núm. 13, 14) significa un cambio en la marcha por el desierto. La travesía de los emisarios culmina con el llamado de volver a Egipto (Núm. 14:1-4) y renunciar definitivamente al camino hacia el "uno". La marcha por el desierto, que se acercaba a su final, repentinamente asumió una duración de cuarenta años; o sea, se hizo "muy larga". El cálculo de los cuarenta días se transformó en un cálculo de cuarenta años; es decir, dio un salto a una órbita más externa. Al mismo tiempo se dio el anuncio de que toda la generación que en el momento del éxodo contaba con veinte años o más, debía morir en el desierto (Núm. 14:31-35).

¿Qué significa ello? El individuo se encuentra en el camino del "uno" y ve muchos milagros. Siempre hay sorpresas. Entre el pueblo se encuentran también hombres piadosos y sabios. Estos quieren saber ya, ahora, cómo es el mundo del "uno"; quieren penetrar en él y conocerlo. También los otros tienen curiosidad sobre las situaciones del más allá. Los doce emisarios (cada tribu, cada parte del hombre total, está representada) realmente llegan a este otro mundo, y ven cosas grandes y extrañas. Durante cuarenta días permanecen alejados (Núm 13:25). Al volver, diez de ellos traen diversos frutos del otro mundo. El fruto es la meta, es aquello que se ha realizado. Estos frutos son inimaginablemente grandes, casi no se pueden soportar. Los emisarios tienen mucho para contar. Traducidas a los criterios de la dualidad, sus comunicaciones son fantásticas. Parecía imposible poder vivir allí: "El país que hemos atravesado para conocer consume a sus habitantes; y todo pueblo que hemos visto allí son gente de enorme porte, de enorme estatura. También hemos visto a gigantes, los hijos de Enack, de los gigantes. Y éramos ante nuestros ojos como langostas, y así también éramos ante los ojos de ellos" (Núm. 13:32-33). En este momento, el pueblo quiere volver a la embriaguez de Egipto. ¡Todo lo demás es terrible!

El "pecado" de los emisarios[147] no fue haber penetrado en aquel otro mundo del "uno" a pesar de los peligros de aquella empresa. Moisés había cambiado el nombre de uno de los emisarios antes de partir. A Hoshea, hijo de Nun, lo llamó Iehoshúa —Josué (Núm. 13:16). Moisés transformó el nombre "HOSheA", 5-6-300-70, en "IeHOShúA", 10-5-6-300-70; agregando al nombre original, el "diez" entero del Nombre del Señor (10-5-6-5). La última parte del nombre, el 370, está en los nombres humanos, construidos según el principio del Nombre divino, en el lugar del segundo 5. Es expresión de ese 5 en la manifestación formal de este mundo. Así, el nombre de Iehoshúa se completó, quedó ligado al "uno", antes de iniciar la marcha de la exploración.

El error, el pecado de los emisarios, fue su deseo de medir el "uno" con los criterios del "dos". No pudieron desprenderse de los criterios de este mundo. No pudieron tomar el Mundo Venidero con el auxilio sólo de las cualidades de confianza, de fe, en las buenas acciones del Creador. Los criterios que han surgido de imaginaciones sensoriales están en oposición con aquellos de confianza, amor y entrega. La Tradición comenta que justamente aquellos diez emisarios que trajeron los frutos, las pruebas del "otro mundo", cayeron. Despertaron pánico con sus pruebas;

provocaron un apartarse del Mundo Venidero, y el deseo de volver al mundo de las contradicciones.

Este relato deja la enseñanza de que para conocer el secreto del "uno" se debe comprender la necesidad de renunciar a los criterios terrenales. El vicio de la demostración de pruebas provoca la caída de los demostrantes como también de los oyentes. Aquellos dos que no trajeron pruebas, Caleb y Iehoshúa, permanecieron con vida y alcanzaron la Tierra Prometida, pasaron del séptimo al octavo día. La Tradición manifiesta, respecto de Caleb, que él visitó solo en el "uno" aquel lugar donde se encontraban los patriarcas con sus mujeres (El texto bíblico hebreo (Núm. 13:22) dice: "El (Caleb) *llegó* hasta Hebrón"; y no dice: "*llegaron* hasta..."). O sea, Caleb visitó en el "uno" del futuro, el "uno" del origen. Ello le dio la seguridad de lo bueno del Mundo Futuro. Era volver "a casa", a las generaciones precedentes que habían estado aquí y que se habían ido.

La caída de los emisarios arrastró a todo el pueblo. El "uno" será logrado ahora, recién después de cuarenta años, después de un tiempo "infinitamente largo". Por ello, está dicho que recién a la edad de cuarenta años se puede profundizar en los secretos; hasta entonces se puede caer como los emisarios, quienes quisieron conocer el "uno" antes de que transcurrieran los cuarenta años.

Todos los "emisarios" del futuro, cualquiera sea la manera de tratar de conocer a ese "uno", llegarán a las mismas conclusiones que los emisarios del relato bíblico. Para explorar el futuro sólo es válida la actitud de Iehoshúa y de Caleb. Se debe manifestar la calidad de la confianza en Dios, señalar los muchos milagros que Dios ya ha revelado.

La actitud frente al Mundo Venidero, aquel del "octavo día", se proyecta igualmente en nuestro mundo actual del

429

"séptimo día". También en este mundo existen "emisarios" que ofrecen una imagen de desesperanza, que quieren tener la certeza de que la evolución durará aún miles y miles de años, que generaciones seguirán a generaciones, que la vida individual es nada en comparación al tiempo de estos miles de años y que es perdida como un grano de arena en el desierto.

Hay otros emisarios que ven el futuro como comunidad cerrada, en el cual el individuo no juega ningún papel. Y hay otros quienes cuentan de desarrollos técnicos espectaculares en el futuro, la conquista del universo y del contacto con otros cuerpos celestes. El individuo se siente perdido en espacio y tiempo. Estos emisarios sólo traen una gran desesperación. En el momento cuando el tiempo ya no tiene la imagen de un futuro que pone en el centro la importancia de la vida individual, tanto para el mundo como para toda la humanidad, se despierta la avidez del retorno a Egipto. Se clama por líderes que den valor a la relajación y al placer, con los cuales el individuo puede olvidarse de sí mismo en la embriaguez del entretenimiento.

Las voces de Iehoshúa y de Caleb —que señalan que Dios, de ninguna manera ha creado al hombre para dejarlo perecer en un tiempo infinito y en un espacio ilimitado, en un país que "consume a sus habitantes"— no son escuchadas. Aquí, nuevamente participa el *erev rav*, la muchedumbre de diversa extracción que da el tono y provoca la caída del pueblo.

Según la Tradición, la caída con el becerro de oro sucedió en el decimoséptimo día del cuarto mes, en el mismo día en el cual posteriormente cayó la ciudad de Jerusalem bíblica. El día del levantamiento de los emisarios es el noveno del quinto mes, aquel día en el cual posteriormente el Templo, la Casa Sólida de Dios, fue destruida. Con la

430

caída de los emisarios, Dios se torna invisible; se revela en otro nivel. A partir de ese momento, expresa la Tradición, Dios no habla más con Moisés ni con el pueblo a través suyo. Recién hacia el final de los cuarenta años Dios vuelve a hablar con Moisés para anunciarle el final del mundo del séptimo día y para preparar la entrada al Mundo Venidero. El silencio de Dios durante estos cuarenta años es un paralelo con el alejamiento de Dios de Su Casa Sólida en otro período de tiempo.

El nuevo Templo y la reaparición, formarán —llegado el momento— el contenido de aquel "octavo día" que aún no ha tenido lugar. En el Pentateuco sólo vienen a ser anunciados, pero no son realizados.

La marcha por el desierto está marcada por el movimiento, por el cambio de lugar. En total se hacen cuarenta y dos paradas de campamento (Núm. 33). Esta cifra expresa el camino por el séptimo día. El sexto día cumplido es expresado por el 6^2; el séptimo día cumplido, por el 7^2; el camino del sexto día cumplido al séptimo día cumplido es expresado por el $(6\frac{1}{2})^2$, o sea 42.

Los emisarios partieron después de que el pueblo abandonó Hatzerot y estableció campamento en el desierto de Parán (Núm. 12:16). Según la enumeración de las paradas detalladas en Núm. 33, ésta es la parada 14. A partir de *Ritma* comienza el cálculo de las restantes 28 paradas. La relación numérica de los lugares de campamento en el momento de enviar a los emisarios es entonces 14:28, precisamente 1:2. El acontecimiento de los emisarios lleva, por lo tanto, a una dualidad en el número de los lugares de campamento de la marcha entera.

Tal como después de la confección del becerro tuvieron lugar dos veces "cuarenta días", ahora tienen lugar dos veces "catorce lugares" frente a una vez "catorce lugares" precedente.

El significado de la caída de los emisarios se expresa en el hecho de que el "dos" creado por ellos culminó recién cuando el pueblo pasó por todos los cuarenta y dos lugares. La dualidad dura entonces hasta el fin del relato nuclear. La unificación de esta dualidad ya no sucede dentro del Pentateuco. También para el hombre de este mundo sucede recién después de esta vida, después de este mundo.

Frente al trayecto de Egipto a Canaan —expresado en el camino del "dos" al "uno"— dentro de la misma marcha por el desierto, se encuentra un camino que conduce del "uno" al "dos".

Es la misma situación que tenemos en el hecho de que las 26 generaciones, hasta y con Moisés, cumplen el Nombre del 10-5-6-5, teniendo lugar la unificación entre los dos "cinco"; pero al mismo tiempo, en la estructura temporal de estas 26 generaciones, sólo llega a expresarse el principio 10-5, o sea los dos "cinco" no llegan a formar una unidad (ver parte 1 cap. 8). El "uno" cumplido se encuentra en ambos casos frente a un "dos". El *árbol que es fruto y hace frutos*, el *Arbol de la Vida*, se manifiesta. La parte que *es fruto* es el camino del "dos" al "uno"; y se cumple en el 10-5-6-5 de las 26 generaciones que *ya* son fruto. La parte que *hace* frutos se presenta en la dualidad creada por los emisarios, dualidad que a través de la muerte llega a su unificación, tal como el 10-5 de la estructura cronológica de las 26 generaciones, que se unifica con el 6-5.

La armonía de los opuestos se expresa en el Pentateuco. El 2-1 forma una totalidad armónica con el 1-2 ya que el *Arbol de la Vida* abarca vida y muerte.

432

XV. AL FINAL ESTAN LOS GIGANTES

Con el transcurso del tiempo, cuando la travesía por el desierto entra en su último año, surgen los gigantes Sijón y Og (Núm. 21:21-35). Allí, en la frontera, donde el tiempo de este mundo finaliza, donde nuevamente hay agua, el Jordán —frontera entre dos mundos— allí habitan los gigantes. El tiempo que se debe atravesar al final del séptimo día es el tiempo en el cual las fuerzas del desarrollo de la materia han llegado a su punto culminante. Estas fuerzas son enormes y parecen ser insuperables.

La lucha con los gigantes, aparentemente invencibles (o sea la materia) son ganadas y el límite del tiempo es alcanzando. Este límite es formado por las regiones de Moab (Núm. 21:13 y 22:1), las que a su vez constituyen el cuadragésimo segundo sitio de campamento en el trayecto del 'dos' al 'uno' (Núm. 33:49). El "séptimo día" está por finalizar. Moab, en cifras 40-6-1-2, arroja un valor total de 49. Es la última estación en el camino del séptimo día; por lo tanto tiene el valor de siete culminando en 7 x 7. Rut fue de Moab a Betlejem. Moab tiene el valor de 49, y Betlejem el valor de 490.

Sijón y Og son gigantes aparentemente invencibles. Sus fuerzas son minuciosamente descriptas en la Tradición[148]. La lucha contra ellos es un paralelo de las guerras entre Gog y Magog. Las expresiones hebreas equivalentes a "Sijón, rey de los amoritas", 60-10-8-50, 40-30-20, 5-1-40-200-10; y "Og, rey de Bashan", 70-6-3, 40-30-20, 5-2-300-50, tienen

433

en conjunto el valor de mil, que es la cifra que conocemos como expresión especial del "uno", *Alef*.

Pero los gigantes, que surgen hacia el final del período temporal, son vencidos por el hombre que se encuentra en el camino al mundo venidero. Moab ha visto lo acontecido con los gigantes Sijón y Og. Por ello, el rey Balak, de Moab, se dirigió a Bilam (Núm. 22:1-24). Bilam tenía contacto con el Cielo, Dios "hablaba" a través de él. Para el mundo de este tiempo final, él significa el poder que puede determinar lo que pasará en el mundo. La Tradición[149] manifiesta que Bilam fue uno de los consejeros del faraón en los tiempos del nacimiento de Moisés. En aquel momento él había aconsejado al faraón matar inmediatamente a Moisés. La idea de arrojar al agua a todos los varones recién nacidos provino de Bilam. Su rol es entonces el de un defensor de las fuerzas evolutivas, con lo cual llega a ser también enemigo del eliminador de dichas fuerzas, del guía que lleva al mundo venidero.

Bilam es de Midián. Midián es hijo de Ketura, mujer de Abraham. (Gén. 25:1-2). Según la Tradición, Ketura fue Hagar, madre de Ismael (Gén. 16). En una fase posterior, Hagar se tornó hacia el buen camino y llegó a ser verdadera mujer de Abraham. Midián e Ismael entonces son hermanos. En cierto sentido, Midián puede ser visto como fase posterior a Ismael, tal como es el caso de Ketura respecto de Hagar. Por lo tanto, no es casualidad que en la venta de José (Gén. 37:23-36) los midianitas e ismaelitas participen en el mismo papel. Midián siempre aparece cuando un mundo está por finalizar y un nuevo mundo se anuncia. Ello está relacionado con la transformación expresada por el binomio Hagar-Ketura.

Ismael se manifiesta como anunciador en la historia de Abraham, y es circuncidado primero (Gén. 17:23). Midián participa del episodio de la venta de José, con lo cual se inicia el camino hacia un nuevo mundo. Antes de su retorno a Egipto, Moisés se encuentra en la casa de Itró, sacerdote de Midián (Ex. 2:15-22; 4:18-19). Itró, de Midián, va al encuentro de Moisés cuando el "siete" finaliza, allí donde el "octavo día", expresado en la Revelación del Sinaí, se acerca.

Vemos que de Midián surge orden y medida. Bilam también es obligado a poner orden para el pasaje al mundo venidero. Bilam anuncia en las cuatro profecías la estructura de este pasaje (Núm. 24:17) y comunica el fin del mundo del desarrollo (Núm. 24:18-24). Tal como Itró —de Midián— formó los *cuatro* grupos en el Sinaí, del mismo modo Bilam formó sus *cuatro* anuncios.

Bilam tiene que hablar distinto de como piensa. Eso también indica una transición. Ya no valen más las leyes lógicas causales. Bilam había tomado ya anteriormente medidas para eliminar a Moisés, pero se vio obligado a ver cómo Moisés fue educado junto al faraón. Lo que acontece posteriormente es tan inevitable como el transcurso de nuestro tiempo astronómico. Bilam es eliminado finalmente cuando los Hijos de Israel vencen a los midianitas (Núm. 31:8). Por intermedio del *Baal Peor*, Bilam había intentado por última vez detener la corriente. El servicio al *Baal Peor* se expresaba en la forma de una vida sexual desenfrenada, en la cual la mujer ocupaba el centro, tal como sucede siempre que se muestra el final de una época.

Después que los gigantes fueron vencidos tiene lugar la seducción por la mujer. Surge Pinjás. El logra la catástrofe (Núm. 25). Según la Tradición, Pinjás sigue viviendo —tal como Elías, anunciador de la liberación final. Por su acto de intervención, él llega a ser anunciador del Mesías.

Es muy curiosa la enumeración detallada del botín obtenido de los midianitas. En ninguna otra sección de la Biblia se mencionan detalles semejantes tan específicos como en este caso. No sólo los montos totales del botín son dados a conocer, sino que la totalidad del mismo es mencionada una vez más cuando se cuenta la mitad de dicho botín; luego, cuando se cuenta la quingentésima parte; y finalmente, cuando se cuenta la quincuagésima parte del mismo (Núm. 31:26-47). La manera de distribución, o sea primero la división en dos, después ligar cada mitad con su origen, y luego relacionar el uno con el cincuenta y el uno con el quinientos, demuestra que en este contexto se relata lo que sucede hacia el final. La batalla contra los midianitas es la última en el relato nuclear del Pentateuco.

Cuando finalmente la conquista quedó concluida, y el Pueblo de Israel estaba en la frontera, los hijos de las tribus de Rubén y de Gad pidieron ocupar las tierras de Sijón y de Og. Notaron que estas tierras eran de buen pasto para sus ganados. Pero ellas se encuentran aún del lado del "séptimo día", todavía en el camino del "dos" al "uno". Rubén y Gad desean quedarse en estas tierras en las que existe evolución, en la cual el individuo se encuentra aún en el camino hacia la meta (Núm. 32). La gran cantidad de ganado de Rubén y de Gad significa una concentración de lo corporal. *Ese* "cuerpo" desea tener *esa* región, en la cual la fuerza evolutiva ha crecido tanto que pudo dar lugar a Sijón y a Og, la culminación del desarrollo. Rubén y Gad deseaban heredar esa zona. No querían participar del mundo del "octavo día".

Rubén y Gad son el primero y el séptimo hijo de Jacob. Abarcan el tiempo de los "siete días", en el cual quieren quedarse. No quieren salir de su "círculo", están contentos con la posesión de estos siete días.

436

Su pedido suscita en Moisés una violenta crítica (Núm. 32:6-15). Rubén y Gad sienten temor de tener que abandonar este mundo del séptimo día; sienten temor frente al Mundo Venidero y desconocido. Moisés les recuerda la catástrofe provocada por los emisarios que habían medido aquello con sus propias medidas. Les recuerda que la muerte provino como consecuencia. Rubén y Gad comprenden que el camino al "uno" ha llegado a su fin; toman conciencia y están dispuestos a entrar en Canaan, más allá del Jordán, a la cabeza del pueblo (Núm. 32:17-19).

Ahora, al final del camino, la unificación llega a ser realidad. El nombre de GaD, 3-4, abarca también el concepto de *"ejército"*, *GueDUD*, 3-4-6-4. Gad, como séptimo hijo, indica que el "séptimo día", relativo al mundo, forma el avance para el "día venidero". El decidirá.

Sólo los hombres continúan la marcha. Las mujeres, los niños y el ganado permanecen en la ciudad de Guilad (Núm. 32:26). El Alma sale de la visibilidad del séptimo mundo. Todo lo que pertenece al cuerpo y a la fuerza del desarrollo queda atrás y espera la vuelta de los hombres, la vuelta de las almas. La condición para la vuelta de los hombres es la conquista de la tierra de Canaan.

Sólo así se puede vivir al final del "séptimo día" en la región de Rubén y de Gad. Primeramente se debe tener el *Arbol de la Vida* antes de poder comprender el sentido de la evolución. Primero se tiene que conocer y poseer el fruto, la meta, antes de entregarse a lo que se entiende bajo la expresión *"hacer frutos"*. El "séptimo día" debe primeramente conquistar y ocupar el "uno" antes de entregarse a la evolución. La región de Sijón y de Og forma la parte que *hace frutos*. Esta parte sólo puede vivir cuando aquella otra, el *Arbol que es Fruto* está cumplida.

Esta vez no se toma del *árbol del conocimiento*. Gad avanza hacia el nuevo mundo a fin de ocuparlo. Después él podrá retornar volviendo a través del Jordán, cruzando la frontera entre los dos mundos, con la condición de que permanezca eternamente la unión con la tierra de Canaan. Sólo en un *Arbol que es Fruto y hace Frutos* el crecimiento puede ser orientado hacia una meta.

Cuando Rubén y Gad dan su acuerdo, Moisés los hace acompañar por la tribu de Menasés como nexo (Núm. 32:33). La mitad de la tribu de Menasés va con Rubén y con Gad, mientras que la otra mitad queda en la zona del "uno", en la parte que *es* fruto. Menasés llega a ser entonces una especie de puente que une los dos mundos.

MeNaShéH (Menasés), en cifras es 40-50-300-5, con un valor total de 395. Los primeros componentes se encuentran en la voz hebrea equivalente a "Alma divina", NeShaMáH, 50-300-40-5. Tal como el Alma es nexo entre dos mundos, y tal como ella establece la armonía habiendo sido dada por Dios al hombre con dicho propósito; del mismo modo Moisés entrega a Menasés —como vínculo conector— a la vida corpórea, aquella de los "muchos animales". El Alma vive en ambos mundos.

¿Por qué justamente Menasés obtiene este rol? Menasés y Efraín son los hijos de José. José trajo la unidad al mundo de la dualidad: Egipto. José unió los dos extremos, los opuestos. La misma tarea es entregada ahora a Efraín y a Menasés. Efraín es el decimotercero de las tribus, aquel que cumplimenta la voz hebrea equivalente a "uno"; que lleva por lo tanto el "doce", lo no cumplimentado aún, a la unidad. Y Josué, guía del "octavo día", que expresa la unidad, es de la tribu de Efraín. El mismo principio se manifiesta con Menasés, hijo de José. Tal como Efraín hace el "uno", lo hace también Menasés.

438

Efraín, como el menor, el más joven, expresa el nuevo cuerpo, tal como fue evidenciado también en José, por lo que fue tan amado por Jacob. En cambio, en Menasés se expresa aquello que en Judá se había enfrentado con José, o sea el lado del Alma. Jacob dice (Gén. 48:20): "En vuestro nombre bendecirán los hijos de Israel diciendo: ¡Haga Dios que seas como Efraín y Menasés!" "Bendecir" significa llevar la dualidad hacia la unidad, y hacer eterno y armónico lo bendecido. Por lo tanto, hasta hoy día es costumbre, en la práctica vital judía, que el padre bendiga a su hijo, al entrar al "séptimo día", con esas mismas palabras; ya que se entra en el mismo como dualidad para recibir en él la unidad.

Una vez conquistado el país, Rubén, Gad y la mitad de la tribu de Menasés vuelven por el Jordán para residir en aquel sector que durante todo ese período permaneció inhabitado. Leemos en Josué 22:10-28 que establecieron una señal en la frontera, un Altar que da vida continua a este vínculo que —tal como la tribu de Menasés— une la parte que *es fruto* con la parte que *hace frutos* a fin de dar perseverancia al *Arbol de la Vida*. "Y los hijos de Rubén y de Gad dijeron de aquel Altar que era testimonio entre nosotros de que el Señor es Dios" (Josué 22:34).

También en el libro de Josué se vislumbra la angustia de que se tenga que tomar nuevamente el camino del desarrollo, que no sea duradero el nexo con el "uno", que se vuelva a comer del *árbol del conocimiento*.

Pero el relato muestra que el nexo entre ambos lados del Jordán es mantenido conscientemente, que se conoce su significado, y que se cumple de esa manera el sentido de la creación.

439

XVI. UN FINAL REAL Y SERIO

Moisés llevó a los hijos de Israel hasta la frontera del mundo del futuro, cumpliendo así su misión; pero él, personalmente, permaneció en el "séptimo día", en este mundo; y quedará allí mientras el 10-5 de sus "cinco libros" no sea unido totalmente al 6-5 del tiempo, mientras haya gente aún abriéndose camino por este mundo. Estos 10-5 forman el núcleo que da vida a la existencia de este tiempo, hasta que se cumpla en este tiempo la unidad del 10-5-6-5. El hombre debe permanecer en este lado de la frontera a fin de que se realice la unificación a través de su fe, su anhelo y su fidelidad.

Pero el hombre que ha transitado el camino hasta esta frontera ya tiene conciencia de lo que vendrá. Respecto de ello, puede experimentar el futuro dentro de los límites de su propio conocimiento. Dios le mostró todo a Moisés hasta los más mínimos detalles (Deut. 34:1-4). La Tradición[150] cuenta del contenido de este "ver" de Moisés. El vio todos los tiempos, hasta el último mar. Este último mar, el último *Iud Mem*, el 10-40, es al mismo tiempo el último día, el *IOM*, 10-6-40.

Moisés, quien había sobrepasado cuarenta y nueve pórticos del conocimiento durante su vida, ascendió en los campos de MOAB, o sea en los *campos del cuarenta y nueve*, al monte Nebo. Desde allí observó todo con aquella mirada anteriormente señalada[151].

441

Según la Tradición[152] Moisés sólo necesitó dar un paso para alcanzar la cima, a pesar de los muchos pasos necesarios normalmente para cubrir ese trayecto. NeBO, en cifras 50-2-6, cuyo valor total es de 58, es la cifra que indica fin de la manifestación material. NoaJ (Noé) también suma ese valor.

Moisés fallece (Deut. 4:5); pero poco antes de su deceso, él ve el mundo desde el principio hasta el final; vuelve a tener la visión que el hombre tenía antes de tomar del *árbol del conocimiento*.

La Tradición[153] relata detalladamente sobre todo lo que acontece con el hombre desde el momento de la concepción hasta después de su muerte. Manifiesta, por ejemplo, que el Alma, cuando es designada para entrar al cuerpo, pide no tener que ir al mundo de la dualidad. Pero debe ir allí a fin de conocer el sentido de la creación a la imagen de Dios. Antes de nacer se le muestra la totalidad de la creación, para que ella comprenda y vea su grandeza. Entonces el Alma ve todos los tiempos y todos los mundos de un extremo al otro. Durante este tiempo el cuerpo crece dentro del útero, se desarrolla hasta la salida a un nuevo mundo, hasta el nacimiento. Después, ese saber le es quitado.

Corporalmente, la extinción del saber y del conocimiento se manifiesta en la división característica del labio superior. Sobreviene el olvido para que el hombre pueda transitar por el sendero de la unidad sin pretender nada a cambio, es decir sin perspectiva de premio alguno; para que se conduzca por este sendero confiando sólo en Dios, con una fe basada en amor y respeto. Debe conducirse por este sendero a la imagen de Dios.

El Angel que le muestra todo al Alma, en el momento en que ésta sufre el olvido, le dice que volverá a verla cuando

442

haya alcanzado el fin del camino. Cuando el hombre abandona el mundo del "séptimo día" se da especularmente lo acontecido antes del nacimiento. Nuevamente el hombre pide, pero esta vez pide no tener que abandonar el mundo. Ahora el Angel le quita aquel "olvido". Nuevamente el Alma puede verlo todo desde un extremo al otro, comprender la grandeza de la creación y vivir la felicidad.

Este relato de la Tradición tiene un paralelo con el relato bíblico. Antes de ingresar el hombre al mundo del "séptimo día" (mientras está aún en el Paraíso) lo ve todo. Es el estado del final del *sexto día*, el viernes por la tarde. Es expulsado de ese mundo "naciendo" entonces en el mundo del "séptimo día"; pero ha perdido su saber anterior. Al final de su camino, cuando haya alcanzado el punto más extremo de su desarrollo, el 49 y el 58, nuevamente podrá ver todo. El ha pasado entonces por el umbral, ha superado el miedo a lo venidero, estando sumamente asombrado por el esplendor que lo recibe.

La muerte de Moisés, en realidad, es la expresión de la muerte en el mundo del séptimo día. Sucede en los campos de MOAB, el 49, cumplimiento del *séptimo día*. Pero allí mismo se levanta el monte NeBO, la expresión del 58. Para poder verlo todo, el hombre tiene que ascender, elevarse, sobre el nivel del 49. Moisés lo hizo con un solo paso. El 58 no sólo es el final de la manifestación material, sino también representa el relato nuclear de la Biblia, el relato de los cinco libros de Moisés. Ya se ha dicho que el Pentateuco consiste de 5845 versículos. A través de ellos se tiene el mismo panorama que Moisés tuvo desde Nebo. Cuando Dios dio la orden a Moisés de ascender a ese monte, 5800 versículos estaban exactamente cumplidos (Deut. 32:49). Quien pasa así de este mundo al Mundo Venidero, pasa como verdadero hombre del séptimo día, tal como Moisés.

Moisés, entonces tenía 120 años, la medida que Dios le dio al hombre en este mundo. Moisés es el único ser de todo el Pentateuco que cumplió esta medida; la medida del hombre del "séptimo día". Por ello, en la práctica vital judía, se desea aún hoy una vida "hasta los 120 años". Por supuesto, se puede fallecer antes o después, pero uno desea lograr la edad del hombre verdadero del "séptimo día"; no es casualidad que Moisés, y sólo Moisés, cumpla estos 120 años.

El final de esta medida en el tiempo que Dios le da al hombre (Gén. 6:3), o sea el final de estos 120 años, coincide con el tiempo del diluvio, en los años 1656-1657 del calendario bíblico. Ya hemos visto que con la medida del $3\frac{1}{2}$ —la medida que testimonia el hecho de que el "cuarto viento", la Cuarta Dimensión, se cumple en este mundo, transita por él— los 1656-1657 conducen al 5800 (1657 x 3.5 = 5800). En el momento que culminan los 120 años del hombre, los 120 años de la edad de Moisés, en 1656-1657 de la cronología bíblica, el resultado de la multiplicación por el $3\frac{1}{2}$ lleva al 58, valor de las letras de la voz "NeBO"; y que en el nivel de las centenas es el número de los versículos de los cinco libros de Moisés, momento en el cual los 120 años de la vida de Moisés quedan cumplidos.

La ubicación de la tumba de Moisés es desconocida, porque nadie, desde el punto de vista de este mundo, puede conocer el destino final del hombre. Dios mismo le da su lugar, que está en el valle de Moab, en el 49.

La Tradición[154] manifiesta que el monte Nebo se encuentra en la Tierra de Rubén y que la tumba de Moisés se encuentra en la tierra de Gad, el séptimo. El hombre que ha muerto en este mundo, y todo lo concerniente a él, no puede ser hallado nunca más aquí. Recién en el "uno", en el "octavo día", todo lo relativo al hombre es integrado nuevamente desde los cuatro puntos cardinales de la tierra, percibiéndose entonces que nada se ha perdido. *Todo* es integrado, no sólo los últimos momentos de su vida, sino *todos* los tiempos de su vida. La unidad dispersa en muchas imágenes reaparece.

La tumba de Moisés se encuentra emplazada, entonces, en la zona del séptimo hijo, de GaD. El nombre mismo indica "siete", ya que sus valores son 3-4. Gad también tiene siete hijos. La Tradición relata además que el deceso de Moisés sobrevino hacia el final del séptimo día de la semana, y sobre el séptimo día del duodécimo mes. Todo esto expresa que sobre el final del "siete" se encuentra la muerte. Pero es una muerte que designa un pasaje a otro mundo[155], en el cual la unidad, que fue preparada durante el séptimo día, se realiza. El mundo nuevo, aquel del "octavo día" tiene esta unidad. Para nuestro cálculo del tiempo, el año está dividido en doce meses, porque aún no conocemos la unidad dentro de nuestro tiempo. En nuestro tiempo, todo "pasa", todo "fluye", todo está dividido en numerosas partes.

Un decimotercer mes expresaría la unidad, tal como la **voz** *EJaD* (uno) que tiene el 13 como valor total. El decimotercer mes está fuera de nuestro tiempo, como así también la vigésima quinta hora, y el octavo día. Nuestra división del tiempo se basa sobre el conocimiento de las fronteras del "siete" y del "doce".

El calendario hebreo, en cuanto a la división del año, parte de los meses lunares. Pero el año, finalmente, se calcula en base al calendario solar. Esto sucede porque cada tantos años un decimotercer mes viene a ser incluido después del mes de *Adar*: el *Adar Sheni*.

Este calendario no tiene como finalidad ser de utilidad práctica para la sociedad, más bien pretende traducir vida

445

y ritmo de lo esencial en nuestras medidas de tiempo. Esto significa, en el lenguaje de lo esencial, que por ahora el tiempo está determinado por el ser de la luna, que implica lo fluyente, lo cambiante, lo que está en camino; pero al mismo tiempo lo constante, lo invariable. Por ello, todo se corrige de acuerdo a la esencia "sol". La corrección demuestra que esta orientación hacia lo duradero, lo incambiable, o sea hacia el "uno", incluye en sí el pasaje del "doce" del cálculo mensual y del Zodíaco hacia el "trece", que es —como ya sabemos— el "uno".

La fecha de la muerte de Moisés en el séptimo día del duodécimo mes indica el punto más extremo posible en el tiempo fluyente; porque el octavo día y el decimotercer mes contendrían ya la unidad. Para aquel que entra en el "octavo día" el fluir ha concluido. El cruce del Jordán, al final de la marcha por el desierto, tiene entonces la característica del fin del fluir del tiempo (Josué 3 y 4). "Todo Israel atravesó en seco el Jordán hasta haber pasado todo el pueblo".

También la consagración del Tabernáculo se prolonga durante siete días. Recién en el octavo día se lo inaugura (Lev. 8:33; 9:1). En el primer relato de la creación, la creación del hombre constituye el octavo acto creativo; el séptimo, es el animal; es el hombre corporal que aún se encuentra en desarrollo. El animal es ofrendado en el octavo día como *korbán* a Dios. Por ello, el animal debe permanecer junto a su madre hasta el séptimo día de su nacimiento, y recién en el octavo día puede ser sacrificado (Lev. 22:27).

Todo ello indica que la meta final es el "octavo día". Por eso, el relato de la Biblia culmina con el fin del séptimo día, o sea con el fin de este mundo.

Se puede preguntar por qué la Biblia no tiene un fin mejor; por qué no finaliza con la realidad de una forma social ideal. Sólo hay una respuesta: *la Biblia es expresión de lo esencial en este mundo del séptimo día*. Ello significa, entonces, que una forma social ideal durante el séptimo día tendría que excluir algunas realidades, por ejemplo la realidad de la muerte, la realidad del perecer de las generaciones y del pasar de los sucesos personales. Bajo estas circunstancias, nunca podría surgir un mundo satisfactorio y realmente feliz. El mundo siempre estará caracterizado por el fluir, por ese pasar, y también por la conciencia de que otro mundo puede existir, con el cual el individuo, desde este mundo, no tiene contacto. El sentido de la existencia siempre dependerá de la realidad existente o no existente de lo "otro". Es justamente la situación de la dualidad que permanece latente mientras no sea logrado el "uno".

Sin embargo, la Biblia lo toma todo en serio; demuestra las realidades; no describe ninguna utopía. Manifiesta que este mundo tiene su fin, y que ello, incluso se expresa en cada momento. También dice por qué este mundo llega a su fin, y habla de lo que tiene lugar posteriormente. Lo venidero no se debe entender como especulación; es parte de la estructura.

El "octavo día" de la Biblia es tan real como el sexto y el séptimo; si no fuera así, el final del séptimo llevaría a la desesperación. Pero dada la realidad de una estructura que da al "octavo día" un lugar tan nítido como el séptimo, la muerte obtiene otro carácter: durante el "séptimo día", la muerte es pasaje al "octavo día".

Entonces el Mundo Venidero ya no es una cuestión de esperanza, sino al mismo tiempo una certeza, certeza que equipara a la Biblia con el *Arbol de la Vida*, árbol de la medida del 500; el árbol del "uno" en oposición a lo múltiple.

Quien conoce a la Biblia como unidad que se extiende sobre la vida antes de este mundo, durante este mundo, y después de este mundo, conoce el *Arbol de la Vida*. Y para aquel que conoce el *Arbol de la Vida* ya no existe la muerte. El sabe entonces que el partir de este mundo es sólo una transición hacia el mundo del "octavo día", tal como se ve desde hoy al mañana.

Por esa razón le fue entregada la Biblia al hombre del "séptimo día", a fin de brindarle a él ese saber.

EPILOGO

El relato del Pentateuco culmina con la muerte de Moisés, tal como el relato de la Biblia culmina con la destrucción del Templo, y tal como la vida que percibimos siempre desemboca en la muerte.

Sin embargo, la Biblia cuenta simultáneamente otra cosa, aquella que se manifiesta a través de su estructura, la estructura del relato, aquella del tiempo y de las palabras. Entonces se percibe cómo su esencia más profunda da, al relato de los acontecimientos externos, vida y sentido; tal como el Alma que da vida y sentido al cuerpo.

Hemos visto el desarrollo del "uno" al "dos" y viceversa. El primero va hacia lo múltiple y conduce a la muerte; el otro lleva a la Unidad, a la Vida Total. El primer desarrollo es el visible, corporal; el otro, es el esencial, que da la estructura interna invisible. Esta estructura invisible no es reconocible en la imagen ni tampoco a través de las traducciones, porque éstas transfieren una imagen a otra. Solamente la palabra en aquella lengua con la cual fue creada la Biblia es el puente a lo esencial. Quien sólo lee el relato externo encuentra únicamente el acontecer externo. Pero quien simultáneamente comprende el relato oculto interno, que vitaliza el cuerpo como lo hace el Alma, sabe entonces que el salir hacia afuera también forma parte de la vida eterna, que es la parte que *hace frutos* del árbol que *es fruto* y *hace frutos*.

La Biblia demuestra que todo lo externo está destinado a la muerte. El que queda pegado a lo externo no puede perder el miedo a la muerte. En cambio, el que llega a conocer el Alma de la Biblia, su estructura, sus palabras maravillosamente construidas, reconoce también el significado de los opuestos, y reconoce que la verdadera vida consiste de la creación de una síntesis de la marcha hacia el "dos" y de la vuelta hacia el "uno". También está consciente de que la vida lleva en sí la incorporación del nombre Señor, y que este Nombre contiene la unidad de los opuestos.

En todos los tiempos la humanidad ha tenido el sentimiento intuitivo de que todo pierde sentido si la muerte significara un fin. Pero indestructible ha sido el sentimiento de que algo se enfrenta a la muerte visible, que forma un contrapeso y ofrece una síntesis.

La muerte no es un fin. Esta esperanza de la existencia de un sentido, de una razón; este sentimiento —basado en la justicia, en el perdón y en el amor— fue expresado por la humanidad innumerables veces en su historia. Se han construido teorías sobre el Más Allá, se han montado visiones. El individuo se engaña a sí mismo y a otros. ¡Para cuántos es éste el camino del "inestable y fugitivo"! La esperanza lucha contra la angustia, venciendo a veces una y a veces la otra, pero no existe estabilidad.

La diferencia principal con la Revelación bíblica es su estructura milagrosa, por lo cual ella lleva en la Tradición también el nombre de *Arbol de la Vida*. Con esta estructura la Biblia ilumina el hecho de que la verdadera vida consiste en la unión de la vida en el desarrollo —que es la vida lunar o *vida-luna*— con la vida en la unidad —vida solar o *vida-sol*— Día y noche forman juntos una unidad como hombre y mujer, y todo aquello que nos parece estar separados en opuestos; así lo transmite la letra *Alef*, el "uno".

Si la Biblia fuese sólo un libro creado por hombres inteligentes o espirituales de la antigüedad, con un contenido consolador sobre el Más Allá, igualmente quedaría en pie el siguiente interrogante: "¿Cómo podrían haberlo sabido ellos con tanta seguridad"? Siempre la respuesta sería insatisfactoria. Sólo se podría decir que los autores creían en la verdad de sus escritos. Pero ya que la Biblia revela con su estructura que jamás pudo haber sido creada por hombres —superando esta estructura el cosmos y la naturaleza, porque en ella simultáneamente se da lo abstracto y lo concretamente humano— se revela ella como creación incomparable; sus enunciados tienen un significado imponente de carácter multifasético.

Si en el milagro de la Biblia, en esta creación inimaginable, se demuestra que en todos los niveles existe una gran armonía entre los aparentes opuestos, entonces esto dice mucho más que cualquier palabra de esperanza o de expectativa.

En su lenguaje fascinante, en su estructura de palabras y proporciones, la Biblia constata irrevocablemente de qué manera la vida ha entrado en el mundo, cuál es su sentido, y cómo se está llevando a cabo. Incluso informa sobre lo existente antes y fuera de este mundo. *Todo ello, de ninguna manera es objeto de especulaciones o de vagas esperanzas, sino algo* por lo menos *tan sólido como la existencia misma del mundo, del universo.* Empleo a propósito la limitación "por lo menos", porque el universo es visible sólo como forma de manifestación material, mientras que la estructura bíblica es más amplia aun, más abarcativa que cualquier medida que se manifiesta en el mundo.

451

Relatos sobre el *Más Allá* no se encuentran en el texto bíblico. ¿Cómo podría una historia que habla en una lengua de imágenes hablar del Más Allá? Si lo hiciese sería ilusión y engaño. La Biblia representa en su relato la estructura de lo eterno. En el núcleo estructural se entiende el significado de "séptimo día" y "octavo día". Allí se comprende también que todo, alguna vez, llega a la unión de los opuestos, para lograr entonces eternidad en una duradera armonía inimaginable en el mundo de la dualidad.

Ello significa que la creación, que lleva el nombre de "la Biblia", abarca con su estructura milagrosa todo el concepto de vida, brindando un modo diferente, verdadero, de seguridad y certeza.

Quien entonces se acerca a la Biblia hasta lo más íntimo de su núcleo, hasta lo esencial; y, por así decirlo, se une con ella en matrimonio, alcanza dicha certeza, que constituye para él conocimiento, saber. Esta persona posee ya en este mundo el *Arbol de la Vida*, el *árbol* de la medida 500, habiendo pasado la frontera del 400. Su esperanza no es más del estilo de aquellos que no saben, sino que está orientada hacia el día en que todo el mundo sobrepasará el 400, alcanzando la medida del 500. Entonces el sufrimiento en el mundo habrá llegado a su fin. La grandeza de su fe en este mundo es justamente la naturalidad con la cual es vivida, a pesar de que las circunstancias externas demuestran lo contrario. El tiene fe en la Vida Eterna, en la justicia, en la felicidad y armonía, mientras que sus percepciones le exclaman diariamente que reina una muerte miserable, incomprensible, y que por doquier existe injusticia, sufrimiento y pelea.

Lo destacable, es que a través de la Biblia el hombre tiene, en esta vida y en este mundo, a pesar de las realidades que pretenden burlarse de la fe, la certeza de poder vivir con ella. La estructura de la voz hebrea *EMuNáH* (fe), que muestra en su raíz los componentes 1-40-50, va más allá del concepto *EMeT* (verdad) 1-40-400, que finaliza con 4. La fe, que con el 50 como letra final (de la raíz) entra en el mundo del "octavo día", es fundamental, porque a través de ella se realiza la unión de los opuestos.

Ella une el saber de lo esencial con la realidad externa. Es el propósito de esta obra hacer consciente al lector de que él también puede adquirir esta fe. Mucho se ha comentado. Mucho más ha quedado sin comentar. Por ello no se debería ver en este libro más que una recorrida diaria a través de un nuevo mundo. Para conocerlo realmente habría que habitarlo durante muchos años y tener "ojos que ven".

Nota sobre las citas mencionadas
en la presente obra

La mayoría de las citas de esta obra en que la Tradición sea mencionada, son constatadas —en este registro— con una o más fuentes de ese vasto campo que es la Tradición, si bien es imposible enumerar todas las fuentes correspondientes a cada cita. Muchas veces, aunque no siempre, los mismos temas están aclarados en sus diversos aspectos en diferentes contextos dentro de la obra.

De todas maneras, debo suministar al lector interesado un detalle de las fuentes en un estilo completo e ilustrativo en la medida de lo posible, a los efectos de que pueda profundizar en los diferentes temas. La persona podrá de esta forma darse una idea de cómo una introducción en el propósito de la existencia puede ser lograda, a modo de un mosaico para el cual se toman ladrillos de los inexhaustibles tesoros esparcidos por todo el vasto complejo de la Tradición. El lector debe considerar el *mosaico* mostrado en este libro como el simple piso de una humilde antesala, a través de la cual, eventualmente, podrá lograr la entrada al *palacio*. Para el caso de obras o colecciones frecuentemente mencionados, utilizamos las siguientes abreviaturas:

T.B.:Talmud Babli (seguido del tratado correspondiente).

M.R.: Midrash Raba (seguido de la parte a la que se haga referencia).

M.T.: Midrash Tanjuma.

P.E.: Pirke de Rabi Eliezer.

S.I.: Sefer Haiashar.

De las colecciones no detalladas precedentemente, se especifica en detalle a cuál se hace referencia.

En algunos casos, la distribución de los textos en las diferentes obras varía de acuerdo a la edición. De todos modos es fácil hallar los pasajes en cuestión, dado que corren paralelamente al relato bíblico.

1) Pesajim 118a; Midrash Shir Hashirim I; M.T. Toldot. S.I.; P.E. Respecto de Abraham y Nimrod en general, ver M.R. Bereshit 38. Seder Eliahu Zuta; Midrash Hagadol; y especialmente S.I.

2) Sanedrin 38b; M.R. Bereshit 17:5; Midrash Haneelam.

2a) Ver Parte I cap. VIII de esta obra. Ver Gén. 15:13, Rashi

3) T.B. Ioma 66a.

4) T.B. Iebamot 103b. T.B. Avodá Zará 22b.

5) M.R. Bereshit 1:2.

6) M.R. Bereshit 8:1.

7) T.B. Iebamot 63a.

8) M.R. Bereshit 15:7.

9) Tosefta Ioma 3:6.

10) M.R. Bereshit 12:8.

11) T.B. Iebamot 71b 72a.

12) M.R. Bereshit 7:7; P.E. 32; Avot 5:9.

13) T.B. Avodá Zará 8a; P.E. Avot de Rabi Natan; Pesikta de Rabi Kahana; Pesikta Rabati.

14) Seder Olam; Ialkut Shimoni; T.B. Shabat 30a,b (Moisés, séptimo dirigente desde Abraham; y David, séptima generación desde la Revelación en el Sinaí. Además, David fue séptimo hijo).

15) T.B. Sanedrin 97a; T.B. Meguila 17b

16) S.I.

17) Midrash Hagadá sobre Ex. 13:17; P.E.; Avot de Rabi Natan.

18) S.I.
19) Midrash Hagalui.
19a)Tal como ocurre con el cálculo del tiempo de la esclavitud en Egipto, como veremos más adelante.
19b)Ein mukdam umeujar baTorá (no hay un antes ni un después en la Torá).
20) T.B. Rosh Hashaná 11b, 12a.
21) M.T. Shlaj.
22) T.B. Pesajim 94a.
23) Targum Sheni 1:2.
24) P.E.
25) S.I. ver Gén 15:13, Rashi.
25a)Se debe tener presente que el calendario bíblico es principalmente lunar, mientras que el calendario común es solar.
26) P.E.
27) Midrash Shir Hahirim; M.T. Vaikra; M.R. Bamidbar 13:7; T.B. Sanedrin 38a,b; T.B. Jaguigá 12a.
28) T.B. Sanedrin 70b; T.B. Brajot 40a; M.R. Bereshit 15:8; M.T.
29) M.R. Bereshit 19:18.
30) M.R. Bereshit 10:4.
31) Avot de Rabi Natan; Midrash Haneelam; Emek Hamelej.
32) Mishnaiot Avot 6:7; M.R. Bereshit 12:5; Targum Ionatan; Targum Ierushalmi sobre Gén. 3:24 según Prov. 3:1.
33) M.R. Bereshit 9:5.
34) Gén. 1:11, Rashi.
35) S.I. ver Gén. 4:4, Rashi.
36) M.T. Bereshit; S.I.; Gén. 4:23, Rashi.
37) T.B. Shabat 55b; M.R. Bereshit 98:7.
38) M.R. Shmot 1:22.
39) M.R. Bereshit 31:13; ver Rashi sobre Gén. 6:16.
40) M.R. Bereshit 32:20; ver Rashi sobre Gén. 7:23.
41) T.B. Sanedrin 108b. P.E.
42) M.R. Bereshit 36:8
43) T.B. Sanedrin 70a.

44) M.R. Bereshit 18:6; Midrash Hagadol.

45) M.R. Bereshit 38; M.T. Noaj; P.E.; S.I.; Tosefta Sanedrin 13:7; Midrash Hagadol; Ialkut Reubeni; Brit Menujá.

46) S.I.

47) T.B. Sanedrin 97a,b.

48) S.I.

49) M.R. Bereshit 37:10, 63:15, 56:20; S.I.

50) de acuerdo a Saadia Gaón; Rashi (Gén. 2:11); Ibn Ezra; Najmánides.

51) Targum Sheni 1:2.

52) S.I.

53) Midrash Haneelam.

54) S.I.

55) Midrash Haneelam.

56) M.R. Bereshit 44:12-15

57) S.I.; M.R. Bereshit 49:9; T.B. Sanedrin 109a,b; P.E.

58) M.R. Shmot 1:1; T.B. Baba Metzia 87a.

59) S.I.

60) M.R. Bereshit 61:4.

61) S.I. Talmud Ierushalmi Taanit 65; Mishaniot Avot 5:19.

62) S.I.; P.E.; Avot de Rabi Natan; T.B. Sanedrin 89b; M.R. Bereshit 55 (final), 56; Midrash Hagadol.

63) S.I.

64) P.E.; Ialkut (Toldot); M.R. Shmot 1:1.

65) P.E.; Midash Hagadol.

66) T.B. Julin 60b; M.R. Bereshit 6:4.

67) T.B. Julin 60b.

68) Abraham Ibn Ezra sobre Gén. 3:23.

69) Nof Etz Jaim, Midrash Hagadol.

70) M.T. Toldot.

71) T.B. Sanedrin 17a; T.B. Makot 7a.

72) Basado en T.B. Brajot 7a; T.B. Makot 10b.

73) T.B. Rosh Hashaná 11a.

74) M.T. Toldot; P.E.; Midrash Hagadol.

75) T.B. Shabat 33b, 109b; T.B. Iebamot 63a; Midrash Ester Raba; Tana Debe Eliahu; Pesikta Rabati; T.B. Brajot 4b.

76) S.I.; M.R. Bereshit 63:16-20; Midrash Hagadol; T.B. Baba Batra 16b.

77) M.R. Bereshit 63:15; M.R. Shmot 1:1.

78) T.B. Julin 91a.

79) Julin 92a, M.R. Bereshit 77:2.

80) M.R. Bereshit 78:12.

81) M.R. Bereshit 78:19.

82) T.B. Julin 91a.

83) Redak sobre Gén. 37:3.

83a)ver Rashi sobre Núm. 9:1; T.B. Pesajim 6a.

84) Zohar, comienzo de Génesis.

85) T.B. Sotá 36b.

86) M.R. Bereshit 94:7.

87) S.I.; Avot de Rabi Natan.

88) M.T. Pikude; M.R. Bamidbar 13:8.

89) T.B. Baba Batra 74b, 75a; Midrash Konen (en Beit Hamidrash); Emek Hamelej.

90) Lev. 23:43.

91) T.B. Pesajim 118a.

92) T.B. Zevajim 53b, 54a.

93) T.B. Suca 52a,b.

94) T.B. Sanedrin 65b; Talmud Ierushalmi Sanedrin 10; M.R. Bereshit 73:5; Pesikta Rabati; Eja Rabati.

94a)El río Sambation corresponde a la esfera de lo acausal, ya que desafiando a toda ley natural que rige este mundo, arroja piedras durante seis días a la semana, y el séptimo —Shabat— descansa.

95) T.B. Sotá 13b; Sifre Devarim; M.R. Devarim 2:7-11; P.E.; Mejilta Beshalaj; M.T. Vaetjanan; Midrash Hagadol.

96) M.R. Bereshit 58:4.

97) Rashi sobre Ex. 1:1.

98) M.R. Shmot 14:3.

99) S.I.

100) S.I.

101) S.I.

102) M.R. Shmot 1:17.

103) T.B. Sotá 11b.

104) M.R. Shmot 1:22.

105) T.B. Sotá 12a,b; S.I.

106) T.B. Jaguigá 17a.

107) T.B. Julin 105b; T.B. Jaguiga 16a; Talmud Ierushalmi Brajot 5:6; Avot de Rabi Natan.

108) T.B. Sotá 12a; M.R. Bereshit 94:8.

109) M.R. Shmot 2:2; S.I.

110) Mishaniot Avot 4:29; Seder Ietzirat Havalad (en Beit Hamidrash).

111) T.B. Nedarim 31b, 32a; Rashi sobre Ex. 4:24.

112) Midrash Ialkut.

113) Mejilta Bo.

114) ver Biblisch Talmudische Medizin.

115) M.R. Shmot 1:39, 27:7.

116) T.B. Shabat 104a; ver Rashi sobre Ex. 32:15.

117) Mishnaiot Sanedrin 4:5.

118) T.B. Iebamot103b; T.B. Avodá Zará 22b.

119) M.R. Bereshit 10:4.

120) T.B. Shabat 88b; M.T. Itro; M.R. Shmot 3; Midrash Tehilim sobre Salmos 8; P.E.; Mejilta Itro.

121) T.B. Shabat 89a; M.R. Shmot 41:10.

122) P.E.; M.T. Ki Tisá; T.B. Shabat 89a.

123) M.R. Bereshit 94:3.

124) M.R. Bereshit 50:22.

125) M.T. Ki Tisá.

126) M.R. Shmot 41:10; M.T. Vaiakel.

127) M.R. Shmot 41:11; ver Rashi sobre Ex. 32:6 y 32:18.

128) T.B. Shabat 88a.

129) P.E.

130) T.B. Shabat 89a; M.R. Shmot 41:10.

131) Mejilta Beshalaj; P.E.; Pesikta de Rabi Kahana; S.I.

132) Midrash Hagadá sobre Ex. 13:17; P.E.; M.R. Shmot 3:11.

133) T.B. Ioma 66a.

134) M.R. Shmot 41:10.

135) ver Rashi sobre Ex. 32:1.

136) M.T. Ki Tisá.

137) M.R. Devarim 7:10; Sifre sobre Núm. 9:17-18, Rashi.

138) M.T. Deut. 29:4; M.R. Shmot 44:1; comentario de Jacob Enden sobre Perek Shirá 1.

139) T.B. Iebamot 71b, 72a.

140) M.T. Shmot.

141) M.T. Shmot.

142) T.B. Arajin 15a; Mishnaiot Avot 5:7.

143) T.B. Ioma 75a,b; Sifre sobre Núm.; Mejilta.

143a) Midrash.

144) Tosefta sobre Sotá 3:2; M.T.

145) T.B. Meguilá 29a; literatura cabalística.

146) Bereshit Rabati.

147) T.B. Sotá 34b, 35a; T.B. Baba Batra 14a, 118b; Talmud Ierushalmi Taanit 4; Ielamdenu; T.B. Menajot 53b; M.T. Shlaj; Seder Eliahu Raba; Targum sobre Gén. 6:4; Otiót de Rabi Akiva.

148) Midrash Tehilim; S.I.; Midrash Tanjuma Mishpatim; Midrash Tanjuma Jukat; M.R. Devarim 1:21-22; T.B. Brajot 54b; T.B. Nidá 61a.

149) M.T. Matot; M.T. Balak; Sifre (Núm.). M.R. Bamidbar 22:5; Ielamdenu; S.I.
150) Mejilta Beshalaj; Sifre sobre Núm, Deut.
151) T.B. Rosh Hashaná 21b; T.B. Nedarim 38a.
152) T.B. Sotá 13b.
153) Seder Ietzirat Havalad (en Beit Hamidrash).
154) T.B. Sotá 13b.
155) Seder Olam Rabá, Ialkut Shimoni.

BIBLIOGRAFIA

La Tradición Judía se divide en: *Halajá, Hagadá, Midrash, Targum*.

Halajá significa "camino". Contiene indicaciones sobre la vida cotidiana, sobre la forma en que la persona debe "caminar", conducirse, a través de la vida. Esta debería ser una vivencia, una realización de la estructura de la Torá en este mundo. La Torá revela la esencia de este mundo y del hombre.

Hagadá significa "relato", "comunicacion", "enseñanza" (en arameo: *hagádeta*). Se entiende por *Hagadá*, entonces, las explicaciones sobre el sentido de la Biblia, muchas veces en forma de relatos. Estos relatos forman, dentro de la Doctrina Oral, los comentarios bíblicos transmitido "de boca en boca" "desde el Sinaí". Forman así el puente entre la Biblia y el vivir cotidiano, y dan contenido a la *Halajá*. Tal como es expresado por el *Sifrí* (Deut., *Ekev*): "Si quieres conocerlo a El, Quien habló y se creó el mundo, estudia la *Hagadá*".

Midrash, que proviene de la raíz *derash*, significa "explicar", "interpretar", "elucidar", "investigar". Tal como la *Hagadá*, es un complejo de explicaciones bíblicas transmitidas de generación en generación —oralmente— y luego compiladas en escritos.

Targum significa "traducción". Es una "traducción" explicativa al arameo, del Pentateuco y otras secciones de la Biblia. Muchas veces es necesario recurrir al *Targum* para comprender el sentido del texto hebreo, según las indicaciones de *Rashi*.

La Bibliografía que sigue a continuación contiene algunas de las obras más importantes de la Tradición Hebrea. Varias de ellas fueron impresas últimamente. Existen también numerosas antologías al respecto con sus respectivas traducciones. Una de las colecciones más completas se encuentra en "Relatos de los Judíos" (M. J. Bin Gurión).

Al iniciado ya en el estudio del presente libro, es casi superfluo aclararle que todas las publicaciones contienen solamente textos exteriores, comentarios externos de la Tradición.

Sin conocimiento de la llave, cuyo carácter se intenta transmitir a través de esta obra, los libros, en general, aportan sólo relatos y comunicaciones, que si bien a veces son interesantes, otras son incomprensibles e impenetrables. La objeción hecha precedentemente respecto de la incomprensibilidad del mensaje, del significado de los textos, es válida en mayor grado respecto de las traducciones, a través de las cuales no se puede captar el sentido volcado en los originales.

Quien comprenda el propósito de este trabajo introductorio, concebido cautelosamente, podrá penetrar un poco más profundamente a través de las capas externas de los relatos contenidos en los diferentes libros. *De todos modos, se habrá aprendido ya a ser sumamente prudentes en cuanto a las propias interpretaciones.*

Abot de Rabi Natan: (Midrash sobre Pirkei Abot).
Beraita de Shmuel Hakatán: (Midrash sobre astronomía)
Bereshit Rabati: (Midrash sobre Gén.)
Beit Hamidrash: (Antología de Midrashim)
Derej Eretz Zutá: (Tratado sobre el modo de vida)
Ein Iakov: (Conjunto de Hagadot del Talmud)
Ektan de Mar Iakov (Midrashim)
Hagadá, Hagadot: (Colección de Midrashim)

Hagadat Bereshit: (Explicación del Midrash sobre Bereshit)

Ialkut Eliezer (Conjunto de Midrash y Talmud)

Ialkut Shimoni: (Conjunto de Midrash y Talmud en concordancia con la Biblia)

Ialkut Sipurim: (Conjunto de relatos del Talmud y del Midrash).

Likutim mi Midarsh Ele Hadevarim Zutá: (Midrsah sobre Deut.)

Leket Midrashim (Colección de Midrashim)

Mejilta (Midrash de Halajá sobre el Éxodo)

Midrash Hagadá: (Comentario de Hagadá sobre el Pentateuco)

Midrash Jaserot ve Ieterot (Colección del Midrash)

Midrash Hagadol: (Colección del Midrash sobre Génesis)

Midrash Kohelet Rabá: (Midrash sobre predicadores)

Midrash Lekaj Tov: (Comentario de Hagadá sobre Génesis y Éxodo).

Midrash Mishlé: (Midrash sobre Proverbios).

Midrash Otiot de Rabi Akiva: (Midrash sobre el alfabeto hebreo)

Midrash Rabá: (Comentario del Midrash sobre el Pentateuco, dividido según los cinco Libros de Moisés: Bereshit Rabá (Comentario sobre Génesis); Shmot Rabá (Comentario sobre Éxodo); Vaikrá Rabá (Comentarios sobre Levítico); Bamidbar Rabá (Comentarios sobre Números); Devarim Rabá (Comentarios sobre Deuteronomio)

Midrash Sejel Tov: (Midrash sobre Génesis y Éxodo)

Midrash Shir Hashirim: (Midrash sobre el Cantar de los Canatres)

Midrash Shmuel: (Midrash sobre el Libro de Samuel)

Midrash Tadshe: (Midrash sobre el Pentateuco)

Midrash Tanaim: (Midrash sobre el Deuteronomio)

Midrash Tanjuma: (LLamado también "Ielamdenu". Midrash sobre el Pentateuco)

Midrash Tehilim: (También llamado "Shojar Tob". Midrash sobre los Salmos)

Midrash Zutá: (Comentarios sobre el Cantar de los Cantares, Rut, Lamentaciones y Eclesiastés)

Mishnaiot: (Primera parte compilada de la Torá Oral, 6 vol.)

Otzar Hagadot: (Colección de Midrash y Talmud)

Otzar Midrashim Kitvé Iad: (Colección de Midrashim)

Perek Shirá: (Tipologías bíblicas sobre cielo y tierra, astros, hombres, animales y plantas)

Pesikta de Rab Kahane: (Midrash sobre las Festividades y Shabat)

Pesikta Rabatí: (Midrash sobre las Festividades)

Pirké de Rabi Eliezer: (Relatos en forma de Midrash sobre el Pentateuco)

Seder Eliahu Rabá (También llamado "Taná de beEliahu". Obra de carácter de hagadá, según la Tradición inspirado por el Profeta Elías)

Seder Olam Rabá: (Antigua Crónica)

Sefer Halashar: (Relatos paralelos al bíblico)

Sefer HaLikutim: (Colección de Midrashim)

Sifrá: (Midrash de Halajá sobre Levítico)

Sifré de Agadeté: (Midrash sobre el Libro de Ester)

Sifré: (Midrash de Halajá sobre Núm. y Deut.)

Talmud Babli (Talmud babilónico. La Torá Oral definitivamente escrita. Incluye las Mishnaiot; y se compone de sesenta y tres tratados)

Talmud Ierushalmi: (Talmud de Jerusalem. Constituye también la Torá Oral. Es menos amplio que el Talmud babilónico).

Talmud Ierushalmi: (Targum sobre el Pentateuco)

Targum Ionatán: (Targum sobre el Pentateuco)

Targum Onkelos: (Targum sobre el Pentateuco)

Targum Shení: (Targum sobre el Libro de Ester)

En los comentarios bíblicos de Rabí Shlomo Itzjaki (conocido como Rashi) y de David Kimji (Radak), que vivieron en los siglos XI y XIII respectivamente, las obras citadas son de gran importancia como punto de partida. En nuestros tiempos, sin embargo, dichas obras requieren de una gran elucidación para lograr comprender las relaciones intrínsecas, elucidación que se basa necesariamente en el conocimiento previo, por parte del lector, de la estructura de la esencia; por lo que es posible, aunque sea exteriormente, adquirir una buena comprensión de dichos comentarios si se capta el contenido de esta obra.

La parte de la *Halajá* comprendida en la Tradición, que forma la base para la vida cotidiana, llevada a la práctica a través de los siglos, fue compilada sistemáticamente por Rabi Moshé ben Maimón (Rambam o Maimónides) en su obra *Mishné Torá*, hacia el siglo XII; cuando el conocimiento y la visión profunda comenzaron a deteriorarse rápidamente.

En este mismo campo, hacia los comienzos del siglo XIV, surgió también el *Arbaá Turim* de Jacob Asheri; y en el siglo XVI el *Shuljan Aruj* de Rabí Iosef Karo, obras de gran reputación en el terreno de la forma de vida judía a diario. Sin el conocimiento *práctico* de la *Halajá*, la Biblia no puede ser comprendida; y para captar el sentido de la *Halajá*, conocer la estructura de la esencia es una condición *sine qua non*.

INDICE ANALITICO

luna; 37 - 38, 41, 270 - 272,
277, 291, 323 - 324, 327, 334,
344, 446.
luna nueva; 272.
luz; 38, 41, 47, 67, 81, 112,
178, 255, 270.

M

mabul; 224, 227, 233, 235, 246
- 247, 444.
madre; 70 - 71.
Mahalat; 283.
maim; 79, 131, 223.
Majpelá; 331, 333 - 334.
mal; 355.
Maljut; 76, 113.
malón; 351.
man; 417, 421 - 422.
man hú; 421.
maná; 417, 421 - 422.
manifiesto; 177.
manos; 281.
manzanas de amor; 136, 138,
306.
mar; 79, 112, 317, 363, 441.
Mar de Juncos; 338, 365, 367.
marcha; 411.
Marjeshvan; 406.
martzea; 123, 243.
masa; 360 - 361.
masa fermentada; 420.
masculino; 169.
masculino-femenino; 109.
mashaj; 134.
Mashiaj; 100, 130, 233, 254,
262, 280, 326, 350 - 351, 435.

materia; 243, 253, 288, 290,
319, 339, 374, 405, 421, 433.
matriarcas; 141, 333.
matzá; 420.
mavet; 183, 227.
medianoche; 358, 419.
medida; 398.
medida temporal; 143.
medidas de bondad; 404.
medio; 38.
mellizos; 269.
Mem; 80, 185, 192, 223, 232,
274, 441.
Menasés; 216, 323, 438 - 439.
Menashéh; 438.
Menoráh; 320.
meod; 183, 227.
mercaderes; 418.
mesa con los panes; 319.
meses bíblicos; 227, 406.
Mesías; 100, 130, 134, 139 -
140, 145, 233, 254, 262, 280,
326, 350 - 351, 435.
mesías corporal; 100.
met; 60, 227.
Metuselaj; 136, 225.
midáh; 369, 398.
Midián; 369, 434 - 435.
midot; 404.
mil; 117.
milagro; 367.
miljamáh; 256.
Miriam; 340, 343, 345, 391,
424.
Misericordia; 405.
mitad; 162.

482

486

INDICE ANALITICO DE NUMEROS

492

494

5845 versículos; 238, 443.
5848; 404.
6000 años; 245.

600.000; 245, 365 - 366.

603.550; 365.

Printed in Great Britain
by Amazon

33034442R00280